PRINCE

Xperience

DANS LA TÊTE DU GÉNIE

Ersin Leibowitch

PRINCE Xperience

DANS LA TÊTE DU GÉNIE

HORS }{ COLLECTION

Mise en page : Nord Compo

Hors Collection, un département d'Edi8
92, avenue de France 75013 Paris
serviceclients@lisez.com

ISBN : 978-2-7014-0421-9
Dépôt légal : juin 2024
Imprimé en France par Normandie Roto Impression s.a.s.
Numéro d'impression : 01

Pour Avram, Esther
et toute la New Power Generation

« Je ne suis pas une femme.
Je ne suis pas un homme.
Je suis quelque chose que vous
ne comprendrez jamais. »
(Prince, « I Would Die 4 U », 1984)

1. Mort sur le fentanyl

Jeudi 21 avril 2016, 19 h 30. En pleine campagne varoise, à l'heure de l'apéritif, le bip d'un SMS sur mon téléphone portable. L'expéditeur est l'ami Grégory Philipps, alors directeur de l'information de la radio où je travaille, France Info.

Je lis le message. Stupéfaction.

« Prince est mort. Overdose. »

Sidéré, je suis immédiatement pris d'un énorme doute. Mentalement, je passe en revue quelques éléments : Prince a 57 ans, il est relativement jeune. On ne lui connaît qu'une seule expérience notable avec un produit stupéfiant : une prise d'ecstasy aux allures d'épiphanie, le 1er décembre 1987 – rebaptisé par les fans le « Blue Tuesday » – qui l'aurait poussé à annuler le soir même la sortie de son célèbre *Black Album*. En dehors de cela, il est fermement opposé à la *drug culture* depuis toujours. Il l'a dit, écrit, chanté (dans « Pop Life » sur *Around the World in a Day*, « Eye Know » sur *Lovesexy*, « The Future » sur la BO de *Batman*...). Il ne consomme ni alcool (à l'exception d'une rarissime coupe de champagne avec l'une de ses *girlfriends*) ni tabac (au point de l'interdire à son public et d'interpeller les fumeurs en plein concert). Bref, il est super clean.

De plus, le rythme de travail de Prince est une exception dans le show-business. Un *performer* athlétique, infatigable, qui tourne à l'eau claire – plusieurs litres par jour. On dit qu'il refuse jusqu'à la présence d'une tasse de café dans ses loges d'artiste. Il mange léger, souvent végétarien. Résultat, à 57 ans, il en paraît vingt de moins. Peau parfaite, visage juvénile. Aucune maladie ni traitement lourd n'est connu, aucune hospitalisation sérieuse n'a été rapportée (en dehors d'une « mauvaise grippe », selon son entourage, qui l'a obligé à reporter deux concerts quelques jours plus tôt). Tout au plus lui connaît-on des problèmes articulaires aux hanches, à force d'avoir pratiqué le grand écart et les sauts acrobatiques en talons hauts, pendant des décennies, lors de ses concerts légendaires.

Il faut dire que Prince ne vit, ne respire, ne communique, n'existe que par et pour la musique. Il passe sa vie en studio et sur scène. Tout ce qui peut nuire à sa création musicale et au temps qu'il lui consacre est éliminé de son existence. Tous ceux qui le ralentissent sont éjectés séance tenante. C'est pourquoi, à l'approche de la soixantaine, non seulement Prince semble être en parfaite santé, mais il est aussi dans une forme musicale éclatante. Qu'il soit accompagné par l'un de ses groupes, invité par d'autres en *featuring*, ou même seul sur scène (au piano lors de sa dernière tournée), chacune de ses apparitions est une leçon, une *masterclass*.

À ce moment-là, même la mégalomanie légendaire du musicien sonne comme un argument contraire à l'hypothèse de sa mort, fût-elle volontaire : Prince a sans doute une trop haute idée de lui-même et de sa musique pour mettre fin à ses jours. Je réponds à Grégory : « Mort ? Overdose ? Impossible, c'est une blague ! Qui dit ça ? » Il m'appelle, me donne des détails. L'info vient du site d'informations *people* TMZ, de sources médicales et policières…

Je ne crois toujours pas à l'hypothèse d'un Prince drogué s'injectant un shoot d'héroïne ou fumant une pipe de crack à Paisley Park (les studios-bureaux-appartements du musicien depuis 1987, à Chanhassen, dans la banlieue de Minneapolis). Pourtant, je commence à me dire que c'est sérieux. D'autant que, quelques années plus tôt, un soir où nous étions de service à France Info, Grégory et moi avons vu arriver l'annonce de la mort de Michael Jackson. L'information (également donnée par le site de TMZ) semblait alors tout aussi improbable. Pourtant, Bambi avait bel et bien passé l'arme à gauche. Alors pourquoi pas Prince ? C'est incompréhensible, mais certainement pas impossible.

À ce moment-là, deux idées me chagrinent – car l'hypothèse d'un « mort célèbre à Paisley Park » est de plus en plus solide. Ma première réflexion est que Prince n'est pas un artiste très « grand public ». Certes, ses fans sont extrêmement fidèles et dévoués, prêts, par exemple, à dépenser à tout moment plusieurs centaines d'euros en quelques jours pour une salve de concerts-surprises. Mais à Paris par exemple, ville éminemment « Princière », c'est un noyau dur de quelques dizaines de personnes seulement. Je pense alors que l'écho du décès de l'artiste – ainsi que de l'importance de son œuvre – sera sans doute limité.

Première erreur.

L'autre idée qui me gêne à ce moment-là concerne les « non-fans ». Ceux qui le découvriront en même temps que les circonstances de sa mort. Ceux-là verront peut-être en lui une énième pop star *destroy*, succombant à des années d'excès et d'addictions diverses. Or, c'est tout le contraire de Prince, qui est à classer dans la catégorie des combattants, des guerriers, des *winners* – pas du genre à se laisser aller. Son trait de caractère le plus marqué (sans doute sa névrose la plus profonde), c'est le contrôle. Depuis ses débuts, l'idée de ne pas exercer une emprise absolue, tyrannique, sur sa trajectoire artistique, son temps, ses musiciens, et surtout sur lui-même, son esprit, son corps, lui est insupportable. Lui, « accro » ? Impossible, impensable.

Seconde erreur.

Ce soir-là et le lendemain, j'interviens sur l'antenne de France Info, et je répète ce que je sais : jusqu'à preuve du contraire, Prince ne se droguait pas, ne buvait pas, ne fumait pas, et n'avait qu'une seule addiction connue (certes dévorante), la musique. Mais au fil des heures, les faits se confirment. Toujours aussi fous à mes oreilles : l'artiste est bien mort à l'âge de 57 ans d'une overdose d'opioïdes, et son corps a été découvert dans l'ascenseur intérieur de sa résidence – le menait-il à son studio ? Ce serait le seul élément vraiment cohérent, puisqu'il enregistrait jour et nuit.

À partir de là, dans mon esprit, toutes ces questions n'en forment plus qu'une seule : qu'est-ce qui a bien pu se passer ?

Dans les semaines qui suivent la mort de Prince, les pièces du puzzle sont peu à peu assemblées. La presse révèle les rapports médicaux et policiers. On pense que ce sont les problèmes articulaires de l'artiste qui l'ont conduit à prendre des antidouleurs de plus en plus puissants, de façon de plus en plus incontrôlée. Depuis combien de temps ? On l'ignore. Il s'avère seulement qu'il a succombé à un produit cent fois plus puissant que la morphine, cinquante fois plus fort que l'héroïne, qui ravage les États-Unis : le tristement célèbre fentanyl. Cet opiacé de synthèse puissamment addictif est responsable de dizaines de milliers de décès chaque année aux USA. Sa mise sur le marché grand public dans les années 2010, en plus d'une épidémie d'overdoses, a entraîné un commerce clandestin de très grande ampleur.

Au contact de ce poison violent, Prince a donc effectivement – finalement – perdu le contrôle de sa vie, et il en est mort.

Les faits reconstitués *a posteriori* montrent la dégradation de l'état de santé du chanteur dans les dernières semaines de son existence. Le 7 avril 2016, Prince reporte d'une semaine deux concerts prévus à Atlanta, au prétexte d'une « mauvaise grippe ». Dans la nuit du 14 au 15 avril, après son deuxième show au Fox Theatre, il s'évanouit dans l'avion qui le ramène à Minneapolis. Un atterrissage d'urgence a lieu dans l'Illinois, où Prince est hospitalisé. Dès son réveil, fidèle à son caractère « difficile », il demande à quitter l'hôpital, contre l'avis des médecins. Dans l'après-midi du 15 avril, le musicien est de retour à Minneapolis.

On apprendra par la suite que le 20 avril, l'entourage de Prince a contacté le docteur Howard Kornfeld, médecin addictologue basé en Californie. Rendez-vous est pris pour le 22. La situation doit sembler urgente, car dès le 21 au matin, le fils du docteur Kornfeld, Andrew, déboule à Paisley Park. Dans sa sacoche, il apporte un équivalent du Subutex, le produit de substitution le plus utilisé par les héroïnomanes. Et en milieu de matinée, c'est lui qui appelle les secours. Prince vient d'être découvert inanimé dans l'ascenseur privé de sa résidence.

Dix-neuf minutes après leur arrivée, à 10 h 07, les médecins secouristes déclarent le décès du musicien. Une autopsie révélera que le produit qui a tué Prince est le tristement célèbre fentanyl. Il apparaît que l'opioïde consommé par le chanteur le jour de son décès était dissimulé dans des pilules contrefaites, sous l'apparence d'un antidouleur plus classique.

En apprenant tout cela, je me pose encore des questions. Comment Prince, cette force de la nature, cet homme en pleine possession de lui-même, ce *control freak* si compétitif, constant et déterminé, a-t-il pu tomber dans le piège de la toxicomanie à presque 60 ans ? Encore une fois, cela semble totalement invraisemblable.

S'agit-il d'un coup de folie ? D'un suicide ? À moins que… Le Génie de Minneapolis avait-il une « face cachée » ? Peut-être plusieurs ? Cela ne serait pas si étonnant, pour l'un des artistes les plus mystérieux du showbiz – au point de faire signer des contrats de confidentialité à tout son entourage.

Mais quelles seraient donc ces vies secrètes de Prince ? Seraient-elles enfouies dans les recoins de son cerveau, de ses émotions, de sa musique ? D'où viennent les forces profondes qui ont déterminé son extraordinaire existence, et peut-être précipité sa fin ?

Difficile de percer ces mystères. Mais on peut tout de même essayer. En reprenant dans le bon ordre les éléments de l'énigme, les réponses finiront sans doute par apparaître…

2. Alerte

Paisley Park, Minnesota, 21 avril 1996. Le timing est troublant : vingt ans jour pour jour avant sa disparition, Prince vit une scène affolante, passée sous silence à l'époque. Un moment de panique étonnament prémonitoire, qui en dit long sur les failles profondes de celui qui exige alors qu'on ne l'appelle plus Prince, adoptant pour patronyme un symbole imprononçable que les médias traduisent par « l'Artiste autrefois connu sous le nom de Prince », « l'Artiste » ou encore « Love Symbol » – le dessin unit les signes biologiques mâle et femelle[1].

Pour bien comprendre cet épisode étonnant, il faut d'abord préciser que dans la vie du musicien, à ce moment-là, les soucis s'accumulent. C'est en partie de son fait, puisque Prince s'est alors lancé dans un combat sans merci contre son label historique, Warner Bros. Records. À l'origine de la colère de la star, il y a ses enregistrements originaux, les fameuses « bandes *master* ». Warner, qui a signé avec Prince dès ses débuts, en est propriétaire, c'est la règle du milieu. Mais Prince conteste cette situation. C'est pourquoi il refuse désormais d'enregistrer de la musique sous son véritable nom. À la place, il sort des disques sur un label indépendant, où n'apparaissent que le mystérieux « Love Symbol », ou

1. Alex Hahn, *Possessed: The Rise and Fall of Prince*, Billboard Books, 2003.

alors le nom de son groupe, The NPG (pour New Power Generation). Vengeur, le musicien ira jusqu'à inscrire le mot *slave* (esclave) sur ses joues pour afficher publiquement sa position d'artiste « exploité » par Warner.

Il reproche également à son label de ne pas publier sa musique suffisamment vite – il enregistre sans cesse, et son coffre-fort, le *« vault »* de Paisley Park, est rempli d'albums inédits prêts à être diffusés. Mais du point de vue d'un label, commercialiser trop de disques d'un même artiste est une hérésie : les albums se parasitent mutuellement et au final, les ventes, au lieu de se multiplier, se divisent. Alors Warner oblige Prince à attendre, ce qu'il déteste au plus haut point. Pour lui, la frustration est insupportable.

Mais Warner n'est pas le seul souci de Prince. Car en avril 1996, il y a aussi des menaces sur Paisley Park, le fief du musicien. Une résidence coûteuse qui inclut des salles d'enregistrement et de répétitions high-tech, censées être louées à d'autres artistes quand il ne les utilise pas. Sauf qu'en réalité, il occupe les lieux en permanence. Résultat, les finances de sa société, Paisley Park Entreprises, sont dans le rouge.

Et comme si les soucis financiers et musicaux ne suffisaient pas, Prince s'apprête également à vivre de grands bouleversements sur le plan personnel. À 38 ans, le chanteur va devenir papa. Contre toute attente, l'éternel célibataire notoirement polygame a finalement trouvé chaussure à son pied, et décidé de fonder une famille. La jeune élue se nomme Mayte Garcia, danseuse de métier, que Prince a rencontrée alors qu'elle n'avait que 16 ans. Elle est devenue son épouse en février 1996, et ils attendent leur premier enfant pour le mois de novembre. Un changement de vie certain en perspective – peut-être particulièrement stressant pour ceux qui, comme l'artiste, voient d'abord dans la famille le lieu des multiples traumatismes de leur enfance…

Pour toutes ces raisons, ce matin du 21 avril 1996, « P », comme le surnomme son entourage, ne va pas bien. Oppressé, angoissé, il sent son rythme cardiaque s'emballer. Il ne se dit pas que la énième nuit qu'il vient de passer en studio, son rythme de travail effréné ou son nouveau régime alimentaire vegan strict (et très léger : « On joue mieux quand on a faim », répète-t-il) y sont pour quelque chose. En revanche, pour calmer son stress, il décide d'utiliser une médication « personnelle ». D'après le récit de Prince et de son entourage, repris par les médias et les publications de fans, le chanteur se sert un verre de vin. Puis deux. Très rapidement, pris dans l'euphorie éthylique, il vide la bouteille. Du haut de son mètre cinquante-sept pour moins de 60 kilos, le ventre vide, l'organisme de Prince ne tient pas l'alcool. Son cœur bat encore plus vite, l'anxiété augmente.

Toujours selon la version « officielle » de cette soirée, il avale ensuite des « cachets d'aspirine » en trop grande quantité. Il est alors pris de nausées, puis de vomissements. En le découvrant dans cet état, ses proches l'emmènent aux urgences. Là, les médecins ne parviennent à obtenir aucune explication précise sur son malaise. Légendairement évasif, le chanteur esquive les questions, quand il ne reste pas totalement muet. Une fois remis sur pied, il quitte l'hôpital en secret et rentre à Paisley Park au plus vite. Son épouse a de sérieux doutes sur ce qu'il s'est réellement passé, mais elle n'en dit rien sur le moment.

Pour l'heure, ce qui est certain, c'est que ce soir-là, dans un moment de détresse, l'homme le plus clean du show-business a effectivement perdu le contrôle de lui-même. Pris de panique, Prince a plongé dans une consommation excessive de produits divers, jusqu'au malaise.

Heureusement, cette fois-ci, ce n'était pas du fentanyl. Mais ce n'était peut-être pas de l'aspirine non plus…

3. Triste Prince

Une citation attribuée à Sigmund Freud dit que « les émotions non exprimées ne meurent jamais. Elles sont enterrées vivantes et libérées plus tard de façon plus laide ». Dans ses *Mémoires inachevés*[1] – en réalité à peine commencés – publiés en 2019, Prince raconte les traumatismes d'une enfance pleine de solitude, de frustrations et de peurs. Son passé est peuplé de fantômes et de mauvais souvenirs, toujours liés à ses parents et au couple instable qu'ils formaient. Désaccords, disputes, violence domestique, séparation, abandons multiples ont laissé des traces indélébiles dans le cerveau de cet enfant hypersensible. Pour se protéger, il trouve dès ses premières années un refuge idéal, rassurant, constant : la musique.

Lorsque Prince vient au monde, son père, John Lewis Nelson, est pianiste de jazz, la nuit, sous le nom de scène de Prince Rogers, et ouvrier à l'usine pendant la journée. L'homme est un modèle d'élégance vestimentaire, mais aussi de rigidité. Il impose à sa famille des règles strictes. Son fils en souffre mais, paradoxalement, il s'approprie le sens aigu de la discipline de John Nelson. Il admire aussi sa créativité musicale – pourtant bien inférieure

1. Prince, *The Beautiful Ones, Mémoires inachevés*, Robert Laffont, 2019.

à ses propres capacités. Plus tard, Prince mettra toujours John Nelson en valeur en tant que musicien. Comme si, dans une étrange forme de culpabilité, il tentait de se racheter auprès de son père, en cosignant avec lui certaines de ses chansons, en le faisant monter sur scène lors de ses concerts ou en le présentant à la presse.

Mattie Shaw, sa mère, aime chanter, s'amuser, sortir, faire la fête, être libre. Lorsqu'elle rencontre John Nelson, elle a seize ans de moins que lui et un timbre de voix à la Billie Holiday, dit-on. Nelson la prend dans son groupe avant de l'épouser. Mattie a déjà un fils, Alfred Jackson ; elle en aura un autre après leur divorce, Omarr Baker, né en 1970. John Nelson aussi a été marié avant de rencontrer Mattie. Il a eu pas moins de quatre enfants : Sharon, Norrine, Lorna et John R. Sa première épouse, Vivian Howard Nelson, aura également un autre fils après leur divorce, Duane, considéré comme le demi-frère de Prince bien qu'il n'y ait en réalité aucun lien génétique entre eux.

Mariés en 1956, John Nelson et Mattie Shaw ont eu deux enfants ensemble : Prince naît le 7 juin 1958, et sa sœur Tyka deux ans plus tard, le 18 mai 1960. Les caractères des époux sont très différents, pourtant les premières années du couple sont plutôt heureuses. À l'époque, John rencontre un certain succès avec son groupe, le Prince Rogers Trio (les parents ont donné ce prénom à leur fils « pour qu'il fasse tout ce que je voulais faire », dira le père). Mais les concerts réguliers éloignent de plus en plus souvent le musicien de la petite maison familiale du Northside de Minneapolis. Peu à peu, pour s'occuper du foyer, Mattie sacrifie ses ambitions à celles de son mari. Insatisfaite, elle accepte mal cette situation, sort le soir, et tient tête à son époux lorsqu'il la réprimande. Quand ils se retrouvent seuls, John n'hésite pas à lever la main sur elle. Pourtant, lorsqu'il relate cette période de sa vie dans ses mémoires,

Prince a tendance à blâmer sa mère pour les problèmes de couple de ses parents.

« Bien que ma mère soit à la fois très affectueuse et protectrice, écrit-il, son attirance pour le caractère extraverti de la fête pouvait parfois la rendre aussi extrêmement têtue et lui faire perdre la raison. Personne ne pouvait la raisonner lorsqu'elle se trouvait dans cet état. Entendre ses parents se quereller est effrayant pour un enfant, si cet affrontement devient physique, il peut être traumatisant. Une nuit, je me souviens de les avoir entendus se disputer avant d'en venir aux mains. À un moment donné, ma mère a fait irruption dans ma chambre et s'est agrippée à moi. Elle pleurait, mais elle a réussi à esquisser un sourire et m'a dit : "Demande à ton père d'être gentil avec moi." Elle s'est servie de moi comme d'un bouclier pour qu'il cesse de la frapper[1]. »

D'autres fois, dans les périodes de rupture, Mattie supplie son mari de revenir à la maison. Là aussi, Prince se sent utilisé par sa mère : « Les coups de fil se prolongeaient tard dans la soirée. Elle nous réveillait, ma sœur et moi, et nous demandait de le convaincre de rentrer. Lorsqu'elle me réveillait en sursaut, j'avais l'impression d'être encore en plein rêve. On entendait de la musique. Ça fonctionnait toujours de la même façon : elle mettait de la musique de rupture, se versait un verre, puis seulement alors composait le numéro de téléphone. Je pense que c'est pour cela que j'ai été capable de composer des chansons de rupture aussi efficaces que "Nothing Compares 2 U". Je n'ai jamais entendu une seule chanson de rupture comparable à celles que je suis capable d'écrire. »

Au moment de la séparation finale de ses parents, lorsque son père tente, selon Prince, de « recoller les morceaux », le chanteur rend de nouveau sa mère res-

1. Prince, *op. cit.*

ponsable de l'ultime échec de leur mariage : « Mon père venait nous chercher tous les week-ends, il nous accompagnait à l'église, puis nous emmenait manger, ma sœur et moi. Exactement comme avant, sauf que ma mère n'était plus avec nous. Cet entêtement de sa part achèverait de creuser un fossé entre eux. Tout était différent désormais. À vrai dire, je n'ai commencé à connaître véritablement mon père qu'à partir du moment où il a quitté ma mère. Être le seul garçon à cohabiter avec elle m'a permis de comprendre pourquoi il était parti. »

En 1968, Prince a 10 ans. Son père a quitté définitivement la maison et ses parents divorcent. John Nelson laisse derrière lui son piano droit, qui devient l'objet de fixation du jeune garçon. Prince dira plus tard qu'il n'avait pas le droit de toucher au piano du temps où son père était là. Alors une fois John parti, il passe tout son temps et toute son énergie sur l'instrument, en appliquant à ses exercices la discipline quasi militaire héritée de son paternel. Il développe très rapidement des capacités prodigieuses, impressionnant tout son entourage.

Dans le même temps, ce n'est pas un détail, ici commence la première période d'isolement de Prince, enfermé à double tour dans sa musique et en lui-même. Un réflexe de défense qui ressurgira sans cesse – avec des effets parfois néfastes sur sa musique comme sur sa vie personnelle et professionnelle. Peut-être est-ce également à cette époque que le petit « Skipper » (le surnom de Prince, qui veut dire « capitaine », mais aussi bondissant, sautillant), enfant joyeux, vif, bavard, laisse place à un Prince plus impassible, plus introverti, que l'on dit timide à l'extrême, refusant souvent de communiquer autrement qu'à travers ses merveilleux talents de musicien. Il est conscient de sa valeur, et une certaine arrogance se dégage également de ce nouveau personnage.

Il n'empêche qu'à l'entendre jouer, qu'il s'agisse des tubes du moment ou de ses propres compositions rhythm'n'blues, disco ou jazzy, ceux qui l'écoutent croient entendre un orchestre entier. « On aurait dit qu'il avait quatre mains », dira son plus proche ami de l'époque, André « Cymone » Anderson, copain de quartier, frère de musique et bientôt compagnon de chambre de Prince.

Car à l'âge de 12 ans, Prince quitte le foyer de sa mère, qui s'est remariée très rapidement après son divorce. Le préadolescent ne s'entend pas avec son beau-père, Hayward Baker, alors il décide de rejoindre John Nelson, qui accepte de le prendre avec lui. À condition, bien sûr, de respecter les règles toujours aussi strictes fixées par ce père intransigeant. L'une d'elles est de ne pas inviter de filles à la maison. Hélas, le jeune garçon apprécie déjà beaucoup la compagnie féminine et c'est en fâcheuse posture, au lit avec une jeune femme, que John Nelson le surprend un jour. Furieux, il jette son fils à la porte. Seul et bouleversé, Prince reste quelques jours à la rue. Puis il rappelle son père pour s'excuser, et le supplier de le laisser rentrer « à la maison » – il fait même intervenir sa sœur Tyka pour plaider sa cause. Mais John Nelson, même lorsqu'il entend son fils en larmes au bout du fil, refuse de l'accepter de nouveau sous son toit. Prince dira plus tard : « C'est la dernière fois que j'ai pleuré[1]. »

Après avoir vu ses parents se déchirer, puis divorcer, son père partir, sa mère fonder une nouvelle famille sans qu'il y trouve sa place, après avoir tenté de renouer avec un père qui vient de le laisser tomber une deuxième fois, Prince décide que ce nouveau rejet sera le dernier. Désormais, comme tous les enfants victimes du syndrome de l'abandon, à la moindre alerte, c'est lui qui partira le premier.

1. Neal Karlen, « Prince Talks: The Silence Is Broken », *Rolling Stone*, Rollingstone.com, 12 septembre 1985.

4. Mélodies en sous-sol

Prince n'a pas encore 15 ans lorsqu'il trouve refuge chez son meilleur ami, André Cymone. La mère de « Dré », qui élève seule ses six enfants, est une femme exceptionnellement active. Bernadette Anderson s'occupe de sa famille avec joie, énergie et générosité, mais s'implique aussi fortement dans la vie de la communauté afro-américaine locale, dont elle est une figure reconnue. Cette mère aimante et chaleureuse représente aux yeux de Prince un modèle d'éducation, à l'opposé de celui qu'il a connu auprès de ses propres parents. Cerise sur le gâteau, chez les Anderson, la musique est encouragée, et les petites copines tolérées. Sans hésiter, Bernadette Anderson prend le jeune garçon sous son aile. Elle l'accueille dans sa famille comme un fils adoptif. Devenu superstar, il se souviendra de cette période comme de l'une des plus heureuses de sa vie.

Prince et André partagent d'abord une chambre au premier étage de la maison Anderson. Mais déjà, la maniaquerie de Prince fait des siennes : la demi-pièce qu'il occupe est immaculée et parfaitement rangée, alors que l'espace de son camarade est un foutoir indescriptible. Cela commence à poser des problèmes entre eux, aussi demande-t-il à investir la « salle de musique », c'est-à-dire la cave, une pièce sans fenêtres au sous-sol de la bâtisse. D'abord inquiète de la salubrité des lieux, Bernadette finit par accepter, et il emménage au sous-sol.

Ce faisant, le jeune musicien pose pour la première fois un grand principe de son futur mode de fonctionnement : sa musique et sa vie quotidienne se confondent en permanence. L'endroit où il vit, où il dort, est aussi son lieu de travail et de création. De la cave des Anderson au complexe ultramoderne de Paisley Park, c'est le même principe, le même système en vase clos.

Dans sa cave désormais agencée au millimètre, avec André Cymone, Prince joue du matin au soir. Il s'attaque à tous les instruments principaux d'un groupe : claviers, batterie, guitare, et la basse de son copain André. Chaque fois, il excelle avec une facilité déconcertante. D'autres musiciens les rejoignent et leur premier groupe sérieux, Grand Central, cartonne parmi les jeunes du coin. La scène musicale de Minneapolis est alors très active et très riche. Pour se faire une place, il faut affronter une compétition féroce. André Cymone et les autres compagnons de jeu de Prince travaillent d'arrache-pied pour développer leur jeu et un son d'ensemble. Prince, lui, survole, imperturbable. Il indique à chacun ses parties, leur montre comment les jouer et les fait travailler pendant des heures, jusqu'à ce que les interprétations fonctionnent parfaitement ensemble. Déjà à cette époque, certains membres du groupe se plaignent de la poigne de fer et de l'endurance de leur guitariste-chanteur. Ils ne le savent pas encore, mais derrière le frêle Kid de Minneapolis perce un *bandleader* de la trempe des Duke Ellington, James Brown, Miles Davis ou Frank Zappa. Un perfectionniste tyrannique capable d'infliger une amende à un membre du groupe pour un pas de danse raté, une phrase musicale mal exécutée ou un costume froissé. Un homme qui n'hésitera pas à congédier ses musiciens sur-le-champ s'il juge que sa musique doit prendre une nouvelle direction. Malgré tout, le talent incroyable et protéiforme de Prince, sa façon de jouer et de chanter, sa capacité à emmener ses musiciens à un niveau qu'eux-mêmes ne pensaient pas pouvoir atteindre, tout cela compense largement les frustrations de son entourage.

Un autre « frère de musique » de Prince, dont il fait la connaissance au milieu des années 1970, est le coolissime Morris Day. Futur leader du fabuleux groupe The Time (créé par Prince, nous y reviendrons), celui-ci a élégamment attendu la mort de son ami et mentor pour prendre la plume et raconter ses souvenirs, pas toujours flatteurs pour « P »[1]. Il évoque largement les rapports souvent ambigus que l'artiste entretenait avec les musiciens de son entourage. Des relations amour-haine, entre amitié et compétition, suivies parfois d'évictions brutales ou de soudains gestes d'éloignement incompréhensibles. Peut-être était-ce cette fameuse peur de l'abandon qui le poussait à vouloir contrôler en permanence toute relation amicale ou amoureuse.

Musicalement, en tout cas, Prince a toujours attiré comme un aimant tous les instrumentistes qui gravitaient autour de lui, dont Morris Day. À ce moment-là, le jeune Morris n'a qu'une idée en tête : devenir le batteur du groupe de Prince, Grand Central. Il raconte leur première rencontre dans son livre, en recréant un dialogue imaginaire avec Prince :

« À ce show du vendredi soir au lycée Central High, j'ai d'abord remarqué ton énorme afro, et ton style qui était déjà présent, un mélange des genres masculin-féminin, ton côté métrosexuel. Tu savais l'exploiter. Ou peut-être que c'était juste ta personnalité, ton vrai toi.

— Et qui étais-je ?

— Un musicien dément qui essayait de faire des vagues et d'attirer l'attention. Un guitariste qui, à 15 ans, avait

1. Morris Day, avec David Ritz, *On Time: A Princely Life in Funk*, Da Capo Press, 2019.

digéré tout Eric Clapton, et Jeff Beck aussi, tant qu'à y être. J'ai appris ensuite que tu avais même étudié les gars qui ont influencé Hendrix, Johnny "Guitar" Watson et Buddy Guy. J'ai eu l'impression que tu avais absorbé cette musique comme un bébé boit le lait de sa mère.

— Tu avais bu de ce lait-là, toi aussi.

— Rien à voir avec toi. Comme batteur, j'étais sérieux. Énergique, précis. Mais j'ai compris que tu appartenais à une catégorie de mecs complètement différente. Tu ne jouais pas simplement cette putain de musique. Tu étais cette putain de musique, elle te consumait, comme elle consumait tous ceux qui l'entendaient. Je n'avais jamais vu quelqu'un comme ça auparavant. C'est pour ça que je voulais en être. »

Morris obtient une audition, pendant laquelle Prince ne décroche ni un sourire ni un mot, en dehors des morceaux qu'il lance à la chaîne, debout au micro, guitare en main. « Dance to the Music » de Sly Stone, « Evil Ways » de Santana, Funkadelic avec « Free Your Mind and Your Ass Will Follow », et James Brown, « Get on the Good Foot » ; pendant deux heures, tout y passe. Morris Day, qui connaît sur le bout des doigts le grand répertoire soul-funk, suit sans aucun problème, au tempo. À la fin de l'audition, Prince s'en va sans même dire au revoir. Les autres membres de Grand Central rassurent le batteur décontenancé : « Ça veut dire que tu as le job. S'il n'avait pas été content, tu l'aurais entendu[1]. »

Ce jour-là, entre Prince et Morris Day, c'est le début d'une complicité créative brillante. La rencontre de deux esprits vraiment funky, dans une relation pleine d'humour et de tendresse mutuelle, mais émaillée de violentes ruptures et de multiples incompréhensions, pendant plus de quarante ans. Une définition de l'amitié selon Prince.

1. Day, *op. cit.*

Quelque temps plus tard, Morris Day, Prince et André Cymone enregistrent une démo sous le nom de Grand Central, dans un studio rudimentaire de Minneapolis baptisé ASI. L'ingénieur du son est un jeune passionné nommé David « Z » Rivkin. Ce jour-là, il n'est pas particulièrement impressionné par ce qu'il entend, ni par Prince en tant que musicien. Il aura l'occasion de revoir ce jugement par la suite.

Comme s'en doute alors tout son entourage, les années Grand Central ne vont pas durer très longtemps pour Prince. Rapidement, d'autres opportunités, cette fois individuelles, se présentent.

En 1975, un cousin par alliance, Pepé Willie, embauche Prince pour quelques sessions avec un groupe qu'il a mis sur pied et baptisé 94 East. C'est la première fois qu'il enregistre en studio. Pendant deux ans, il va rééditer l'expérience. Des séances sporadiques dont le résultat a été publié maintes fois sous différentes formes, dès qu'il a été possible de capitaliser sur le nom de Prince. Tant mieux pour nous, car ces enregistrements sont une trace précieuse des talents et du professionnalisme précoce du Kid de Minneapolis.

À cette époque, la première barrière qui se dresse sur son chemin de musicien professionnel est raciale. Cette caractéristique de la culture américaine est extrêmement prégnante dans le Minneapolis des années 1970. La ville, bien que multiculturelle, souffre encore largement de la ségrégation. La musique noire a ses bacs séparés chez les disquaires, ses antennes radio dédiées et ses *charts* réservés (sous la pudique étiquette « R'n'B »). Dans cette ville, comme dans tous les États-Unis, les musiciens noirs n'ont pas accès aux mêmes opportunités ni au même marché que les blancs. Voilà pourquoi Prince, dès le début de sa carrière, refuse par-dessus tout d'être catalogué « artiste noir » – instaurant au passage la mixité dans chacun de ses groupes.

Mais traverser ce plafond de verre, pour un jeune musicien afro-américain, n'est pas facile, même lorsqu'il est de la trempe de Prince. Deux personnages, qui sont alors en train de faire leur trou dans le milieu musical de Minneapolis, vont l'aider à franchir l'obstacle. Il s'agit de Chris Moon, 23 ans à l'époque, et Owen Husney, 29 ans. Ils sont les premiers à comprendre le véritable potentiel de celui qui s'appelle encore Prince Nelson, et qui commence à peine à faire parler de lui localement.

Chris Moon, musicien-producteur, a monté à Minneapolis un studio d'enregistrement baptisé Moon Sound. Fasciné par les dons musicaux et la détermination du jeune homme, il l'enrôle comme aide de camp avant de lui confier les clés de l'endroit, où Prince élit carrément domicile plusieurs jours par semaine. Il vit et dort parmi les instruments, apprend à maîtriser la table de mixage et joue nuit et jour, comme à son habitude. Le cadre de vie idéal de l'artiste est désormais bien installé, et ne changera plus.

Aux studios Moon Sound, Prince enregistre ses premières maquettes professionnelles. Ce faisant, il perfectionne comme jamais sa pratique multi-instrumentale, au point de devenir un véritable homme-orchestre. Il utilise les overdubs, la superposition d'instruments piste par piste, pour jouer avec lui-même de façon totalement naturelle (seuls Stevie Wonder et Paul McCartney ont réellement fait cela sur disque avant lui). Il conçoit les parties, les arrangements, les changements, et les exécute ensuite. L'illusion est parfaite – une marque de fabrique que l'on retrouvera sur presque tous ses albums, où figure la célèbre mention *« composed, arranged, produced and performed by Prince »*. C'est Chris Moon qui a conseillé au jeune musicien de laisser tomber son nom de famille, pour ne garder que « Prince » comme nom d'artiste. Il affirme également lui avoir recommandé de choisir une couleur associée à son personnage. Vu son prénom, il doit être « royal ». Alors c'est forcément le mauve, *purple* – effectivement, Prince utilise pour la première fois ce mot sur l'un de ses enregistrements inédits avec Chris Moon (« Leaving for New York »). Cette année-là, le jeune musicien prodige enregistre seize morceaux aux studios Moon Sound, dont quatre figureront sur son premier album.

C'est *via* Chris Moon qu'Owen Husney entre à son tour dans la vie professionnelle de Prince. Jeune manager d'artistes, il n'a pas encore 30 ans lorsque Moon lui fait écouter les premières démos de Prince. Moon joue le mystère, et ne dit pas de qui il s'agit. Husney réagit spontanément : « C'est super. Qui sont les musiciens ? » Lorsque Moon lui répond que c'est « un gars tout seul » qui joue, compose, arrange et produit ses chansons, le jeune promoteur a du mal à le croire. Immédiatement, il comprend que Prince est une perle rare, un phénomène et lui propose de se mettre à son service, promettant de lui trouver un contrat d'enregistrement avec une major du disque. Il compte « vendre » le Kid comme un nouveau Stevie Wonder.

En décembre 1976, Husney et Prince signent un contrat de management. L'impresario verse à son nouveau protégé un salaire de 50 dollars par semaine (ce qui lui permet de louer son premier appartement), lui achète plusieurs instruments de musique et réserve pour lui du temps d'enregistrement au studio Sound 80, le meilleur de Minneapolis. Les choses vont vite : avant même que sa carrière démarre, les portes s'ouvrent devant Prince. Les événements s'enchaînent naturellement, sur la foi de son seul talent. Et ce n'est que le début. Bientôt, plusieurs grandes maisons de disques vont convoiter sa signature.

Ce qui veut dire qu'à l'âge de 18 ans, Prince est déjà en position de faire valoir ses exigences, avec une poigne que le *music business* ne lui connaît pas encore.

5. Aux marches du palais

Lorsque le manager Owen Husney et Prince démarchent les gros labels américains, ils ont déjà décidé de poser deux conditions majeures. Ils veulent d'abord obtenir un contrat pour trois albums plutôt que deux, comme cela se fait habituellement à cette époque. Plus important encore, Prince exige d'être le producteur de ses disques. Il tient à avoir les mains totalement libres, sans que sa maison de disques lui impose aucun contrôle ni aucun critère commercial. Le label qui choisira de travailler avec lui devra lui faire confiance. « Ils » jugeront sur pièces une fois l'album terminé. Malgré son jeune âge, le musicien sait déjà mieux que quiconque ce qu'il a à faire. Et il est convaincu que personne ne saura le faire mieux que lui.

Husney passe des coups de fil. Il décroche des rendez-vous dans cinq maisons de disques basées à Los Angeles : Warner, CBS, A&M, RSO et ABC-Dunhill. Le manager et son poulain se déplacent jusqu'en Californie en ayant préparé leur coup. D'abord faire écouter la démo qu'ils ont sous le bras, puis vendre le nouvel « homme-orchestre de la pop », et éventuellement proposer une « démo » en direct : observer Prince en studio pendant qu'il (ré-)enregistre seul l'un de ses morceaux. Mais avant d'en arriver là, il faut que les labels intéressés acceptent les deux conditions *sine qua non* – trois albums, et Prince producteur. Les cinq labels semblent intéressés. Seul CBS demande effectivement une démonstration d'enregistrement en *live*, que Prince effectue devant les pontes du label[1].

Au final, trois majors restent en course : Warner, CBS et A&M. Ce dernier label refuse de signer pour trois albums, et se voit donc rejeté d'office. Les deux autres ne souhaitent pas laisser les rênes de la production à un artiste si jeune. Après discussion, Warner accepte de lui confier la coproduction de son disque. La réputation du label, historiquement proche de ses artistes, fait le reste. Prince signe donc avec Warner – et reste, sans le dire, bien décidé à produire seul son album. La major dit avoir accordé au chanteur le plus gros budget jamais obtenu par un artiste solo débutant : trois albums à réaliser en deux ans, 80 000 dollars d'avance, 60 000 dollars de budget par album, 225 000 dollars au premier renouvellement de contrat, 250 000 au second. Près de 1 million de dollars en tout. De plus, grâce à son manager, Prince conserve ses droits d'édition, le fameux *publishing*, qui rapporte de l'argent sur toutes les utilisations commerciales d'une chanson (les disques, mais aussi les passages radio, télé, les partitions, etc.). Des centimes qui tombent toute l'année, et finissent par former des montagnes de dollars. C'est la garantie de revenus à vie, l'un des biens les plus précieux d'un auteur-compositeur – avec la propriété de ses « bandes *master* »… Mais ça, Owen Husney ne l'a pas négocié.

Après la signature, Warner propose à Prince de coproduire son premier disque avec une énorme pointure : Maurice White, ancien batteur du label Chess, puis du pianiste Ramsey Lewis, qui a fondé avec ses frères le

1. Per Nilsen, *The Vault: The Definitive Guide to the Musical World of Prince*, Uptown, 2004.

groupe Earth, Wind and Fire. Un maître de la production et de la scène. Mais Prince, gonflé, refuse.

En revanche, pour convaincre Warner de ses compétences, il accepte une nouvelle *« test session »* comme il l'a fait pour CBS. Effectivement, en observant Prince au travail, les cadres de la major, impressionnés, acceptent finalement de laisser le Kid produire son premier album.

Le soir de la signature de son contrat avec Warner, Prince fait une rapide apparition à un cocktail en son honneur – où il ne dit pas un mot – avant de repartir pour Minneapolis. À peine rentré, il file au studio Sound 80 où il enregistre une chanson disco-funk joyeuse, en forme de déclaration d'amour à son nouveau label. Le morceau, toujours inédit, s'intitule « We Can Work It Out[1] » (« On va y arriver ») et commence par ces paroles : « Maintenant que je connais ton nom, et que tu connais le mien [...], on peut faire de la belle musique ensemble. »

Bizarrement, comme un étrange pressentiment, le morceau qui inaugure la relation Prince-Warner se termine par le son d'une énorme explosion. Un signe des temps... à venir.

---

1. Nilsen, *op. cit.*

6. Homme studio

Grâce à son contrat avec Warner, Prince a enfin les moyens de ses ambitions. Il est décidé à les utiliser au maximum, et même au-delà. Il entre dans sa carrière comme on entre dans les ordres. Il l'envisage comme un sacerdoce au service de la musique – c'est le message du morceau qui ouvre son premier album, « For You » : un chœur en overdubs où l'artiste fait le serment de partager sa vie en musique avec ceux qui l'écoutent.

Prince a un talent monstre, une éthique de travail, mille idées, et la vie devant lui. Il n'a pas encore 20 ans lorsqu'il commence à travailler sur son premier disque. Pourtant, son schéma de fonctionnement, sa zone de confort créative sont déjà parfaitement établis : comme chez Bernadette Anderson ou aux studios Moon Sound, sa vie et son travail, le studio et sa maison se confondent. L'expression *home studio* n'a jamais si bien porté son nom que dans la vie de ce musicien. Son studio est sa maison, et vice-versa. Ce qui lui permet de poser sur bande toutes ses idées, à tout moment, en un minimum de temps.

Car le deuxième trait dominant du caractère de Prince, après le contrôle, est l'impatience. Tout doit aller vite. Très vite. Les prises instrumentales, les mixages, les albums… Sans quoi, il tourne en rond, tape du pied et fulmine rapidement. Plus tard, il ira jusqu'à renvoyer des techniciens pour un réglage incertain, un câble mal branché, une guitare désaccordée, tout ce qui n'est pas prêt à l'instant même où il en a besoin. Son truc favori est de fixer méchamment celui ou celle qui cherche ou répare la panne en répétant toutes les dix secondes : « Pas encore prêt ? Moi je suis prêt. »

Conséquence positive : la spontanéité de son travail complète à merveille son perfectionnisme légendaire.

Conséquence négative : à la moindre attente, la moindre lassitude, quel que soit le projet en cours, il passe à autre chose. Il tourne la page sans états d'âme. Cela lui causera quelques soucis.

Dès 1978, Prince est submergé par sa propre créativité et le flot continu d'idées musicales qui jaillit dans son cerveau. C'est ainsi qu'en plus de sa propre carrière, il élabore des projets pour d'autres artistes. Il se sent l'âme d'un Pygmalion – l'un des éléments déclencheurs serait le visionnage du film de Taylor Hackford, *The Idolmaker* (1980), *Le Temps du rock'n'roll* en VF. Comme dans ce film, il a envie de façonner des carrières, de créer des groupes, des personnages. Une façon d'écouler son stock de musique, mais aussi de partager son succès avec ses potes ou ses petites amies – en gardant évidemment un contrôle total sur ses créations-créatures.

La première de cette longue liste se nomme Sue Ann Carwell. Prince la rencontre à l'été 1978. Immédiatement, il lui propose de composer et produire un album pour elle, et la rebaptise Suzie Stone. Ils enregistrent quatre titres dans le studio personnel de l'artiste, un système 8 pistes installé dans sa première maison, une location sur France Avenue à Edina, près de Minneapolis. Mais après quelques désaccords, en particulier sur le rythme de travail de la chanteuse, le projet est remisé. L'album de Suzie Stone ne verra jamais le jour[1].

1. Princevault.com, section « Unreleased Albums », 19/10/2023.

Les « projets parallèles » sont une constante dans la carrière de Prince – longtemps financés par le label Warner, il faut le souligner. De cette première tentative en 1978 jusqu'à l'année de sa mort en 2016 (un projet d'album avec le bassiste MonoNeon, sous le titre *Black Is the New Black*[1]), Prince ne cesse d'écrire et de composer pour d'autres artistes – surtout des femmes, d'Apollonia Kotero et Vanity à Sheila E en passant par Madonna, Kate Bush, Mavis Staples, ou encore Jill Jones, Martika, Sheena Easton et Carmen Electra. Le musicien instaure une véritable écurie d'artistes parmi ses proches, pour lesquels il va créer des groupes – parfois fictifs – et un répertoire sur mesure.

En 1981, pour son camarade Morris Day, il invente The Time. Joueur, lorsqu'il veut utiliser une rythmique créée par Morris (le morceau « Party Up »), Prince lui met le marché en main : en échange de ce groove, il peut recevoir 10 000 dollars… ou avoir un groupe à lui. Morris choisit évidemment la seconde option. Prince compose et enregistre alors avec lui la quasi-totalité des deux premiers albums de The Time. Les musiciens *killers* que Morris et lui ont recrutés – Jesse Johnson (guitare), Jimmy Jam et Monte Moir (claviers), Terry Lewis (basse) et Jellybean Johnson (batterie) – sont censés reproduire les parties instrumentales de Prince à la note près.

Dans un autre genre, en 1987, avec son saxophoniste Eric Leeds, Prince imagine un (faux) groupe de (faux) jazz, Madhouse. En réalité, Leeds et Prince sont quasiment les seuls à jouer sur les deux albums qui ont été publiés, intitulés *8* et *16* – un troisième, *24*, a été enregistré, mais reste inédit.

Il y a beaucoup d'autres noms sur la longue liste des artistes-projets « princiers » : The Rebels, The Family, The Hookers, The Flesh, Apollonia 6, Vanity 6… Sachant

1. Princevault.com.

qu'en dehors des collaborations et productions qui ont abouti, plusieurs dizaines d'albums ont été enregistrés et/ou produits par Prince, pour lui-même ou d'autres artistes, mais ne sont jamais sortis. Souvent sur sa propre décision, parfois sur décision d'un label.

Dans tous les cas, lorsqu'il réalise ces innombrables projets pour d'autres que lui-même, groupes ou artistes fictifs ou réels, c'est l'occasion d'expérimenter en totale liberté. Facétieux, il se dissimule derrière de multiples alter ego (Jamie Starr, Alexander Nevermind, Joey Coco, Camille – la voix de Prince accélérée). Il se cache aussi derrière des personnages aux accents cartoonesques que l'on entend sur certains morceaux de The Time. Sur une idée de Prince, Morris Day, lui, incarne une sorte de *pimp* comique, un demi-maquereau frimeur tiré à quatre épingles, fortement inspiré par le père de Prince, John Nelson.

Sur ces disques-là, dont certains comptent parmi les meilleures productions de sa carrière, Prince n'apparaît nulle part. Mais comme d'habitude, il est partout.

7. En mode « démo »

Ses propres albums, Prince les envisage comme des positionnements artistiques successifs. Son exigence, c'est la qualité. Mais pour le reste, il suit librement ses envies, au gré de ses pulsions créatrices. Il n'hésite pas à changer de direction, à défaire et à refaire un morceau ou même un album s'il a le sentiment que sa musique le nécessite. Il n'a pas peur de déstabiliser le public, le marché, en prenant de nouvelles directions. Mélange de confiance suprême, d'intégrité totale et d'une pointe d'arrogance, il fonctionne à l'instinct – et au travail. Le pire, pour lui, serait de laisser passer une bonne idée sans la mener à son terme. Ainsi, l'un de ses principes de création, lorsqu'il commence un morceau, est de ne jamais s'arrêter avant de l'avoir terminé. Les heures ne comptent pas. L'argent non plus. Et les collaborateurs doivent suivre.

Au final, la discographie de Prince contient l'une des séries d'albums les plus exceptionnelles de l'histoire de la pop. Entre 1980 et 1988, sa versatilité, son sens du style et son talent protéiforme lui ont permis de produire une succession de chefs-d'œuvre uniques, passant sans effort d'un genre à un autre, d'un son à un autre, ajoutant sans cesse de nouvelles couleurs à sa géniale palette musicale. En comparaison, ses deux premiers LP sont « seulement » excellents.

Le premier album de Prince, *For You* (1978), est conçu comme une démonstration de force. Il s'applique, le veut parfait, sans faute ni approximation – c'est aussi ce qu'on lui reprochera *a posteriori*. Performances brillantes, arrangements foisonnants, précision, production impeccable. Il double le budget de Warner, mais fait ses preuves de musicien et producteur. Il ne lui manque qu'une chose : des tubes – le single « Soft and Wet » (écrit avec Chris Moon) atteint la 12e place du top rhythm'n'blues, mais Prince redoute d'être enfermé dans la case si réductrice – et si américaine – de la « musique noire ». Ce qu'il veut, c'est être un faiseur de hits, et même de classiques de la pop : ces tubes universels qui nous touchent tous, noirs ou blancs, hommes ou femmes, à travers les époques et les générations.

Tel est l'objectif de son deuxième album, baptisé *Prince* (1979). La sobriété du titre fait écho à celle du son de ce disque. Le musicien a appris des erreurs de *For You* : il dépouille les orchestrations et les compositions. On entend vraiment un groupe (d'un seul musicien, puisque c'est Prince qui joue de tous les instruments), mais surtout des chansons. Riff sur riff, accroche sur accroche, refrain sur refrain : tout est sec, dynamique, hyper-efficace. Une pop disco-funk mâtinée de rock qui fonctionne à merveille. Le résultat est là : trois singles classés dans les *charts*, dont « I Wanna Be Your Lover », qui atteint la 1re place R'n'B, la 12e au hit-parade général américain Cash Box. Ce premier tube fait aussi entrer Prince dans les classements internationaux au Royaume-Uni, au Canada, en Nouvelle-Zélande… et en France. La chanteuse Chaka Khan sera numéro 1 aux États-Unis et en Angleterre avec sa reprise de « I Feel For You » en 1984.

Comme d'habitude, Prince ne perd pas une miette de son temps, ni de celui des autres. Dès qu'il a terminé l'enregistrement de son album, il entame des répétitions en vue des premiers gros concerts qui l'attendent. Et pendant ces répétitions, il crée l'un de ses fameux projets parallèles.

En douze jours d'enregistrements dans un studio du Colorado, avec son vieil ami (et désormais bassiste attitré) André « Cymone » Anderson, ainsi que le guitariste qu'il vient de recruter, Dez Dickerson, et ses autres musiciens, Prince met en boîte neuf morceaux pour un projet parallèle baptisé The Rebels. Le son est rock, centré sur les guitares électriques, avec des compositions réparties entre Dickerson, Anderson et Prince – de sa part, c'est une façon de créer un esprit de groupe plutôt que de confisquer le volant... Mais le projet restera dans les tiroirs. En revanche, Prince réutilisera certaines chansons des Rebels bien plus tard, pour Paula Abdul, Mica Paris ou sa future compagne Mayte Garcia[1].

Un fonctionnement habituel chez lui : Prince revient régulièrement piocher dans sa malle aux trésors pour ses productions extérieures ou ses propres disques – le Prince Estate a ainsi sorti du coffre en 2020 une démo de 1979 de la chanson « I Could Never Take the Place of Your Man », parue en 1987 sur l'album *Sign o' the Times*. En écoutant les albums de Prince, bien malin qui peut dire si tel ou tel morceau a été composé la veille ou dix ans plus tôt.

Une fois le LP *Prince* sur le marché, fin 1979 et début 1980, le petit prodige de Warner entame sa première tournée aux États-Unis. Il rejoint ensuite celle de Rick James – que Prince respecte musicalement, mais dont il méprise la consommation de drogues et d'alcool.

Au passage, Owen Husney, le manager qui a repéré Prince quatre ans plus tôt à Minneapolis, quitte le navire, à sa propre demande. On raconte cependant que Prince n'aurait pas apprécié de voir Husney signer

1. Nilsen, *op. cit.*

à Minneapolis avec d'autres artistes que lui – particulièrement le guitariste Jesse Johnson, que Prince respecte énormément, au point de le recruter pour le groupe The Time.

Une autre version de la rupture entre Husney et Prince, plus prosaïque, dit que le musicien et son premier manager se sont fâchés pour un petit caprice du chanteur concernant un appareil de chauffage... Quoi qu'il en soit, Owen Husney s'arrête là. Au bout du compte, Prince a beaucoup regretté le départ de son manager-découvreur. Il le lui aurait même écrit. Une lettre qu'Owen Husney conserve comme une relique, dit-il, depuis cette date.

Pour succéder à Husney (qui reste aux yeux de Warner un manager « régional »), la compagnie place Prince entre les mains d'un trio de super-pros : la *team* Cavallo et Ruffalo avec leur associé Steve Fargnoli, qui est le contact direct de Prince dans l'équipe. Avec eux, les pontes de Warner savent qu'ils mettent toutes les chances de leur côté. Ils n'ont désormais plus aucun doute sur la promotion, l'organisation des tournées, la gestion juridique, et aussi sur le plan de la communication (pas facile, dès le départ) avec la future star. De son côté, en deux albums, Prince est rodé, et le succès est là.

La plupart des artistes, à un stade si peu avancé de leur carrière, chercheraient à reproduire la « formule gagnante » qu'ils viennent de trouver. Prince, au contraire, y voit le moment idéal pour un changement de direction radical.

8. Nouvelle vague

En signant chez Warner, Prince a non seulement accès à tout ce dont il a besoin pour ses créations, mais aussi à beaucoup de nouvelles musiques, des disques que le label lui fournit. On peut ainsi penser, en entendant son jeu de guitare, que Prince a écouté attentivement l'album *Van Halen* (1978), où un autre jeune génie, Eddie Van Halen, réinvente littéralement la six-cordes électrique… Mais c'est un autre courant qui l'intéresse à l'époque. Le son le plus accrocheur à ses oreilles est celui du mouvement new wave, dit aussi post-punk. The Cars, Devo, Gang of Four, Talking Heads, David Bowie dans sa période berlinoise, Ian Dury, Nick Lowe, Kraftwerk bien sûr intègrent les playlists des radios et envahissent les platines des clubs de New York et L.A., où Prince va également prendre la température musicale du moment. Leur son froid et épuré, presque mécanique, le séduit. Il entend dans les synthétiseurs et les boîtes à rythmes qui font leur apparition sur le marché, un nouveau funk que personne n'a encore imaginé. Alors que les vedettes du moment font essentiellement de la pop et du rock, Prince, lui, saura faire *groover* ces machines.

Pour aller plus loin dans ses expérimentations sonores, à 22 ans, le jeune musicien a encore changé de maison-studio. Il a quitté France Avenue pour s'installer à Orono, pas très loin de là, au 680 North Arm Drive, près du lac

Minnetonka (qui sera célébré dans le film *Purple Rain* pour son eau « purificatrice » et glacée, dans laquelle doit se plonger la comédienne Apollonia Kotero). Au nouveau domicile de Prince, il y a maintenant un studio d'enregistrement indépendant à l'arrière du bâtiment, et un magnéto 16 pistes dans la cuisine. C'est là que Prince commence les maquettes de son nouvel album. De façon très rudimentaire, il branche directement ses instruments sur la table de mixage, sans amplification ni micros (sauf pour la batterie), afin de créer un son volontairement brut de décoffrage.

Encore une fois, Prince réalise toutes les prises lui-même, en jouant seul de tous les instruments. (Deux exceptions notables : le furieux solo de synthétiseur du morceau « Head », interprété par Matthew « Doctor » Fink, et la voix de la pianiste Lisa Coleman, tout juste recrutée – c'est la fille de Gary Coleman, le vibraphoniste et percussionniste de The Wrecking Crew, l'élite des musiciens de studio de Los Angeles).

Est-ce le son de ses nouveaux instruments, du nouveau *home studio*, ou la spontanéité, l'énergie du moment ? Les maquettes que le musicien assemble et réécoute dans sa voiture ont un son parfait à ses oreilles. Il entend déjà son futur album. Dans l'instant, il décide qu'il faut sortir ces morceaux tels quels. L'erreur serait de les réenregistrer « proprement » en studio. Tout l'effet serait gâché.

Après écoute, les boss du label ne sont pas choqués par le son, mais par le fond. Une certaine panique, même, s'empare d'eux : que vont-ils faire de ça ? Les textes sont beaucoup trop osés pour obtenir le moindre passage radio (« Head » raconte une scène de sexe oral avec une future mariée, « Sister » évoque l'inceste, « Dirty Mind » parle de sexe dans une voiture…). C'est indiffusable et scandaleux : voilà la première impression des patrons de Warner lorsqu'ils découvrent la petite révolution Princière qu'est *Dirty Mind* (1980).

De plus, Prince a changé de look. Un « costume » désormais minimal, comme le son de l'album. Pour seuls vêtements, sur la photo de pochette, Prince porte un mini-slip en soie noire, un bandana autour du cou, et un long trench-coat mauve clouté sur l'épaule droite – son accessoire principal pour les quatre années suivantes, jusqu'à *Purple Rain*. Aux yeux des pontes de Warner, c'est une nouvelle provocation qui ne présage rien de bon pour les ventes de l'album. Ils y sont opposés.

L'artiste applique alors la méthode qu'il utilisera toute sa vie : il se tourne vers ses managers et leur intime l'ordre de régler le problème. Il a fait son job, qu'ils fassent le leur. Cavallo, Ruffalo et Fargnoli, qui soutiennent leur poulain, vont donc négocier avec Warner. Après discussion, ils obtiennent un oui du bout des lèvres. Mais un oui – c'est l'essentiel.

Avec l'album *Dirty Mind*, Prince ne joue plus seulement du rock, comme il le faisait au lycée, il en adopte l'esprit. Il développe un funk métronomique, en utilisant les synthétiseurs comme des cuivres new wave, associés à des parties de guitares minimales, sur des chansons incroyablement accrocheuses (« When You Were Mine », « Dirty Mind »). La synthèse est inédite et très remarquée. C'est en réalité la naissance du *Minneapolis sound*.

L'album ne génère pas de hits en dehors des *charts* R'n'B (« Uptown » atteint la 5e place), mais le succès critique est considérable. Derrière l'échec commercial, Prince a réussi son pari très osé : il commence à convaincre en dehors du créneau américain des « musiques noires », dont il veut s'échapper à tout prix. Le *crossover*, la conquête du grand public (sous-entendu le public blanc), n'est plus très loin.

Quand *Dirty Mind* sort, tandis que Warner se lamente sur ses mauvaises ventes, Prince est déjà loin. Un torrent d'idées, de mélodies, de rythmes, de sons, de chansons coule encore dans sa tête. Sa seule préoccupation est de ne rien laisser lui échapper. Pour cela, il enregistre de plus en plus (huit morceaux inédits pendant les sessions *Dirty Mind*, dont le titre « Lisa », ode à sa nouvelle pianiste) et dort de moins en moins. Il surfe sur son flot musical intérieur. Une vague géante qui va l'emmener très loin – puis trop loin – du rivage.

Dans une interview de l'époque, qu'il accorde au journaliste Chris Salewicz du journal britannique *New Musical Express*, il annonce lui-même, sous couvert de plaisanterie peut-être, ce qui l'attend à l'avenir. Le journaliste le questionne sur ses influences musicales et retranscrit son dialogue avec le jeune musicien.

« Ma musique est le produit de mon époque, sauf à ce que je m'isole totalement… Et ça, ajoute-t-il, volontairement énigmatique, ne va tarder pas à se produire. »

De quoi va-t-il s'isoler ?

« Du monde. »

Qu'a-t-il l'intention de faire ?

« Ne faire qu'écrire de la musique, et des choses comme ça. Réfléchir. Et faire des disques. Je ne pense pas faire ce que je fais maintenant pendant très longtemps. »

Il ne s'amuse plus ?

« Je m'amuse toujours. Mais je m'ennuie très vite. Je m'amuse, mais je ne me vois pas continuer très longtemps dans le même style[1]. »

1. Chris Salewicz, « Half a million dirty minds can't be wrong », *New Musical Express*, 6 juin 1981.

9. Le créateur

Avec *Dirty Mind*, Prince entame une course folle, au fil de laquelle il va produire une série d'albums dont la qualité, l'éclectisme, la variété, la créativité sont exceptionnelles dans l'histoire de la pop. En huit années et huit albums, Prince va sidérer le monde de la musique. Seuls les immenses expérimentateurs que sont les Beatles, Stevie Wonder, James Brown dans le funk ou Miles Davis dans le jazz ont réussi à accomplir autant de mutations successives à un tel tempo. Dans les années 1980, Prince, au sommet de sa forme, est indépassable.

En 1981, toujours dans l'optique de conquérir le grand public, Prince affine son funk à tous points de vue. Sur l'album *Controversy*, qui sort en fin d'année, la musique est toujours minimale et robotique, mais moins frénétique, le son est beaucoup plus sophistiqué et « propre » que celui de *Dirty Mind*. Les textes abordent pour la première fois, avec une justesse surprenante, plusieurs grands thèmes sociaux de l'Amérique de Ronald Reagan – face à la menace des armes et de la guerre nucléaire, Prince propose ses propres valeurs refuges : la musique, la fête, le sexe. Enfin, son look a changé, nettement plus habillé que l'année précédente. Warner respire. *Controversy* atteint la 3e place des *charts* R'n'B américains, certifié disque de platine (1 million d'exemplaires vendus).

Inutile de préciser que Prince a tout enregistré seul chez lui, dans son nouveau *home studio* (encore un), installé cette fois dans une maison à un étage à Kiowa Trail, dans la campagne de Chanhassen. Il la fait repeindre en mauve, ce qui lui vaut le surnom de « Purple House » – il y logera plus tard son père, et fera raser la bâtisse à la mort de John Nelson en 2001.

À ce moment-là, le musicien acquiert aussi un nouvel instrument qui va prendre une place prépondérante dans son attirail sonore, et dont il va utiliser les possibilités de façon extrême. La LinnDrum LM-1 (du nom de son créateur Roger Linn) est la première boîte à rythmes programmable (à séquenceur) qui utilise des échantillons numériques de véritables sons de batterie (douze sons utilisables en polyphonie). La LM-1 n'a été produite qu'à un peu plus de 500 exemplaires entre 1980 et 1983. Sa souplesse d'utilisation et ses rythmes hyperréalistes apportent une nouvelle dimension, une nouvelle couleur au funk Princier. Le musicien manie cet outil ultramoderne en précurseur, de façon très originale et personnelle (en déformant les sons, en la combinant à de vraies batteries ou aux pédales d'effets de sa guitare). C'est pendant l'enregistrement de l'album *Controversy*, au studio Sunset Sound, que Prince teste pour la première fois la LM-1, sur le superbe « Private Joy ». C'est une nouvelle définition du « funk de Minneapolis ».

Cette année-là, en 1981, un signe des problèmes à venir apparaît, paradoxalement, à travers un beau succès. Car deux mois avant de commencer à travailler sur *Controversy*, Prince a mis sur pied et enregistré le premier album éponyme du groupe qu'il a « confié » à son ami Morris Day, The Time. Il faut préciser qu'à cette période, le Kid a atteint un rythme de travail effrayant. Quand il n'est pas en tournée – au cours desquelles il multiplie les répétitions et les enregistrements –, il répète le matin avec son groupe, l'après-midi avec The

Time ou d'autres, puis il passe la nuit en studio, dont il émerge au petit matin avec de nouvelles maquettes pour les uns et les autres.

Contre toute attente, le premier album de The Time, sorti discrètement en juillet 1981, trois mois avant *Controversy*, marche bien. Mieux, même, que le disque de Prince qui est encore dans les bacs à ce moment-là, *Dirty Mind*. *The Time* est à la 7e place des albums soul, 50e au top 200, disque d'or avec plus de 500 000 exemplaires vendus. Une réussite qui dépasse les espérances de Prince. Mais pas forcément dans le bon sens. Car c'est lui qui a créé The Time de toutes pièces, et il commence à penser que cette création pourrait rapidement lui échapper, peut-être l'égaler, voire le dépasser – vu le niveau du groupe assemblé par Morris Day et lui. Cette idée, bien entendu, lui déplaît fortement. Prince se dit-il déjà que si cela se produit, il devra sévir ? Nul ne le sait. Mais c'est bien ce qu'il fera, quelques années plus tard.

En juin 1981, Prince donne ses trois premiers concerts en Europe, à Amsterdam, Londres et Paris, au célèbre club « Théâtre » le Palace, à la renommée internationale. Mais un retard d'acheminement du matériel empêche les musiciens de monter sur scène. Le concert prévu le 3 juin à 22 h 30 commencera à 2 h 30 du matin. Imperturbable, Prince donne un show énergique de soixante-dix minutes. Mais entre-temps, la salle s'est vidée, et il ne reste qu'une poignée de curieux (beaucoup de gens se vantent aujourd'hui d'en avoir fait partie). Ceux-là découvrent un nouveau musicien funk qui semble très jeune, qui joue très rock, dans une tenue des plus sexy. Les conditions de cette entrée en matière ne sont idéales ni pour Prince ni pour les rares spectateurs, mais les plus perspicaces y voient une affaire à suivre…

Après *Dirty Mind* et *Controversy*, qui marquent déjà une synthèse inédite dans le funk, l'année 1982 constitue l'une des grandes périodes créatives de Prince.

En quelques mois, il va produire quatre LP pour trois groupes-artistes différents (The Time, Vanity 6 et lui-même), ainsi qu'une bonne trentaine de chansons qui resteront « en stock » – certaines ressortiront sur *Purple Rain* (1984), *Parade* (1986), *Sign o' the Times* (1987), *Graffiti Bridge* (1990), l'album éponyme de la chanteuse Jill Jones (1987), *Pandemonium* (1990) de The Time, ou encore sur des singles, maxi et faces B.

Incroyablement, certains morceaux de cette époque devront attendre près de vingt-cinq ans, jusqu'en 2019, après la mort de l'artiste, pour être enfin entendus par le grand public (sur une réédition « Super Deluxe » de *1999*). Jusque-là, seuls les fans avides de disques pirates connaissaient l'existence de ces petits chefs-d'œuvre que sont « Purple Music », « Extra Loveable », « Turn It Up » ou « Moonbeam Levels ».

Pour Prince, la nouvelle année commence comme s'est terminée la précédente : par l'enregistrement du deuxième album de The Time, *What Time Is It?*, qui sortira à peine six mois plus tard, en août 1982. Ensuite, de février à avril, Prince est en tournée. À son retour, il relance un deuxième *side project* de l'année précédente : un *girls band* sexy, qu'il a dans un premier temps baptisé The Hookers (« Les Putes »). Mais entre-temps, il a rencontré un jeune mannequin, apprentie chanteuse et comédienne, nommée Denise Matthews. Comme à l'accoutumée, il propose de lui écrire un album. Denise est alors rebaptisée Vanity (elle a refusé la première idée de Prince, « Vagina »...) et la voilà bombardée leader du trio féminin de Prince, renommé Vanity 6. Leur premier album sort le 11 août 1982, quinze jours avant *What Time Is It?*. En six mois, Prince a déjà écrit, produit et enregistré deux albums originaux – en plus des sessions de son propre disque, déjà bien avancé.

Pendant tout l'été 1982, le musicien navigue entre le studio Sunset Sound de Los Angeles et son propre *home studio* rénové, désormais équipé d'un enregistreur Ampex MM 1200 à 24 pistes et d'une nouvelle console de mixage Soundcraft 3B. Au vu de la qualité et de la quantité de sa production, Prince décide que son prochain album sera un double. Une fois de plus, Warner rechigne : un double LP coûte plus cher et s'avère très difficile à écouler. C'est se tirer une balle dans le pied. Il faut dire qu'à l'époque, très peu d'artistes sont parvenus à faire d'un double album un best-seller immédiat (on peut citer le « Double blanc » des Beatles, *Blonde on Blonde* de Dylan, The Clash avec *London Calling* et *The Wall* de Pink Floyd, mais guère plus). Chez les artistes noirs américains, c'est encore plus rare – *Songs in the Key of Life* de Stevie Wonder est peut-être le seul exemple. Mais Prince est bien décidé à être le prochain sur la liste. Une fois de plus, il envoie son manager Steve Fargnoli arrondir les angles avec son label. Finalement, Warner accepte à contrecœur le format double 33 tours – le disque sortira quand même en version tronquée, sur un seul LP, en Europe.

Mais à l'écoute des démos, les responsables de Warner pensent qu'il manque un single fort pour unifier ces deux disques. Une fois n'est pas coutume, Prince entend leur argument. Il retourne en studio et en ressort avec le morceau « 1999 ». Les pontes de Warner sont aux anges : ils tiennent leur single (et le titre de l'album). « 1999 » est une chanson pop imparable, orchestrée façon électro-funk, développant un thème que l'on retrouve encore et encore dans la discographie de Prince : l'hédonisme avant la fin du monde. Autrement dit : faisons la fête (sexe et/ou musique) avant l'explosion finale – Prince a déjà évoqué cette idée dans « Ronnie Talk to Russia », sur *Controversy*, et il le refera quelques années plus tard sur l'une de ses œuvres maîtresses, l'épique « Crystal Ball ».

Le son de l'album *1999* est à la fois au pic de son époque et précurseur de ce qui suivra. La boîte à rythmes LinnDrum y est pour beaucoup : Prince l'utilise tout au long du disque. Cette pulsation robotique, associée à une basse légère et des guitares funk, appuyées par des synthétiseurs orchestraux, créent un son puissant et éminemment original, qui sera copié de toutes parts. Phil Collins, par exemple, a reconnu la « proximité » de son tube « Sussudio » (1985) avec « 1999 ». Plus tard, le chanteur Beck produira tout un album au son Princier, directement inspiré de *1999* (*Midnite Vultures*, sorti justement en… 1999). Prince lui-même reprendra la mélodie principale de sa chanson dans un deuxième tube, « Manic Monday », composé pour les Bangles en 1986. Et encore plus tard, en 1999, en pleine guerre avec Warner, le chanteur réenregistrera carrément « 1999 » pour le ressortir de son côté et couper l'herbe sous le pied de son ancien label, propriétaire de la « bande *master* ».

Sur les morceaux les plus extrêmes de *1999*, lorsqu'il pousse la LM-1 dans ses retranchements en l'associant à des séquences instrumentales hyper-répétitives et des effets sonores (« All the Critics Love You in New York », « Let's Pretend We're Married »), Prince annonce en quelque sorte la musique électro à venir – les grands créateurs de la techno de Detroit comme Juan Atkins, Derrick May, Michael « Mad Mike » Banks ou Jeff Mills citent le Prince du début des années 1980 comme une influence importante sur leurs propres innovations sonores (dans ce registre, le morceau emblématique de cette époque Princière est sans doute « Purple Music », superbe manifeste expérimental électro, inédit jusqu'en 2019). Bientôt, toute la pop, le funk, mais aussi le hip-hop et même une partie du monde du jazz vont s'engouffrer dans cette nouvelle voie, aujourd'hui pompeusement catégorisée sous le vocable « musiques électroniques ».

C'est une constante des années 1980 : Prince est devant, et tous les autres suivent. Il refuse les catégories, et c'est pour cela qu'il parvient enfin, avec *1999*, à toucher pour la première fois le grand public.

À sa sortie en octobre 1982, l'album entre dans le top 10 pop américain, atteint la 4e place des *charts* R'n'B et se voit certifié quatre fois disque de platine aux États-Unis (au total, 7 millions de ventes dans le monde). Le single « Little Red Corvette », avec ses airs d'hymne pop, est alors le plus gros succès de Prince. Comme l'a écrit très justement le magazine *Rolling Stone* en 2017 : « À 24 ans, Prince a sorti ce qui, en termes de carrière, devait être un album "artistique". Mais le plan a échoué – le public pop ne pouvait absolument pas résister à *1999*. Finalement, Prince est devenu une star grâce à sa musique la plus extrême, la plus *arty*, la plus exigeante[1]. »

De ce point de vue, l'album *1999* est peut-être plus important, dans la discographie de Prince, que celui qui va suivre et faire de lui non plus une star *arty* mais un véritable phénomène mondial.

---

1. Rob Sheffield, « Prince's *1999*: How the synth-pop masterpiece launched a movement », *Rolling Stone*, 27 octobre 2017.

10. Bandes neuves

Pourquoi certaines personnes sont-elles plus créatives que d'autres ? Pourquoi, parmi les artistes, certains sont-ils classés d'office dans la catégorie des « génies » ? Que se passe-t-il dans le cerveau d'un homme comme Prince ?

Susan Rogers peut répondre à cette question. Jeune ingénieure du son, fan du chanteur de la première heure, elle a pu rejoindre l'équipe de son idole en 1983. Pendant quatre ans, elle a été le bras armé de l'artiste sur les potentiomètres de la console d'enregistrement. Elle a travaillé avec Prince dans toutes les configurations possibles, souvent seule en studio avec lui, en répétitions ou en concert. De *Purple Rain* à *Sign o' the Times*, elle a posé sur bandes, selon les instructions de l'artiste, des centaines d'heures de musique. Compte tenu du rythme de travail de Prince, on peut dire sans ambiguïté que Susan Rogers a vécu avec lui de 1983 à 1987 (une relation uniquement professionnelle). Une période qui a constitué le pic créatif de la carrière du musicien.

Émerveillée sur le moment, presque choquée *a posteriori*, Susan Rogers s'est depuis lancée dans des études universitaires sur les processus neurologiques de la création. Elle a cherché à comprendre. J'ai pu l'interviewer à l'occasion de la sortie du coffret *Sign o' the Times*, en 2020. Voici son récit, sans commentaires.

« C'était un génie, oui. Je pense même pouvoir dire sans risque que c'est un génie quasiment inégalé. Il était extraordinairement créatif, en comparaison de tous les artistes avec lesquels j'ai pu travailler. J'ai connu un seul artiste aussi prolifique que Prince *[Tommy Jordan, qui a notamment travaillé en France avec le groupe Bumcello, NDA]*, mais il lui manquait l'autodiscipline et la capacité de concentration nécessaires à l'aboutissement de ses chansons. Prince, lui, avait tout cela. Et son niveau d'exécution était tellement élevé... Je pense que l'on peut sans équivoque le qualifier de génie.

« Au cours de mon travail de doctorante, j'ai eu la possibilité d'étudier la neurologie de la créativité. On sait maintenant que les gens extrêmement créatifs fonctionnent de manière inhabituelle. Ils ont quelques circuits cérébraux qui ne se coupent pas de la même façon que chez la plupart des gens. La majorité d'entre nous, lorsque nous avons une idée créative, avons besoin de fermer certaines portes dans notre cerveau pour pouvoir travailler sur notre idée. Les gens très créatifs ont une porte cassée, en quelque sorte... Alors les idées viennent et viennent et viennent encore. Voilà pourquoi, quand nous avions travaillé toute la nuit en studio et qu'il allait se coucher, Prince montait les escaliers vers sa chambre mais une fois arrivé en haut, il s'arrêtait, se retournait et me disait : "Tu peux changer la bande ?" Il avait une autre idée de chanson, et il fallait qu'il l'enregistre. C'est une catégorie de cerveaux vraiment très inhabituels qui fonctionnent de cette façon.

« J'étais face à un être humain exceptionnel, qui possédait non seulement ce torrent de créativité mais aussi la compétence technique, l'autodiscipline et la concentration qui permettent de produire réellement quelque chose. D'aller au bout de la fabrication. C'est toute la différence avec, disons, un schizophrène, ou d'autres malades mentaux, qui peuvent avoir beaucoup d'idées, mais n'ont pas les compétences qui permettent d'en faire quelque chose. Prince avait tout, c'est ce qui faisait de lui un être humain vraiment particulier.

« Chaque jour, je remerciais le ciel d'être avec lui. Mais c'était difficile. Le train allait très, très vite. Et la seule chose qui comptait, c'était de faire en sorte que ce train puisse continuer à foncer. Il n'y avait absolument pas de place pour les problèmes personnels de l'équipe. Nous n'avions même pas la possibilité d'avoir une vie personnelle. Nous tous qui travaillions pour lui, ses musiciens, son bureau, son équipe... Notre unique préoccupation était de maintenir le flot de sa créativité et de son travail. Cela impliquait un sacrifice. C'est la raison pour laquelle, moi comme d'autres, nous n'avons pas pu tenir très longtemps à ce rythme. Je suis restée avec lui un peu plus de quatre ans, mais je n'ai pas pu tenir plus longtemps. Pourtant, pendant cette période, tous les jours, j'étais consciente de ma chance de travailler avec un artiste si exceptionnel. J'étais fan de Prince, je n'aurais échangé ça contre rien au monde.

« À l'époque, rien ne pouvait l'empêcher de travailler. Avec son groupe, seul, en studio, chez lui, en répétitions ou sur scène, dans toutes les situations. Quand il ne voulait voir personne, quand il avait envie d'être seul, c'est là qu'il pouvait créer une chanson de A à Z. Il aurait pu sortir cinq albums par an, et de bons albums. D'ailleurs il l'a fait, lorsqu'il enregistrait The Time et Vanity 6. Il l'a fait tout en réalisant des films, en même temps que des tournées de concerts. Voilà où se situait son niveau de productivité.

« Prince ne s'intéressait pas aux singles. Il faisait des albums, c'était son but, son bonheur : faire de beaux albums. Il se trouve simplement que certains de ses albums comportaient des singles géniaux. Selon moi, il y a trois pics créatifs dans sa carrière. *Sign o' the Times* (1987), un album mature, qui montre son héritage, ce pour quoi on se souviendra de lui. J'inclus aussi *Dirty Mind* (1981), pas particulièrement pour sa musique, mais pour la stratégie musicale de Prince. C'est un disque extraordinaire dans la façon dont il a positionné Prince sur la carte du monde. Il nous montre quel genre d'artiste va se révéler en lui. Entre les deux, *Purple Rain* (1984) est sans aucun doute un pic créatif, celui de la flamme de sa jeunesse. La première promesse de son inspiration, la volonté de montrer ce dont il était capable.

« Aujourd'hui, nous ressortons sa musique, faut-il le faire ? Faut-il raconter les choses, comme je le fais ? J'y ai beaucoup pensé. Je me dis que lorsqu'il était en vie, la décision de sortir telle ou telle chanson, telle ou telle bande lui appartenait entièrement. Mais maintenant qu'il est parti, tout ce que nous devons servir, c'est son héritage. Je pense que les générations futures doivent savoir qu'un homme qui pensait comme cela, qui composait comme cela, qui jouait comme cela, qui était un artiste de ce niveau-là, a vécu parmi nous. Il est important que les étudiants, les gens qui aiment la musique, les historiens, connaissent l'histoire vraie et complète de Prince. Pour cette raison, nous devons mettre en valeur le travail qu'il a accompli dans sa vie[1]. »

1. Susan Rogers, entretien avec l'auteur, 26 août 2020.

11. La révolution

Pendant les sessions de l'album *1999*, au printemps 1982, Prince a intégré dans sa troupe une jeune femme qui va prendre une grande importance dans sa musique et dans sa vie. Elle s'appelle Wendy Melvoin et a beaucoup de cartes en main : c'est d'abord une excellente guitariste, portée sur les rythmiques, au son limpide, qui possède une grande culture jazz et classique. Et pour cause, elle est la fille du pianiste Mike Melvoin, membre de The Wrecking Crew de Los Angeles (célèbres musiciens de studio dont nous avons déjà parlé), dont fait également partie Gary Coleman, le père de Lisa, la pianiste de Prince.

Wendy et Lisa se connaissent depuis toujours, travaillent leur musique ensemble et entretiennent à ce moment-là une relation amoureuse. Lisa emmène régulièrement sa petite amie en tournée et en studio. Par hasard, Prince l'entend un soir jouer dans sa chambre et lui propose de rejoindre le groupe. Il ne le lui dit pas, mais il a des idées très précises en tête. De nouveaux musiciens pour un nouveau projet. Plus grand que quiconque ne peut alors l'imaginer.

Un deuxième acteur clé de cette entreprise encore mystérieuse va faire son entrée quelques mois plus tard, à la fin de la tournée *1999*, en avril 1983. Il s'agit du nouveau *tour manager* de Prince, et ce n'est pas n'importe qui. Alan Leeds est un professionnel expérimenté et un immense amoureux et connaisseur de la musique noire américaine. À ce moment-là, il termine tout juste une tournée avec le groupe Kiss. Mais avant cela, il a travaillé plusieurs années avec le maître, James Brown – cette première expérience aux côtés d'un génie tyrannique lui sera fort utile auprès de Prince. Le Kid de Minneapolis flashe évidemment sur son CV : « Prenez le mec de James Brown », dit-il à ses managers. Il pense sans doute que si Leeds a su gérer les exigences de Mister Brown, il saura satisfaire ses propres demandes. Le fait est qu'il va placer la barre très haut.

C'est vers la fin du *« Triple Threat Tour »* (le surnom de la tournée *1999* : la « triple menace », pour souligner la présence de The Time et Vanity 6 en première partie), début 1983, que Prince dévoile son plan à son entourage. Il veut faire un film. *Ils vont* faire un film. Et pas un petit. Secrètement, il espère dépasser le succès de *Saturday Night Fever* (1977), le film réalistico-disco de John Badham qui a fait de John Travolta une star, et dont la bande originale a propulsé les Bee Gees au sommet de la pop mondiale (le disque s'est vendu à 25 millions d'exemplaires la première année).

Le groupe de Prince est enthousiaste, à l'exception du guitariste Dez Dickerson, qui a déjà prévu de partir. Comme Vanity, Dez n'a aucune envie de signer pour trois nouvelles années avec Prince. En réalité, le « boss » a anticipé cette décision, et il sait déjà qui le remplacera : Wendy Melvoin. À la manière d'un Miles Davis, il pressent qu'avec Wendy, associée à Lisa Coleman, la couleur de sa musique va évoluer dans une direction qui lui plaît. Son imagination musicale est stimulée. C'est précisément pour cela qu'il reconstitue ce duo si fort, presque un groupe dans son groupe. Les « filles » apportent leur son, mais aussi des idées. Elles proposent des compositions, des arrangements, et bataillent pour les défendre. Wendy et Lisa introduisent une dose de démocratie dans le groupe de Prince. Elles vont même jusqu'à contester les choix du patron, et c'est ce qui pouvait lui arriver de mieux – pas sûr qu'il en soit conscient : avec ses groupes suivants, Prince fera en sorte que cela ne se reproduise pas.

Dans la tête de Prince, tout est prêt. Son « nouveau » groupe (Wendy et Lisa, Matt Fink aux claviers, Mark Brown alias « BrownMark » à la basse, et Bobby « Z » Rivkin) a déjà un nom. Un nom qui a même déjà été publié sur une pochette de disque, mais de façon si cryptée que peu de gens l'ont vu. Sur la pochette de *1999*, en travers du « i » de « Prince », est écrit, à l'envers : « and The Revolution ».

Dreams est le titre provisoire du film à venir. Là encore, Prince en a une idée très précise. Une semi-autobiographie musicale réaliste, à la façon de *Saturday Night Fever*, dans le monde qu'il connaît le mieux : le sien. L'artiste l'a expliqué lui-même par la suite : « Je voulais raconter ce que je vivais à ce moment-là. Tout se passait à un endroit où se conjuguaient de grands talents et de grandes rivalités. Je voulais retranscrire cette atmosphère[1]. » Minneapolis, sa famille dysfonctionnelle, ses rapports avec les filles et avec les groupes concurrents (ses créations, dans la réalité) constituent effectivement une évocation fidèle de la « première » vie de Prince.

Restent deux questions à résoudre, et pas des moindres. D'abord, la musique. Aucune chanson n'est écrite, et Prince refuse de jouer la sécurité en utilisant ses tubes « 1999 » et « Little Red Corvette ». Il composera, comme d'habitude, dans la spontanéité du moment – et en piochant dans son coffre à chansons. Deuxième question, l'argent. Un film produit par un grand studio représente un budget incomparablement plus élevé que n'importe quel album. Où trouver les millions ? Dans les caisses de Warner, bien sûr.

1. Interviewé par Larry King, CNN, 10 décembre 1999.

12. Purple rush

Lorsqu'il arrive dans l'équipe, au printemps 1983, Alan Leeds, le nouveau *tour manager* de Prince, entend parler d'un projet de film. Il n'y croit pas une seule seconde : « Je n'ai pas pris ça au sérieux. Je me suis dit qu'il était dingue. J'ai réalisé ensuite que la plupart des gens de son entourage pensaient la même chose – même ceux qui savaient à quel point il était ambitieux et qui connaissaient ses traits de caractère, dont on dit maintenant qu'ils sont indispensables à la réussite de quelqu'un comme lui. C'était un gamin très imaginatif, obstiné, et suffisamment en colère contre le monde entier pour ne pas accepter que quiconque lui dise non. On peut effectivement dire que sans ça, il ne serait pas allé aussi loin. S'il était resté poli, il n'aurait jamais pu faire son film. Il y a sans doute un livre à écrire sur l'ADN de types comme Prince, James Brown, Miles Davis, qui ont tous connu des soucis maternels, des problèmes d'abandon, d'une façon ou d'une autre, et pouvaient se montrer extrêmement critiques, très durs avec les autres. Il y a un schéma, ce n'est pas une coïncidence. Si vous êtes normal, lorsque quelqu'un vous dit non, vous finissez par l'accepter, vous vous dites : "Bon, d'accord, je vais faire autre chose." Pas ces mecs-là[1]. »

1. Alan Light, *Let's Go Crazy: Prince and the Making of Purple Rain*, Atria, 2014.

Il se trouve qu'à ce moment-là, Prince doit renégocier son contrat avec son trio de managers, qui l'ont déjà beaucoup soutenu jusqu'ici. Mais Robert Cavallo, Joseph Ruffalo et Steve Fargnoli ne s'attendent absolument pas à ce qu'il va leur dire. Il met directement son projet de film dans la balance. Il ne renouvellera pas son contrat avec ses managers sans un *deal* pour un long métrage. Avec un grand studio. Et son nom au-dessus du titre sur l'affiche. Steve Fargnoli résume la situation : « Prince voulait faire un film. Alors on s'est réunis et on a fait comme si le monde entier avait pensé que c'était une bonne idée[1]. »

Cette fois, les managers de Prince vont discuter directement avec le boss de Warner, Mo Ostin. Il accepte personnellement de débloquer 2 millions de dollars d'avance sur royalties. Par la suite, la division Warner Pictures prendra en charge la production et la distribution de *Purple Rain*. La major reste fidèle à sa réputation de « compagnie d'artistes », qui n'hésite pas à sortir le carnet de chèques pour soutenir ceux en qui elle croit. En retour, elle attend un peu de gratitude et surtout une fidélité à long terme. De ce côté-là, avec Prince, Mo Ostin et Warner ne seront guère récompensés.

Avant de commencer le tournage de son film, pendant que le scénariste-réalisateur Albert Magnoli est au travail, l'artiste termine la tournée *1999*. Au fil des semaines, la machine a grossi. Les théâtres sont devenus des stades, les recettes se sont accumulées, la fatigue, la nervosité et les tensions aussi.

Vanity, par exemple, qui assure les premières parties avec The Time, se plaint de son salaire. Elle est aussi très jalouse des infidélités de Prince : la chanteuse Jill Jones est présente en permanence. Souvent seule et déprimée,

1. Duane Tudahl, *Prince and the Purple Rain Era Studio Sessions 1983 and 1984*, Rowan & Litlefield, 2018.

Vanity commence à boire et à fumer de la cocaïne – avec Morris Day, dit-on. Sa relation avec Vanity s'est déjà bien détériorée lorsque Prince lui explique son prochain projet, ce film qui implique deux ou trois ans d'engagement total. L'aspirante comédienne accepte un peu à contrecœur. Mais la rupture définitive arrivera quelques mois avant le tournage, lorsque Vanity aura une aventure avec le réalisateur, Albert Magnoli. L'affaire provoquera la colère de Prince et le renvoi de la jeune femme[1]. Pour la remplacer dans le film, Prince choisira un clone visuel en la personne de Patricia « Apollonia » Kotero. Dans la foulée, le *girl trio* de Prince sera rebaptisé Apollonia 6. Problème résolu.

Avec son deuxième groupe satellite, The Time, qui joue également en première partie de la tournée *1999*, la situation est plus compliquée encore. Pour une raison simple : les musiciens de The Time sont trop bons. Prince commence à en prendre ombrage. Vexé, il leur interdit certains pas de danse, certains effets visuels qu'il récupère pour lui-même. Le claviériste, Jimmy Jam, reconnaît que « la tournée *1999* a été énorme. Un énorme succès pour Prince. Mais je ne peux pas en parler sans dire que nous lui avons botté le cul dans quasiment chaque ville où nous avons joué. C'est mon avis personnel, il faudrait voir ce qu'en pensent les autres[2] ». Les autres sont d'accord. Au fil de la tournée, une vraie rivalité s'installe.

Le succès de The Time a réactivé le fantasme négatif de Prince : s'il perd le contrôle de ce groupe qu'il a créé de toutes pièces, ils vont progresser, puis le dépasser, puis le laisser tomber. Il passe alors de mentor à persécuteur. Non seulement le « patron » décide de tout ce qui concerne The Time, mais il n'apprécie pas que ses

1. Hahn, *op. cit.*
2. Tudahl, *op. cit.*

membres aillent chercher davantage de liberté ailleurs. C'est le cas de Jimmy Jam et Terry Lewis, qui viennent de monter leur propre label, Flyte Tyme Records. Un jour, en pleine tournée de Prince, ils prennent le risque de caler une session à Atlanta. Catastrophe ! Une tempête de neige les empêche de revenir à temps pour le concert prévu à San Antonio le soir même. Ce 24 mars 1983, lorsque The Time monte sur scène, personne ne voit que derrière le rideau, c'est Prince qui joue de la basse et Lisa Coleman qui est aux claviers. Lorsqu'ils finissent par arriver à San Antonio, Prince inflige à Jam et Lewis une amende de 2 000 dollars. Quelques jours plus tard, la deuxième lame tombe. À la fin d'une séance d'enregistrement du troisième album de The Time, *Ice Cream Castles* (1984), les super talentueux Jimmy Jam et Terry Lewis sont virés du groupe. C'est un mal pour un bien, puisqu'ils vont rapidement devenir le duo de producteurs le plus en vue des *eighties*. Reste que leur tort fondamental vis-à-vis de leur Pygmalion, au-delà du concert qu'ils ont raté, est sans doute d'avoir fait peser sur lui la menace de l'abandon. Comme toujours en pareil cas, Prince a tiré le premier.

La tournée *1999* s'achève dans une très mauvaise ambiance. L'entourage de Prince décèle chez lui des signes de paranoïa. Le rythme de travail, l'épuisement, les enjeux financiers et personnels n'y sont sans doute pas pour rien.

Avec ce qui suivra, cela ne va pas s'arranger.

13. Le faiseur de pluie

Pour la BO du film qu'il est en train d'écrire, encore intitulé *Dreams*, le réalisateur et scénariste Albert Magnoli convainc Prince d'écrire « seulement » douze chansons, à répartir entre Apollonia 6 et The Time d'un côté, et The Revolution de l'autre. Le premier morceau qui apparaît sur la liste de ce qui deviendra l'album *Purple Rain* est « I Would Die 4 U », que Prince a en stock depuis plus d'un an. Suivra « Baby I'm a Star », qui date de 1981, bientôt l'une des clés de voûte des répétitions et des shows *Purple Rain*, dans des versions enflammées de plus de vingt minutes.

L'essentiel du matériau de *Purple Rain* se développe *live*, en répétitions dans un entrepôt de St Louis Park, dans le Minnesota, à l'été 1983. Prince apporte de nouvelles chansons intitulées « Electric Intercourse », « Computer Blue », « Let's Go Crazy », les enseigne à ses musiciens, puis les fait répéter pendant des heures et des heures. Pour le(s) groupe(s) de Prince, de façon générale, les répétitions sont toujours des moments incroyablement exigeants, des performances à part entière, plus difficiles encore que les concerts. Mais pour les fans, leur écoute (Dieu merci, des enregistrements ont fuité) donne à entendre le « vrai » Prince : le leader, instrumentiste et directeur musical, ses méthodes de travail, et les capacités de ses musiciens poussées à leur maximum, dans la spontanéité la plus totale.

Dès les premières répétitions avec Wendy et Lisa, le son du groupe de Prince prend la direction qu'il attendait. La guitare de Wendy Melvoin, claire, nette et précise, experte en extensions et accords ouverts, complète à merveille son propre jeu, plus brut et sauvage. Avec Lisa, Wendy apporte de nouvelles couleurs harmoniques à la musique de Prince, en plus de ses idées d'arrangements et d'orchestrations. Prince est inspiré par « les filles ». C'est ainsi qu'il va écrire son chef-d'œuvre, la chanson clé de toute sa carrière. Celle qu'il jouera encore en clôture de son dernier concert, seul au piano, en 2016, une semaine avant sa mort.

Elle naît quelque part au milieu de l'été 1983, d'une discussion entre Prince et ses musiciens sur les tubes du moment, ceux de Bob Seger notamment. Il en vient à construire une ballade country-rock, une « chanson blanche », selon les mots du claviériste Matt Fink. Mais *a posteriori*, Prince a un doute : la suite d'accords lui rappelle un hit du top 20, « Faithfully » du groupe Journey. Il prend alors son téléphone, appelle le compositeur du morceau, Jonathan Cain, et lui demande son avis. Cain et Neal Schon de Journey sont flattés, ils adorent la chanson et promettent de ne pas faire de procès.

Lorsque Prince joue pour la première fois « Purple Rain » à son groupe, Wendy Melvoin ajoute spontanément ses accords ouverts de guitare et des extensions en neuvième, qui donnent au morceau son côté aérien, suspendu, et une plus grande richesse harmonique. Aux yeux de tous, « Purple Rain » a le potentiel d'une grande ballade rock, à l'instar de « Let It Be », « Freebird » ou « Stairway to Heaven »… Un hymne de stade. Il est évident dès le départ que ce sera une chanson importante du film.

En juillet, dans l'un de ses moments d'isolement volontaire, Prince s'enferme dans le *home studio* de la Purple House et compose une « *sexy song* » qui va choquer les censeurs américains, « Darling Nikki ». L'emploi du mot « masturbation » provoquera un tollé qui engendrera la création du fameux PMRC (Parents Music Resource Center) de Tipper Gore – l'acte de naissance des autocollants « Explicit Lyrics » qui seront apposés sur des dizaines de CD de rap et de rock. Détail intéressant : lorsqu'il s'agira d'aller défendre la liberté d'expression des artistes devant le sénat américain, Prince ne fera pas le déplacement (contrairement à Frank Zappa qui plaidera pour tous ses confrères accusés de pornographie).

Après deux mois de répétitions avec The Revolution – ainsi que des cours de danse, de diction, de sport, et des essayages de garde-robes à n'en plus finir – Prince organise le premier concert de son nouveau groupe. Il choisit le cadre intimiste du club où il se produit sans cesse, notamment à chacun de ses anniversaires et en prélude à quasiment chacune de ses tournées : le First Avenue de Minneapolis. Le 3 août 1983, il affiche complet. Mille cinq cents personnes sont venues assister au nouveau show de l'enfant chéri de la ville. C'est le premier concert de Wendy Melvoin avec Prince and The Revolution. Le chanteur, qui croit beaucoup en l'énergie nouvelle de son groupe, et qui en matière musicale recherche avant tout la spontanéité, celle des premières prises, a décidé d'enregistrer ce premier *gig* de façon professionnelle. Un studio mobile est loué à la hâte, un camion équipé d'un enregistreur Ampex et une console API. David « Z » Rivkin (frère de Bobby) et David Leonard supervisent l'enregistrement. Susan Rogers, arrivée un mois plus tôt dans le staff, fait partie de l'équipe : « Il voulait voir ce que ça pouvait donner, il voulait voir son groupe au travail[1]. »

1. Tudahl, *op. cit.*

Ce soir-là, Prince va donner l'un des meilleurs concerts de sa vie. Pas seulement parce que son groupe et lui livrent une performance exceptionnelle, mais aussi parce qu'ils dévoilent en *live* six nouveaux morceaux de l'album *Purple Rain*, dont trois (« I Would Die 4 U », « Baby I'm a Star » et « Purple Rain ») seront utilisés quasiment tels quels sur le disque. Le public du First Avenue est en transe. Dans son camion-régie, l'ingénieur du son, David Z, est bluffé par ce qu'il a entendu pendant soixante-dix minutes d'enregistrement. Ce soir-là, Albert Magnoli, le réalisateur du futur film de Prince, est dans la salle. Subjugué par l'émotion qui se dégage de la ballade « Purple Rain », il propose à Prince d'en faire la chanson-climax du long métrage et de donner son titre au film. *Dreams* devient *Purple Rain*.

Ce premier concert de Prince and The Revolution est un triomphe. Il y en aura beaucoup d'autres, bien plus grands encore, bien au-delà de ce qu'imaginent les membres du groupe. Le moins qu'on puisse dire c'est qu'avec Prince, ils ne sont pas au bout de leurs surprises.

Pendant des mois, Prince travaille sur les chansons de *Purple Rain*. Mais en parallèle, fidèle à sa réputation, il boucle aussi l'album d'Apollonia Kotero, *Apollonia 6* (sorti en octobre 1984), un autre pour The Time, *Ice Cream Castle* (juillet 1984), et le premier LP de la percussioniste Sheila E, *The Glamorous Life* (juin 1984). Pour son propre disque, il écrit la sublime ballade « The Beautiful Ones », puis réenregistre avec Wendy et Lisa des morceaux comme « Computer Blue » où elles sont particulièrement mises en valeur. Prince réalise aussi de longues et méticuleuses séances d'overdubs sur les bandes du concert au First Avenue. Mais comme souvent avec lui, le plus gros tube de l'album, la chanson qui synthétise tout le projet arrivera à la dernière minute.

En novembre 1983, le tournage de *Purple Rain* commence. Un tournage express, quarante-deux jours au total, d'abord dans le Minnesota puis à Los Angeles. Les scènes musicales sont filmées au First Avenue. Arrivé à la phase de montage, Prince retourne en studio pour terminer d'enregistrer ce qui sera à la fois la bande originale de *Purple Rain* et son nouvel album. Le long métrage doit sortir en juillet 1984, le disque un mois plus tôt.

Des dizaines de morceaux sont mis en boîte pendant ces nouvelles sessions marathons. Prince garde « Take Me With U » pour son album. Parmi les chansons rejetées, il y a « Manic Monday », futur tube des Bangles, « Pop Life » et « Paisley Park » (oui, Prince pense déjà à son prochain album), « We Can Fuck/We Can Funk » orné de gémissements de Jill Jones, enregistrés semble-t-il à son insu, « Strange Relationship » qui sortira sur *Sign o' the Times* (en 1987), ou encore le *wonderful* « Wonderful Ass », inspiré par Vanity – avec une séquence de mots en « *ate* » qui rappelle un peu « Give Peace a Chance » de Lennon, mais surtout « Mediate » du groupe INXS, en 1987... Le chanteur Michael Hutchence avait-il quelques cassettes pirates de Prince dans ses tiroirs secrets ?

En mars 1984, à quatre mois de la sortie de *Purple Rain*, il manque toujours au film une chanson phare. Pas un hymne, comme « Purple Rain », mais une chanson qui doit tout dire de l'histoire et des grands thèmes du scénario. Albert Magnoli en a besoin pour une séquence en forme de clip, au milieu du film. Si possible, il faut que ce soit un tube. Prince s'enferme de nouveau dans son studio et compose « When Doves Cry ». Un texte poétique qui mêle histoire d'amour et problèmes familiaux, inspiré paraît-il d'une aventure avec Susan Moonsie, l'une des chanteuses de Vanity 6.

Au moment de mixer sa chanson, Prince accomplit l'un des gestes artistiques les plus osés de sa carrière, quand on parle d'un single crucial censé être un hit, qui vise le marché pop. Instinctivement, il retire tout simplement la partie de basse de l'ensemble du morceau.

Un parti pris qui n'a l'air de rien mais qui va à l'encontre de la plupart des « règles » des hits dance *eighties* destinés aux radios FM (des Bee Gees à Michael Jackson). Ce choix radical et purement artistique donne un côté aérien à « When Doves Cry ». L'absence de basse met en valeur la mélodie, les voix et le beat électronique de la fidèle LinnDrum LM-1. Exactement ce dont la chanson a besoin. Prince le sait.

Chez Warner, en revanche, on est plus que sceptique. Encore une fois, le Kid leur donne des sueurs froides pile au moment où il devrait jouer la sécurité, les formules gagnantes, respecter les habitudes des auditeurs. Mais l'artiste, évidemment, est inflexible. Malgré leurs réticences, les boss de Warner acceptent de sortir le single qui paraîtra avant l'album, comme un coup d'essai ou un teaser, à peine deux mois plus tard.

14. Sheila

À la fin de l'année 1983, pendant les sessions *Purple Rain*, une jeune femme rend régulièrement visite à Prince en studio. Il s'agit d'une amie que le musicien fréquente depuis quelque temps, qui n'est pas (encore) sa dernière conquête attitrée. Elle a pourtant tout pour lui plaire, car en plus de son physique avantageux, c'est une remarquable musicienne. Elle a de qui tenir : son père est Pete Escovedo, percussionniste de Carlos Santana et leader du groupe latino-funk Azteca qu'il a formé avec ses frères Alejandro, Javier, Coke, Mario et Bobby. Pete Escovedo a quatre enfants dont trois sont batteurs et parmi eux, il y a une future star : sa fille Sheila.

Lorsqu'elle rencontre Prince, dont elle est fan, à la sortie d'un concert du chanteur, Sheila Escovedo a plus d'expérience et de succès que lui. Elle est musicienne professionnelle depuis l'âge de 15 ans, d'abord dans le groupe de son père, puis avec des monstres du jazz et de la soul qui l'ont vite repérée : Alphonso Johnson, George Duke, Herbie Hancock, Marvin Gaye, Lionel Richie, Michael Jackson (ces bouteilles d'eau qui tintent au début de « Don't Stop 'Til You Get Enough », c'est elle) ; plus tard, Snoop Dog, Beyoncé et Ringo Starr feront appel à ses services.

Sheila Escovedo et Prince commencent à jouer ensemble très vite après leur rencontre. Il admire sa famille de musiciens, elle adore sa musique. Elle lui fait découvrir des artistes et des disques latino, qu'il absorbe avec gourmandise. Très vite, Prince a des idées en tête pour celle qu'il rebaptise Sheila E.

« Les gens autour de lui l'inspiraient, et c'était vraiment très cool, il fréquentait des gens très différents. C'est ainsi qu'on progresse, comme musicien et comme être humain, en s'ouvrant à d'autres choses. Prince et moi avons travaillé ensemble quasiment toute notre vie. Dès que je l'ai rencontré, nous avons commencé à jouer et on ne s'est plus arrêtés, jusqu'à un an ou deux avant sa mort. Il y avait tant de musique. J'ai passé des années, des années et des années, en permanence en studio avec lui[1]. »

La relation musicale commence fort : le premier morceau que Prince propose à Sheila, en mars 1984, s'intitule « Erotic City ». Au-delà du « message personnel », c'est un chef-d'œuvre minimaliste funk, un peu sur le modèle de son « Purple Music » de 1982, en beaucoup plus languide et sexy. Une ligne de basse sur trois notes porte un groove très P-Funk sur lequel Prince empile des phrases mélodiques et des contre-chants instrumentaux. Le texte est particulièrement salace, mais ce n'est pas ce qui choque en premier Sheila Escovedo lorsqu'elle arrive au studio d'enregistrement : « Je ne vois pas d'instruments, juste un micro. Je lui demande : “Où est le matos ?” Il me répond : “On n'en a pas besoin. Tu vas chanter avec moi.” » Sheila, nerveuse, accepte le challenge. Puis elle découvre les paroles qu'elle doit interpréter : *« We can fuck until the dawn, making love 'till cherry's gone »* (je laisse exceptionnellement au lecteur le soin de la traduction). Elle est choquée : « Il y avait des mots dans cette chanson… je ne pouvais pas

1. Emine Saner, « Sheila E: I'm mad that Prince isn't here anymore », *The Guardian*, 11 septembre 2020.

dire ça. Alors je ne les ai pas dits. C'est lui qui l'a fait. Il l'a un peu caché dans le mix, ça vous donne l'impression de l'avoir un peu entendu, ou pas, mais je ne l'ai pas dit ! » Au final, l'ambiance du morceau est torride. « Les gens me disent encore que j'ai l'air super sexy sur ce morceau. À l'époque, ça ne me gênait pas, mais ça me gêne aujourd'hui. Ça me fait rire, car si vous aviez été en studio avec Prince cette nuit-là, vous auriez eu l'air sexy, vous aussi[1] ! »

Prince offre à Sheila E son premier album solo, *The Glamorous Life* (1984), compose trois morceaux pour le deuxième, *Romance 1600* (1985), et signe cinq chansons sur le troisième, intitulé *Sheila E,* en 1987. « P » apparaît une dernière fois sur *Icon* en 2013, où il co-écrit une chanson avec sa partenaire musicale de trente ans.

Sa rencontre avec Prince a changé la carrière de Sheila Escovedo pour toujours. Outre son nouveau nom de scène, il a modelé sa musique, mais aussi son personnage de « déesse du funk ». Susan Rogers se souvient : « La première fois que j'ai rencontré Sheila, elle arrivait tout droit de l'aéroport à l'entrepôt où on répétait. Elle portait une paire de baskets Converse, jean et un maillot de footballeur. C'est la première et la dernière fois que je l'ai vue en jean-baskets. Prince l'a transformée – les cheveux, le maquillage, les habits, tout. Comme avec chaque membre du groupe : voici ton identité, et la tienne, et la tienne, etc[2]. »

Au fil des mois, une relation amoureuse prend forme entre les deux musiciens. Une histoire importante des deux côtés, qui naît au début de la tournée *Purple Rain* – Sheila E et son groupe jouent en première partie des concerts. Dans le camp de Prince, l'apparition de la jeune

1. Tudahl, *op. cit.*
2. Light, *op. cit.*

femme aura une responsabilité certaine dans la dégradation de l'ambiance au sein de l'équipe (particulièrement sa partie féminine) qui mènera à la fin de The Revolution. Prince prendra ensuite Sheila dans son groupe, et continuera à jouer de la musique avec elle jusqu'aux dernières années de sa vie.

« L'affaire » entre Sheila et Prince durera plusieurs années. La percussionniste affirme que Prince l'a même discrètement demandée en mariage, un soir, sur scène. Pourquoi n'a-t-elle pas dit oui ? « Nous nous sommes éloignés, dit-elle. J'ai adoré tout ce qu'on a fait ensemble, mais à un moment donné, ça ne nous convenait plus, ni à lui ni à moi. » Les duos à connotations sexuelles (comme « Scarlet Pussy » en 1988) finissent par la lasser. Mais le problème principal reste l'infidélité chronique de Prince. Une souffrance, du reste, que partagent toutes les autres *girlfriends* du chanteur : Vanity, Jill Jones, Apollonia, Susannah Melvoin, plus tard la danseuse Cat Glover... pour ne citer que les membres de son entourage le plus proche, entre lesquelles il installe une « concurrence » réellement malsaine.

Le sujet a sans doute été d'autant plus sensible pour Sheila Escovedo qu'elle a révélé depuis avoir été victime de viol et d'agressions sexuelles dans son enfance et à l'adolescence. Par ailleurs, lorsqu'elle rencontre Prince, elle se remet à peine d'une relation difficile avec Carlos Santana. Il partage avec le Kid la passion de la guitare, mais aussi celle de l'adultère : pendant leur liaison, Santana – sans doute absorbé par sa recherche spirituelle – a omis de préciser à Sheila qu'il était marié. Elle en ressort sentimentalement laminée. « J'imagine que certaines femmes se fichent de savoir qu'il y a une autre femme, explique Sheila. Pas moi. On ne doit pas partager son partenaire. Mes parents se sont rencontrés au lycée, ils sont mariés depuis soixante-quatre ans. Vous voyez, c'est tout l'intérêt d'être ensemble[1]. »

Depuis la mort de Prince, plusieurs « ex » s'en sont pris à Sheila. Cat et Apollonia Kotero l'ont accusée de tirer la couverture (le linceul) à elle. D'enjoliver son histoire d'amour avec leur ancien mentor et amant. Il faut dire qu'à l'époque, le succès Princier est un peu monté à la tête de Sheila : « Avec *The Glamorous Life*, une tempête s'est déclenchée. Je ne pouvais aller nulle part, on se jetait sur moi. La première fois que j'ai signé des autographes, il a fallu boucler la rue. C'est ce dont rêvent tous les artistes, mais on ne vous donne pas le mode d'emploi. La célébrité, ça change votre façon de parler… vous ne parlez plus *avec* quelqu'un, mais *à* quelqu'un. J'en étais arrivée à dire : "Tu travailles *pour* moi, et pas *avec* moi." »

Pour autant, Sheila ne répond pas aux anciennes petites amies qui l'attaquent publiquement. Tout ce qu'elle a à dire concerne Prince et elle. « Ça me rend folle qu'il ne soit plus là. Je suis en colère contre lui, et je me dis aussi : est-ce que j'aurais pu faire quelque chose[2] ? »

---

1. Saner, *op. cit.*
2. Saner, *op. cit.*

15. Prince est roi

« When Doves Cry », le premier 45 tours extrait de l'album-BO *Purple Rain*, sort le 16 mai 1984. Instantanément, c'est un *smash*. Numéro 1 de tous les *charts* américains, un tube dans le monde entier, le single le plus vendu de l'année 1984 selon le classement Billboard. Un coup de maître. Souvenons-nous de ce que disait le critique du magazine *Rolling Stone* à propos de *1999*, un an plus tôt : presque contre son gré, Prince est devenu une star grâce à sa musique la plus risquée, la plus exigeante, la plus *arty*. « When Doves Cry » en est la lumineuse confirmation. À l'inverse, la suite de sa carrière prouvera qu'à chaque fois que Prince réduira ses ambitions artistiques pour tenter de plaire au plus grand nombre, ses efforts resteront vains.

L'album *Purple Rain* arrive dans les bacs le 25 juin 1984 et décolle comme une fusée jusqu'à la 1re place des *charts*. Il y restera vingt-quatre semaines. Derrière, il y a Bruce Springsteen *(Born in the USA)* et Madonna *(Like a Virgin)*. Le nouveau Prince se vend à 9 millions d'exemplaires en sept mois – 25 millions au total. En tant que bande originale de film, il obtiendra deux Grammy Awards et un Oscar pour la chanson « Purple Rain ». Le single suivant, « Let's Go Crazy », est aussi un hit mondial qui sort le 18 juillet et fait encore monter la pression, à six jours de la sortie du film.

Le long métrage arrive sur les écrans le 27 juillet. C'est un énorme succès, l'une des plus grosses recettes de l'année aux États-Unis, avec 68 millions de dollars de bénéfices. Prince est alors numéro 1 des albums, des singles et des films. Partout sur la planète circulent des images de lui, sur sa Honda CM400 customisée, guitare dans le dos, ou à la main, ou entre ses jambes, sur scène. Provocant, sexy, rock, on le présente comme « l'anti-Michael Jackson ». Au final, *Purple Rain* n'est pas un mauvais *rock movie*, mais seul Morris Day se fait vraiment remarquer pour son potentiel d'acteur. Et bien qu'il soit aujourd'hui accusé (à juste titre) de charrier certains clichés sexistes et misogynes de son époque, le film, à sa sortie, fait l'unanimité parmi les fans, qui se comptent alors par millions.

À l'été 1984, le monde entier chante sous la pluie mauve. Prince est une superstar.

Dernier étage de la fusée, la tournée *Purple Rain* est annoncée en septembre 1984. Elle va durer six mois. Les places du premier concert, le 4 novembre à Detroit, se vendent en quatre heures. Le décor du show coûte 300 000 dollars, il faut 13 camions et 125 personnes pour le transporter d'une ville à l'autre. La garde-robe du groupe mobilise à elle seule 30 armoires portables. Au final, Prince jouera pour 1,75 million de personnes, soit 30 millions de dollars de recettes pour la seule billetterie.

La personnalité de Prince évolue fortement à ce moment-là. Plus que jamais, sa vie et son travail, son personnage et sa personne se confondent. Il insiste ainsi depuis longtemps pour que ses musiciens, comme lui, portent leurs habits de scène à la ville, comme des vêtements de tous les jours. Maquillage et coupe de cheveux à l'avenant. Pas question de se promener en jean ou en jogging. Jouer avec Prince n'est pas un job, mais un mode de vie, vingt-quatre heures sur vingt-quatre, sept jours sur sept. Wendy Melvoin explique : « Il ne supportait pas qu'on parle de nos habits comme de "costumes". Ça le rendait dingue : "Ce ne sont pas des costumes, ce sont des vêtements !" » Sa sœur jumelle, Susannah Melvoin, avec qui Prince a vécu une longue histoire d'amour, précise les choses : « On aurait dit qu'il créait un *doppelgänger*, un alter ego de lui-même. Il ne voulait pas être "normal", et il refusait que quiconque le soit autour de lui[1]. »

Comme le constate son entourage, un certain niveau de célébrité provoque d'inévitables changements. Prince a maintenant des gardes du corps, des limousines qui l'attendent dès sa sortie de scène. Il instaure davantage de distance avec ses musiciens. Ce succès qu'il a tant désiré le rend soucieux. Comment ne pas décevoir après ça ? Une fois au sommet, comment y rester ? Prince se pose de bonnes questions. Mais la starification lui fait aussi commettre une erreur de jugement : il a eu raison contre tout le monde au sujet du film *Purple Rain*, alors il est désormais persuadé qu'il ne peut plus se tromper. Un sentiment d'invincibilité qui va rapidement lui jouer des tours.

Pendant cette première tournée mastodonte, le rythme de travail de Prince est plus intense que jamais. Il n'a évidemment pas renoncé à ses projets parallèles, et entre ses concerts, *soundchecks* et répétitions, il passe tout son temps dans les studios qui se trouvent sur sa route. La nuit, il enregistre. La journée, il répète. Le soir, sur scène, c'est un feu d'artifice musical. En coulisses, en revanche, on frôle sans cesse l'incendie. Wendy Melvoin le raconte : « Tout a commencé à craquer pendant la tournée. Il avait ces terribles sautes d'humeur, dont il était déjà coutumier avant, mais là, il pouvait devenir vraiment chiant avec l'un ou l'autre d'entre nous, ou virer un technicien qui aurait, je ne sais pas, respiré

1. Light, *op. cit.*

dans son micro – il a commencé à être un peu parano sur ce genre de trucs, et son caractère est devenu un peu flippant. Je pense qu'il était simplement épuisé, et qu'à ce degré d'épuisement et de déni de cet épuisement, ça relève de la pathologie. Vous avez forcément un problème[1]. »

On voit alors apparaître une certaine quête de sens chez Prince à travers les références divines qui se multiplient dans ses textes. Et dans le même temps, au fil des concerts, il ne cesse de rallonger la partie de son spectacle où il dialogue avec Dieu. Peu à peu, pendant cette période si intense, la spiritualité religieuse s'impose comme un thème majeur, à égalité avec le sexe. Comme un nouveau repère, un phare dans la tempête qui balaie sa vie de jeune pop star.

Les pressions de la tournée *Purple Rain*, BrownMark, le bassiste de The Revolution, les subit de plein fouet lui aussi. Comme Vanity en son temps, il est mécontent de son salaire : 2 200 dollars par semaine, alors qu'il voit des stades entiers se remplir tous les soirs à ses pieds. Il en veut aussi à Prince de braquer les spots sur la guitariste Wendy Melvoin alors que lui, plus ancien dans le groupe, reste dans l'ombre. C'est sur la tournée *Purple Rain* qu'il se met à boire. L'idée de quitter The Revolution tourne de plus en plus dans sa tête. En secret, il signe un accord avec Prince : il ne sera plus membre du groupe, mais simple salarié du chanteur. Le bassiste s'engage également par écrit à ne pas en parler aux autres musiciens. « Pour moi, dit-il, c'était un peu trop, tout ça, à un si jeune âge[2]. » Il est vrai qu'à ce moment-là, BrownMark n'a que 22 ans.

Prince, à la barre de toute cette folie, n'en a que 26.

1. Light, *op. cit.*
2. Light, *op. cit.*

16. La famille

The Revolution est plus qu'un groupe pour Prince. C'est un environnement musical stimulant, une source d'inspiration et de découvertes. Wendy et Lisa l'emmènent vers de nouveaux horizons, et en retour il donne son maximum pour faire avancer le groupe, qui atteint des sommets. La tournée 1984-85 regorge de moments suprêmes d'improvisation funk, de solos de guitare rock virtuoses, de *soundchecks* et de répétitions impressionnantes. La créativité et la spontanéité de Prince, en groupe, sont possiblement à leur apogée à cette époque. Grâce aux gens dont il s'entoure, ses musiciens mais aussi son *tour manager* Alan Leeds, vétéran du circuit soul et rhythm'n'blues, sa musique est alors « ouverte », elle respire. On y sent des influences nouvelles qui la rendent fraîche et originale, stimulante, risquée et pleine d'énergie.

En proportion de ce qui existe sur bandes, très peu d'extraits de la tournée *Purple Rain* ont été publiés jusqu'ici et même le concert historique du 3 août 1983, au First Avenue, reste inédit. Les pirates s'en régalent depuis des décennies, alors les coffres du Prince Estate s'ouvriront peut-être un jour…

Sur les enregistrements de l'époque, on entend le plaisir immense que Prince éprouve à jouer avec The Revolution. Pourtant, son impatience légendaire le rattrape rapidement. Dès les premières semaines de la tournée *Purple Rain*, début 1985, il s'ennuie. Jouer les mêmes chansons tous les soirs, même si la terre entière crie au génie, très peu pour lui. Il a beaucoup trop d'idées et d'envies nouvelles pour cela. Comme d'habitude, il combat le sentiment de lassitude par le travail. Mais sa frénésie d'enregistrements prend des airs de fuite en avant.

Il faut préciser qu'après le triomphe de *Purple Rain*, Warner a fourni un nouvel outil précieux à son poulain, qui réclame toujours plus d'indépendance pour réaliser ses multiples productions. La major a accepté de créer un sous-label pour lui. Il signera avec les artistes, produira les disques et paiera les frais de fonctionnement. Warner se chargera de la distribution et de la promotion. L'entité est baptisée Paisley Park. Est-ce aux yeux du label un véritable projet à long terme, ou un nouveau joujou qu'il offre à Prince sans trop y croire, pour le faire tenir tranquille ? Nul ne le sait. Warner en tout cas n'imagine pas que ce qu'on lui présente comme une mine d'or va se transformer en gouffre financier.

Pendant la tournée *Purple Rain*, deux nouvelles têtes font leur entrée dans l'entourage de Prince. Jonathan Melvoin, le frère de Wendy, est pianiste et percussionniste. Fidèle au jeune punk qu'il a été, il apporte une grande liberté d'esprit qui aura une influence importante sur le Kid. On le retrouve par exemple sur l'un des projets les plus excitants du musicien, baptisé The Flesh, une série de morceaux enregistrés fin 1985 autour du saxophoniste Eric Leeds – dont nous allons rapidement reparler. Malheureusement, les limites avec lesquelles Jonathan aimait flirter n'étaient pas seulement musicales : il a succombé à une overdose d'héroïne en 1996, à l'âge de 36 ans, lors d'une tournée mondiale du groupe Smashing Pumpkins, dont il était alors le claviériste attitré.

David Coleman, lui, est le frère de la pianiste Lisa. Violoncelliste et multi-instrumentiste, musicien *world* avant l'heure, il apporte de nouveaux sons et de nouveaux instruments aux projets Princiers. C'est à lui que l'on doit l'apparition d'un oud et de percussions indiennes sur le titre qu'il a co-écrit avec Prince, « Around the World in a Day » – bien que le père de Prince soit également crédité. À la mort de David, en 2004, à l'âge de 42 ans, sa sœur Lisa a publié sur Internet ce message adressé aux fans : « C'est un véritable réconfort de savoir que vous étiez si nombreux à aimer David. Il nous laisse tant de poésie, d'œuvres artistiques et de musique… grâce à lui, nous pouvons faire "le tour du monde en un jour[1]". »

Dès 1984, alors que « son » label Paisley Park (propriété de Warner) n'est pas encore finalisé, Prince enregistre déjà les premiers projets qu'il compte sortir rapidement sous le fameux logo au motif cachemire – *paisley* en anglais. Il attaque d'abord son prochain album, pour lequel il a déjà mis en boîte plusieurs morceaux. Ensuite, il signe Mazarati, un groupe de Minneapolis dirigé depuis des années par son bassiste BrownMark. Enfin, il y a The Family, construit par Prince autour du chanteur « St » Paul Peterson, sur les ruines de The Time (qui s'est désagrégé après le renvoi de Jimmy Jam et Terry Lewis). La chanteuse de The Family, Susannah Melvoin, n'est autre que sa petite amie « officielle ». C'est également la sœur jumelle de Wendy. Susannah est une artiste elle aussi, musicienne et peintre.

Elle apporte à Prince sa connaissance et son goût des arts classiques – le chanteur retient surtout ses dessins de nus, qu'il évoquera dans sa chanson « Crystal Ball » en 1986.

Pour The Family, Prince commande pour la première fois des parties de cordes à un musicien de jazz

1. Prince.org, 21 juin 2004.

avec qui il va nouer une relation extraordinaire. Clare Fischer (1928-2012) est alors pianiste et compositeur, mais il est surtout réputé pour ses talents d'arrangeur de tubes soul-funk et pop. Il interviendra sur d'innombrables albums de Prince, jusqu'à la fin de sa carrière. En écoutant ces superbes collaborations, on a le sentiment que les deux hommes ont travaillé main dans la main, échangeant des idées à la console d'enregistrement ou autour d'un piano. Et pourtant… ils ne se sont jamais rencontrés.

Prince et Clare Fischer ont échangé, oui, mais uniquement des bandes magnétiques. Aucun contact direct entre eux, et toujours un minimum d'instructions de la part de Prince. Comme par superstition, l'artiste n'a jamais voulu modifier cette façon de faire, ainsi que l'a confirmé Clare Fischer des années plus tard : « Je n'ai jamais rencontré Prince et j'ai su, par l'intermédiaire de gens qui travaillent avec lui, que lorsqu'on lui a proposé que nous nous voyions, il a dit : "Je ne veux pas le rencontrer. Ça fonctionne parfaitement comme ça." Je l'ai simplement vu sur scène, jouer l'un de mes arrangements, à la cérémonie des Grammys en janvier 2004. L'important, c'est que Prince m'a toujours laissé travailler en toute liberté. C'est un homme sage qui, après avoir engagé quelqu'un, n'interfère pas avec sa production. Il m'envoie une cassette, mon fils Brent la retranscrit, puis j'écris mon arrangement. J'adore écrire des parties de cordes, et l'une des difficultés est d'obtenir de l'argent pour payer suffisamment de musiciens… Prince dépense toujours les sommes nécessaires pour que j'écrive de vraies sections de cordes, par opposition à de petits ensembles[1]. »

The Family, avec son unique album paru en août 1985 (avant de réapparaître sous le nom fDeluxe en 2011),

1. « Clare Fischer interview », Housequake.com, 17 avril 2006.

n'est décidément pas un *side project* comme les autres. Car c'est également au fil de cet enregistrement que Prince va faire une nouvelle rencontre fondamentale dans sa vie. Cette fois, ça se passe du côté du *tour manager* Alan Leeds, « le mec de chez James Brown ». L'artiste lui annonce qu'il a en tête des parties de saxophone pour l'album *The Family*. Or, c'est l'un des rares instruments dont il ne joue pas. Il se trouve que le frère d'Alan Leeds est un saxophoniste de premier ordre, un pur jazzman aussi intègre que polyvalent.

C'est ainsi qu'Eric Leeds entre dans l'orbite de Prince. Un instrumentiste vers qui l'artiste reviendra régulièrement, jusqu'à la fin de sa carrière, comme pour retrouver un certain parfum musical – qui est aussi celui de ses grandes années de création.

17. Eric

De tous les musiciens qui ont travaillé avec Prince, Eric Leeds est peut-être le seul à ne pas avoir été, au départ, « un fan ». Et pour cause : lorsqu'il rencontre Prince, il ne connaît quasiment pas sa musique. C'est peut-être pour cette raison qu'il lui apportera tant de nouveauté – et le Kid, en retour, le propulsera au panthéon de ses musiciens.

Pour expliquer le relatif « détachement » d'Eric Leeds vis-à-vis de Prince, il faut préciser que lorsque les deux hommes se rencontrent, le saxophoniste a déjà été à bonne école. Il a 32 ans lorsqu'il débarque à Minneapolis, son sax ténor sous le bras, le 2 juillet 1984. Loin d'être né de la dernière pluie, c'est un professionnel aguerri aux réalités du métier. Il a largement profité, dès l'adolescence, de l'expérience de son frère aîné Alan, ancien DJ, puis a été aide de camp de plusieurs géants du rhythm'n'blues et de la soul comme James Brown, Solomon Burke ou Joe Tex. Alors, quand il se trouve face à Prince, dont on lui dit que c'est à la fois une star et un génie, sa première pensée est : « C'est bon, merci. Je connais. »

Ses stars à lui, les musiciens qu'Eric vénère réellement se nomment Charlie Parker, Duke Ellington, ses souffleurs Paul Gonsalves et Johnny Hodges, Ray Charles et son ténor David « Fathead » Newman, les compositeurs Cole Porter, Billy Strayhorn... Eric Leeds sait jouer la soul et le funk, mais il connaît surtout son jazz sur le bout des doigts, du swing des *big bands* jusqu'à Herbie Hancock en passant par le be-bop et le free. Formé en école de musique, élève d'Eric Kloss, mais aussi membre d'innombrables groupes avec son compère, le trompettiste Matt Blistan, il ne jure que par le jazz pur et dur. C'est sa musique, et il va la faire découvrir à son nouvel employeur. Car Prince, selon lui, n'a rien d'un jazzman. Il le dit au cours d'un long entretien mené par le spécialiste Michael Dean – qui effectue un travail formidable pour son *Prince Podcast* depuis la mort de l'artiste : « Prince n'avait pas étudié ce qu'on appelle "les harmonies de Tin Pan Alley", le *Great American Songbook*, la grande tradition musicale américaine : Ellington, Porter, Armstrong, Jerome Kern… Toutes ces musiques si importantes dans la création du jazz moderne. Il pouvait les jouer de façon superficielle, mais si on grattait la surface, il n'avait pas ce vocabulaire. Sa spontanéité était incroyable, mais dans ce registre, il était limité par son vocabulaire harmonique. Évidemment, du point de vue de sa carrière, ça n'a aucune importance. Parce que ses compositions ne reposaient absolument pas sur ce vocabulaire. C'est comme dire à un musicien classique qu'il ne sait pas improviser : ça n'a aucune importance. Ce n'est pas pertinent, car ce n'est pas du tout ce que l'on attend de lui. Je pense que Prince savait que la musique à laquelle j'étais formé, tout ce que j'avais appris – parce que c'est ce qu'il faut faire si l'on veut jouer cette musique – tout cela appartenait à une autre dimension que la sienne. Quand on jammait avec Prince, on improvisait souvent vingt minutes sur un seul accord[1]… »

1. Interview par Michael Dean, « Eric Leeds breaking down his Paisley Park albums », *Prince Podcast*, YouTube, août 2023.

Dès qu'il rencontre Eric Leeds, Prince veut aller vers le jazz. Deux ans plus tard, en septembre 1986, les deux musiciens enregistreront ensemble, en quatre jours et demi, dans le *home studio* de Prince, sa seule tentative funk-jazz publiée à ce jour, sous le pseudonyme de Madhouse. Sur le premier album, *8* (janvier 1987), Eric Leeds joue des saxophones et de la flûte, Prince de tout le reste. Sur le deuxième album, *16* (octobre 1987), Sheila E intervient à la batterie, accompagnée de son bassiste Leavi Seacer Jr, que Prince ne tardera pas à recruter dans son propre groupe. Leeds et Prince produisent en 1988 un troisième album pour Madhouse, *24*, qui ne sortira jamais – quelques morceaux réenregistrés en 1993 sont sortis sur des compilations et singles.

Quoi qu'il en soit, pour Eric Leeds, bien que plaisante, l'expérience Madhouse est tout sauf du jazz : « Disons les choses comme ceci : des idées jaillissaient, Prince les prenait, et il les travaillait "à mort"... Je vais vous raconter une histoire, en faisant bien attention de ne pas froisser les fans de Prince. Je savais qu'il avait entendu parler de Duke Ellington – son père était un fanatique d'Ellington, bien entendu. Je lui ai prêté un disque célèbre, Duke Ellington à Newport en 1956, dont la pièce centrale s'intitule "Diminuendo and Crescendo in Blue". Elle dure environ vingt minutes, et au milieu, il y a un solo de saxophone ténor de Paul Gonsalves. On dit que la salle est devenue folle, que les gens se sont levés pour danser, qu'ils swinguaient, qu'ils groovaient comme des malades. C'est un chef-d'œuvre qui ne peut pas être surestimé, dans toute l'histoire de la musique américaine.

« Prince a adoré ce disque. À ce moment-là, nous étions en train de travailler sur l'album *16* de Madhouse. L'un des morceaux – je crois que c'est "12", le dernier de la face A – est à l'évidence une tentative de Prince d'écrire une chanson dans la veine de Duke Ellington.

À titre personnel, je ne trouvais pas ça très bon. Même carrément ringard. Le problème, c'est que Prince jouait de la batterie sur ce morceau, dans un feeling jazz-swing, en ternaire. Mais Prince ne sait pas swinguer ! Il ne sait tout simplement pas swinguer. À la guitare, il peut faire illusion, car c'est un guitariste vraiment, vraiment incroyable. Mais à la batterie… Il ne sait absolument pas swinguer ! Il est physiquement incapable de jouer un groove jazz-swing. Sa cymbale joue en "croches droites" comme dans le folk et le R'n'B. Le motif basique d'un groove swing est la pédale de charleston qui s'ouvre et qui se ferme sur le deuxième et le quatrième temps. Sur l'ensemble de ce morceau, Prince ouvrait et fermait sa pédale de charleston sur le premier et le troisième temps… Je vais vous dire ce que j'en pense : cette chanson est atroce ! Prince. Ne. Sait. Pas. Swinguer !

« Ma seule contribution à cet album a eu lieu au moment du mixage de cette chanson. Je suis en régie avec lui, j'entends ça et je me dis : "Oh ! mon Dieu ! Faites que ça s'arrête !" Je lui ai dit : "Prince, je peux faire une suggestion ?" Il m'a répondu : "Oui, bien sûr." Alors je me suis approché de la console et j'ai coupé le son de la pédale de charleston. On l'entend encore derrière les autres instruments, mais moins fort. J'ai fait ce que j'ai pu. »

Leeds est l'une des rares voix à ne jamais avoir fait preuve de complaisance vis-à-vis de Prince. Mais on ne peut nier qu'il est sévère… Car les deux albums (officiels) de Madhouse sont une réelle fusion entre le funk de Prince et l'esprit jazz du saxophoniste, ce qui en fait au final des objets sonores extrêmement intéressants à découvrir – les grooves et les thèmes n'ont pas pris une ride au fil des années.

Beaucoup plus intéressant aux yeux d'Eric Leeds, un autre projet jazz-funk Princier, baptisé The Flesh, qui réunit alternativement, fin 1985 et début 1986, Lisa

Coleman, Wendy Melvoin, Jonathan Melvoin, Sheila E et Levi Seacer Jr, avec Leeds en fil conducteur. Ces enregistrements sont essentiellement des pièces semi-improvisées de dix ou vingt minutes intitulées « Junk Music », « Up from Below » ou « U Gotta Shake Something », où les musiciens étirent le groove, les harmonies et les solos. Sur ordre de Prince, Eric Leeds agence même un EP quatre titres, plutôt bon selon lui, de The Flesh. Mais à peine le temps de le finir, le « boss », lui, est déjà passé à autre chose.

Résultat, le disque jazz-funk de The Revolution finit comme tant d'autres dans les armoires de Prince, loin des oreilles des fans.

18. Prince vs « the World »

Au beau milieu de la tournée *Purple Rain*, Prince va subir un premier retour de bâton lié à sa nouvelle célébrité internationale. Paradoxalement, cet épisode va se dérouler à l'occasion de la célèbre soirée des American Music Awards, au Shrine Auditorium de Los Angeles, le 28 janvier 1985, dont il est cette année-là la star incontestée. Le Kid est nommé dans dix catégories, et remporte trois prix dont celui du meilleur album pop, et ceux du meilleur album et du meilleur single soul R'n'B (la musique dite « noire », selon les catégories américaines) pour *Purple Rain* et « When Doves Cry ». Mais il ne remporte pas le trophée du « meilleur artiste masculin » de l'année, qui va à Lionel Richie. Malgré son triomphe, Prince en ressent probablement une certaine amertume.

Or, c'est ce fameux soir qu'a choisi le producteur Quincy Jones, légende du *music business*, pour enregistrer le tube caritatif « We Are the World », co-écrit par Lionel Richie, justement, et Michael Jackson. À la base de ce projet, Jones a attrapé au vol une idée de Harry Belafonte (« Les Afro-Américains doivent aider les Africains »), et suivi l'exemple de l'Irlandais Bob Geldof, le premier à avoir enregistré un disque au profit de l'Éthiopie (« Do They Know It's Christmas? ») avec un groupe de stars nommé Band Aid, en décembre 1984, avant d'organiser les concerts géants du Live Aid en juillet 1985.

Pour composer son propre « supergroupe » baptisé USA for Africa, Quincy Jones, toujours ambitieux, veut réunir la crème de la crème des stars américaines de la pop. Or, elles sont toutes à Los Angeles ce soir-là. Pour les producteurs du disque, c'est ce qu'on appelle un *one-shot deal*, un pistolet à un coup. Mais, malins, ils savent aussi que les artistes n'auront pas vraiment d'autre choix que d'accepter leur proposition, sous peine de très mauvaise publicité (le terme *bad buzz* n'existe pas encore, à l'époque) : qui osera refuser de chanter pour des enfants qui meurent de faim ? Personne. Surtout lorsque ce sont deux des hommes les plus puissants du showbiz, Quincy Jones et Michael Jackson, qui vous le demandent.

Parmi les grands noms que Jones, Jackson et Lionel Richie veulent absolument sur « leur » disque, Prince, l'artiste le plus *bankable* du moment, est tout en haut de la liste – avec Stevie Wonder, Ray Charles, Bob Dylan et Springsteen (à l'inverse, Madonna, pourtant une vedette montante à l'époque, est rayée d'emblée : les producteurs considèrent « qu'elle ne sait pas chanter[1] », *dixit* Nile Rodgers, le guitariste de Chic, qui travaille avec la Ciccone à ce moment-là – « Ça lui a brisé le cœur », ajoute-t-il).

Mais Prince, ce soir-là, va briller par son absence, et agacer passablement les organisateurs de cette soirée événement. Au passage, il déclenchera un sévère effet boomerang.

Un documentaire récent raconte « la plus grande nuit de la pop[2] », et revient en détail sur cet épisode polémique. Sur les images, on voit Michael Jackson et Lionel

1. « Madonna snubbed from "We Are the World" », *Bitch She's Madonna!*, YouTube, 26 décembre 2022.
2. Bao Nguyen, *The Greatest Night in Pop*, Netflix, 29 janvier 2024.

Richie peaufiner la chanson « We Are the World », tandis que la chorale de stars de USA for Africa se met en place sous la baguette d'un Quincy Jones sautillant d'excitation. Mais Prince n'est pas là. Et Lionel Richie comme Quincy Jones ne tarissent pas de vacheries à son encontre : « Il voulait jouer un solo de guitare, dans une autre pièce... », dit Richie. « Mais il se trouve que nous n'avions pas besoin d'un solo de guitare », renchérit « Q ». D'après eux, le Kid s'est mis hors-jeu tout seul, en refusant de se « mélanger » à ses confrères et de « laisser son ego au vestiaire ».

Et le malaise ne va pas s'arrêter là : cette soirée, qui avait si bien commencé pour Prince, avec ses trois American Music Awards, va tourner à la catastrophe médiatique. Car pile au moment où la planète pop est en train de se mobiliser pour aider l'Afrique, deux paparazzi repèrent Prince et ses musiciens dans un club à la mode de Los Angeles. Pourtant, quelques heures plus tôt, apprenant qu'il ne participera pas à « We Are the World », ses managers l'ont supplié de ne pas sortir de son hôtel. Ils pensaient avoir obtenu son accord, lorsque soudain, à 1 h du matin, il ordonne à ses troupes de le suivre en club.

La guitariste de The Revolution, Wendy, se dit « horrifiée » par la situation. Prince, selon elle, se comporte comme « un enfant qui a eu trop de bonbons[1] ». Cerise sur le gâteau : au moment où il monte dans sa limousine pour quitter la boîte de nuit, un photographe ouvre la portière pour shooter une rafale de clichés. Paniqué, le chanteur lance Wally Safford, l'un de ses deux gardes du corps, à la poursuite de l'importun, qu'il allonge d'un coup de poing dans l'œil. Le temps de récupérer la pellicule, la police débarque et les gardes du corps terminent la soirée au poste.

---

1. Tudahl, *op. cit.*

Dans le camp de Prince, on pouvait difficilement concevoir pire scénario. Alan Leeds, réveillé à 4 h du matin par la sonnerie du téléphone, découvre l'affaire, abasourdi, imaginant déjà la une des journaux du lendemain.

Pendant ce temps, aux studios A&M de Hollywood, Lionel Richie, Quincy Jones et Michael Jackson ne digèrent toujours pas le refus de Prince de participer à leur soirée. Alors ils font le forcing pour le convaincre, voire le contraindre, de venir chanter sur « We Are the World ». Quitte à employer des moyens guère... charitables.

C'est ce que révèle Sheila E, invitée ce soir-là, elle aussi, par Quincy Jones et Lionel Richie à l'issue de la remise des Music Awards. La percussioniste pense naturellement qu'elle va participer à l'enregistrement de « We Are the World ». En fait, à son insu, la musicienne et *girlfriend* secrète de Prince sert d'appât aux producteurs du disque. Quarante ans plus tard, elle dévoile son côté de l'histoire : « Tout le monde prenait les autographes de tout le monde, et on me demandait le mien, c'était cool, raconte-t-elle. Alors j'ai appelé Prince pour lui dire que c'était bien, qu'il pourrait peut-être faire un saut. » Mais Prince ne vient pas. Et au fil des heures, Sheila comprend la véritable raison de sa propre présence : « Il commençait à être tard, et j'attendais, impatiente de pouvoir chanter. Mais ils n'arrêtaient pas de me demander : "Alors, tu crois que tu peux faire venir Prince ?" Là, j'ai trouvé ça bizarre, et j'ai commencé à me sentir utilisée. Ils voulaient que je sois là pour avoir Prince. Plus ils me gardaient longtemps, plus ils pensaient avoir de chances que Prince se pointe. Moi, je savais dès le départ qu'il ne viendrait pas. Il y avait beaucoup trop de monde, il se serait senti mal à l'aise[1]. »

1. Nguyen, *op. cit.*

Concernant Prince, ce n'est pas un détail – et Sheila E est effectivement bien placée pour le savoir : l'unique « instrument » que le musicien enregistre systématiquement tout seul en studio, sans même un ingénieur du son, c'est justement sa voix. Aussi incroyable que cela puisse paraître, personne, parmi son entourage le plus proche, n'a jamais assisté à une séance d'enregistrement des *lead vocals* de Prince. Autant dire que l'idée de le faire en public, entouré d'une ribambelle de stars concurrentes, n'a même pas dû lui traverser l'esprit.

Sheila Escovedo, finalement, a été le dindon de cette farce pas très drôle. « Au bout d'un moment, explique-t-elle, j'ai dit à Lionel que je partais. Ils n'avaient jamais eu l'intention de me laisser chanter, de toute façon. Ça m'a fait un peu de peine. » Décidément, les philanthropes de USA for Africa ne sèment pas que du bonheur sur leur passage…

Rapidement ébruitée, cette affaire, comme prévu, nuit à l'image de Prince. Le « Purple One » passe pour un « crétin arrogant », selon le *Los Angeles Times*[1]. Une star capricieuse, égotiste et sans cœur. Alors que la réalité, évidemment, est plus complexe.

En effet, la générosité du Kid de Minneapolis, dès cette époque, n'est plus à prouver. C'est ce que rappellent ses fans – qui sortent les griffes depuis la diffusion du documentaire de Bao Nguyen. Prince est connu pour avoir donné une multitude de concerts caritatifs tout au long de sa carrière, avec une grande régularité. C'est le cas par exemple du show du 3 août 1983 au First Avenue de Minneapolis (qui a servi de base à l'album *Purple Rain*), dont les bénéfices ont été versés au Minnesota Dance Theater. Même chose pas plus tard que le 16 janvier 1985, douze jours avant l'enregistrement de « We Are the World » : Prince a donné un concert au

1. Light, *op. cit.*

profit d'enfants malades du cancer, à Houston Texas. Il y en a, comme cela, des dizaines, jusqu'à Londres en 2014 et 2015 (trois shows caritatifs pour une fondation sur l'autisme).

Mais Prince ne donne pas seulement en « nature », sur scène. Il le fait aussi en espèces sonnantes et trébuchantes. Toujours discrètement, au point qu'on ne le découvrira qu'après sa mort, à la consultation de ses relevés fiscaux[1]. Ainsi, on apprend que sa fondation Love 4 One Another a donné plus de 1,5 million de dollars entre 2005 et 2007. Par ailleurs, une multitude d'écoles, de conservatoires, de salles de répétitions, même un club de boxe, mais aussi de nombreuses familles en difficulté ou victimes d'accidents ont un jour reçu un chèque de plusieurs dizaines de milliers de dollars, sans plus de formalités. Une seule condition, de la part de Prince : ne pas en parler. Et en la matière, le chanteur agit beaucoup localement, dans sa région du Minnesota. C'est peut-être l'une des raisons de sa réticence à vouloir « sauver le monde » avec Quincy Jones et ses amis – Prince, le fils prodigue de Minneapolis, préfère s'occuper d'abord de ce qui se passe « à la maison ».

Face à l'indignation générale relatée dans la presse au lendemain de la terrible soirée du 28 janvier 1985, Wendy Melvoin se trouve bien embarrassée lorsqu'on lui demande pourquoi Prince n'a pas participé à « We Are the World » : « Je ne pouvais pas dire la vérité – il en aurait pris plein la gueule… J'ai dû expliquer qu'on était en train d'enregistrer quelque part, et qu'il n'avait pas pu être là, et bla-bla-bla. Je savais qu'en aucun cas je ne pouvais dire : “Parce qu'il pense qu'il est *badass*, qu'il voulait avoir l'air cool, et qu'il trouvait la chanson

1. « Prince's countless charitable activities come to light after his death », CBS News, Cbsnews.com, 26 avril 2016.

'We Are the World' horrible, et qu'il ne voulait pas se retrouver avec tous ces *motherfuckas*[1]." »

À sa décharge, quelles que soient les raisons de son refus, Prince, dès le départ, a proposé (outre l'idée d'une partie de guitare, refusée par Quincy Jones) une chanson inédite pour l'album *We Are the World*. Faute de mieux, la production de USA for Africa a évidemment accepté cette offre. Et c'est à cette occasion, loin des caméras, que Prince va dévoiler sa véritable capacité d'implication dans ce projet.

Le 31 janvier, dans une chambre d'hôtel de La Nouvelle-Orléans, Prince écrit sa chanson, « 4 the Tears in Your Eyes ». Le 1er février, il la fait jouer à son groupe lors de la balance qui précède le concert du Louisiana Superdome, où il se produit devant 60 000 personnes. Le lendemain de ce concert, il dispose d'une journée « off ». Il va la passer à enregistrer sa contribution au projet « We Are the World ». Au milieu du Superdome vide, Prince et son ingénieure du son, Susan Rogers, s'enferment dans leur camion d'enregistrement. Elle se souvient en détail de ce moment : « Nous n'avons pas mangé de la journée. Vers 17 h ou 18 h, il m'a demandé d'aller voir si je pouvais trouver quelque chose à manger. Je suis montée dans les étages et j'ai rencontré des équipes de nettoyage. Ils m'ont donné du salami et du fromage, des pickles, des chips, des biscuits et une canette de Coca tiède. C'est tout ce qu'il y avait. Je suis descendue avec ça, et il était très content. Il était assis là, il a mangé et bu du Coca tiède. Nous avons terminé la chanson, on l'a mixée là, directement, dans le camion, et on l'a mise de côté. Plus tard, quand j'ai lu que lors de la session "We Are the World", ils avaient acheté pour 15 000 dollars de nourriture, j'ai repensé à ce jour où, sans que personne le sache, lui et moi, sur notre jour

1. Light, *op. cit.*

off – nous n'en avions pas beaucoup à ce moment-là –, nous étions assis dans ce camion, tout seuls, et où il a bu son Coca tiède et mangé des chips. Je veux insister sur le fait qu'il a donné son temps pour la cause, d'une façon que je trouve très noble et gracieuse, alors que personne n'était là pour le voir. C'était très révélateur de la personne qu'il est réellement[1]. »

Quarante ans plus tard, le projet USA for Africa continue de générer des dizaines de millions de dollars (près de 300 millions engrangés à ce jour), destinés à financer des projets concrets au profit des populations du Mozambique, du Burkina Faso, du Sénégal ou de la Mauritanie – soixante-dix missions dans sept pays, à l'origine. Mais on ne peut nier que ses retombées ont aussi profité aux organisateurs de l'événement. L'image de Quincy Jones et Michael Jackson, principalement, a énormément bénéficié de cette « opération » hypermédiatique, au rayonnement planétaire – qui aurait pu imaginer alors ce qu'il adviendrait de la réputation de « MJ » ?

Au fond, le tort de Prince, le soir du 28 janvier 1985, est d'abord de ne pas avoir écouté ses managers – si personne ne l'avait vu cette nuit-là, rien ne serait arrivé. Mais le musicien a aussi commis l'erreur d'apparaître comme un vilain grain de sable dans la belle mécanique hollywoodienne montée par Jones, Jackson, Richie et le reste de la production de « We Are the World ». Prince a refusé de jouer selon leurs règles, mal lui en a pris. Moralité : les « rois » de la pop américaine, comme les « braves gens » de la chanson de Brassens[2], n'aiment pas que l'on suive une autre route qu'eux (et tout cela, finalement, pour ne pas enregistrer un simple solo de guitare – qui, joué par Prince, aurait sans doute été fort intéressant)...

1. Tudahl, *op. cit.*
2. « La Mauvaise Réputation » (1952).

19. Comme à la parade

Après le triomphe de *Purple Rain*, une question demeure dans l'esprit de Prince : que faire maintenant ? Une fois le pic commercial atteint, vient inévitablement la descente. Le public fabrique des idoles, puis il brûle celles qu'il a adorées. Face à cette nouvelle épreuve, ce nouvel abandon qui le guette, l'artiste met en place son schéma habituel. Il va prendre tout le monde de vitesse. Fuir les autres de peur qu'ils ne se sauvent, pourrait-on dire en paraphrasant le chanteur Serge Gainsbourg[1].

Le 7 avril 1985, moins d'un an après la sortie de l'album et du film, la tournée *Purple Rain* se termine. Warner a la capacité – dans le cas d'une major, c'est même un devoir – d'exploiter le phénomène, le « produit », encore un an ou deux, peut-être plus si l'artiste y met du sien. Mais Prince est déjà passé à autre chose. Le 22 avril, à peine deux semaines après le dernier concert de sa tournée, contre l'avis de ses managers mais suivi à contrecœur par Warner, il sort un nouvel album.

On peut dire qu'il met toutes les chances de son côté pour éviter un succès, puisque le disque paraît dans une relative discrétion, et contrairement à ce que le « marché » attend dans ces cas-là, ce n'est pas *Purple*

1. Serge Gainsbourg, « Fuir le bonheur de peur qu'il ne se sauve », chanté par Jane Birkin sur l'album *Baby Alone in Babylone*, Philips (1983).

Rain épisode 2. Très loin de là. L'album *Around the World in a Day* a une tonalité Beatles affirmée, un esprit psychédélico-éclectique débordant, c'est presque le *Sgt. Pepper* de Prince, disent les critiques.

Lorsqu'il arrive dans les bacs, l'album est déjà prêt depuis un moment – le musicien l'a enregistré, produit et mixé « à ses moments perdus » avant et pendant le *Purple Rain Tour*. Un esprit de famille règne sur ce disque, avec des contributions importantes de The Revolution, des apparitions de David Coleman, Jonathan Melvoin et Sheila E, et même de son père, John Nelson, dans les crédits de composition. On comprend en tout cas, à l'écoute d'*Around the World in a Day*, que Prince a dépassé le cadre de son « groupe de rock ». Il lui en faut plus, désormais.

Ce virage radical peut sembler commercialement suicidaire. Mais dans le même temps, c'est un geste d'aliénation volontaire (il sait qu'il perd une partie du public de *Purple Rain*) qui le recentre, le replace sur l'échiquier musical, comme un pur artiste, courageux, intègre, sans aucune préoccupation marketing. Seule la musique compte. Dans le sillage de *Purple Rain*, *Around the World in a Day* se vend tout de même à plus de 2 millions d'exemplaires et envoie deux superbes singles (« Raspberry Beret » et « Pop Life ») dans le top 10 américain.

Malgré cette apparente « redescente », après la frénésie de *Purple Rain*, le rythme de travail de Prince est toujours complètement fou. Son nouvel album vient à peine de sortir que le suivant est déjà fait.

Il faut dire que la maîtrise du musicien atteint des sommets vertigineux. Composition, orchestrations, exécution, utilisation du studio, il excelle dans tous les domaines. Incroyablement, l'essentiel du travail se passe dans sa tête. Le voir travailler seul en studio est un émerveillement pour Susan Rogers, qui est alors son ingénieure du son attitrée, sa plus proche collaboratrice. Elle se souvient notamment d'une session qui l'a laissée bouche bée, le 17 avril 1985 – dix jours seulement après la tournée *Purple Rain* – au studio Sunset Sound de Los Angeles.

Ce soir-là, alors qu'*Around the World in a Day* sort dans une semaine, Prince met en boîte quasiment un tiers de son disque suivant, le merveilleux *Parade* (1986). La performance est impressionnante, mais la manière l'est encore plus. « Il nous a dit : "Mettez une bande neuve, raconte-t-elle. Je vais enregistrer une batterie, mais quand je m'arrêterai, n'arrêtez pas la bande. Laissez-la tourner, continuez l'enregistrement." On ne savait pas ce qu'il allait faire. Il s'est assis à la batterie, a scotché les textes en face de lui, on a appuyé sur "rec" et il a enregistré la batterie de "Christopher Tracy's Parade". Puis il a joué la batterie de "New Position", et ensuite la partie de batterie de "I Wonder U". Puis il a enchaîné sur "Under the Cherry Moon". Quatre pistes de batterie à la suite, uniquement des premières prises. Il est sorti et il a dit : "Bien, où est ma basse ?" Pendant les heures suivantes, il a enregistré de la basse, des claviers et d'autres éléments musicaux, puis ses voix. Il insufflait progressivement de la vie dans chaque chanson, il créait une très belle suite musicale. Ce qui était né dans sa tête était en train de prendre forme sous nos yeux, et chaque chanson trouvait sa personnalité distincte et un son particulier, alors qu'il avait visualisé cette séquence de dix minutes, ces quatre chansons, d'une seule pièce[1]. »

L'ingénieure du son maison du studio Sunset Sound, Peggy McCreary, présente ce soir-là, n'en croit pas ses oreilles : « Susan et moi écoutions les mix dans la voiture ce soir-là, et on se disait : "Mon Dieu, c'est incroyable." On a pensé que cet album allait être magique[2]. »

---

1. Tudahl, *op. cit.*
2. « Peggy McCreary reflects on her career at Sunset Sound », Sunset Sound Recorders, Youtube.com, 1er mars 2021

Avec Prince, la chronologie est si rapide qu'il faut la reprendre sans cesse. *Purple Rain* est sorti en juin 1984. Moins d'un an plus tard, le 22 avril 1985, *Around the World in a Day*, le nouveau Prince and The Revolution, arrive chez les disquaires. Et dès le 1er mai, il a déjà en main une épreuve de son disque suivant, *Parade*.

Mais cet album-là aura le temps d'être largement modifié, car le boulimique de travail, dont la confiance grandit dangereusement, en même temps que ses stocks de musique, a une autre idée en tête : il veut faire un nouveau film.

20. Tombé de la Lune

Under the Cherry Moon, le deuxième projet cinématographique de Prince, sera son premier échec industriel. Là encore, des schémas se dessinent, d'autres se confirment : entêtement, sentiment de toute-puissance, cyclothymie, isolement, décisions précipitées... au final, une catastrophe filmique patentée. Pour la première fois, un projet important va échouer à cause des choix et du comportement de Prince. En l'occurrence, on peut parler d'un manque de compétences, parfaitement compréhensible, dans un domaine qui n'est pas le sien. Car en matière de cinéma, contrairement à la musique, ses idées et ses envies dépassent de loin ses talents. Le pire étant qu'au fil de ses erreurs, il préférera blâmer son entourage (son trio de managers et son label) plutôt que de se remettre réellement en question – ce qui ouvrira la porte, au fil des années suivantes, à bien d'autres mésaventures...

Le projet *Under the Cherry Moon* commence par une visite à Paris, avec Albert Magnoli et Alan Leeds, en juin 1985. Prince ne décolle pas de sa chambre d'hôtel, remplie de nouveaux synthétiseurs, annule une visite du Louvre, et refuse même de descendre de sa limousine aux pieds de la tour Eiffel (il faut dire que le seul souvenir qu'il a alors de la France, c'est son concert au Palace en 1981, où son matériel est arrivé si tard qu'il a joué devant une salle aux trois quarts vide).

En revanche, il a un coup de cœur pour la *French Riviera*, la Côte d'Azur, du côté de Nice. Il décide donc que son tournage aura lieu là-bas. Tout en continuant de travailler aux chansons de son prochain album-BO, il commence à recruter une équipe de tournage. En vacances à Paris avec Susannah, qu'il imagine dans le rôle principal, il rencontre le réalisateur Martin Scorsese et lui propose le projet. Le New-Yorkais refuse au motif qu'on ne peut pas « avoir deux génies sur le même plateau[1] » ! Prince veut aussi Jean-Baptiste Mondino, qui n'est pas libre. Au final, une réalisatrice de vidéo-clips, Mary Lambert, obtient le job. Pour le rôle féminin principal, au vu des essais, Warner convainc Prince de ne pas engager Susannah mais la (vraie) comédienne Kristin Scott Thomas. Le grand acteur Terence Stamp est également au casting.

Malgré la faiblesse du scénario, en réalité quasiment inexistant (une histoire d'amour qui tourne mal entre un pianiste-gigolo et une riche mondaine de la Côte d'Azur), Warner donne son accord. La major espère que Prince saura rebondir sur le triomphe de son premier film. Compte tenu du contexte et des capacités de l'artiste, comment imaginer autre chose ? Et pourtant...

Le tournage d'*Under the Cherry Moon* commence le 16 septembre 1985 aux studios de la Victorine, à Nice. Il va durer jusqu'à la fin novembre. Mais Prince et l'équipe prennent Mary Lambert en grippe. Elle est congédiée au bout de quatre jours. Pour la remplacer, il n'écoute qu'une seule voix : celle de son ego. Il décide de réaliser lui-même le film, alors qu'il n'a quasiment aucune expérience en la matière. Dans la foulée, Terence Stamp rend son tablier, sans plus d'explications. Au fil des semaines, rien ne va, selon Alan Leeds : « Il y avait des problèmes de casting, des problèmes de scénario,

1. Hahn, *op. cit.*

des problèmes de mise en scène. On ne résout pas ces trucs-là par des conversations au coin du feu[1]. »

Mais Prince a la tête ailleurs : il a renvoyé sa fiancée à Minneapolis et se retrouve seul à Nice à faire la fête en compagnie de ses *girlfriends* Jill Jones ou Sheila E. On lui prête aussi une liaison avec l'actrice principale du film, Kristin Scott Thomas. La comédienne n'a jamais abordé le sujet – mais elle a toujours remercié Prince de lui avoir confié son premier rôle principal au cinéma.

Le tournage d'*Under the Cherry Moon* se termine fin novembre 1985 ; il sort en juillet 1986 et fait un flop. Les critiques sont assassines, et les recettes dans le rouge : le film rapporte 10 millions de dollars alors qu'il en a coûté 12 (en comparaison, *Purple Rain* a coûté 7 millions, pour 68 millions de recettes).

C'est un désastre. Ce long métrage n'a qu'un seul avantage : l'album qui lui sert de bande originale.

---

1. Hahn, *op. cit.*

21. Le Duke

Personne ne le sait en le découvrant chez les disquaires, au mois de mars 1986, mais *Parade (Music from Under the Cherry Moon)* sera le troisième et dernier album de Prince and The Revolution.

Pour cette nouvelle incarnation du groupe, l'artiste a beaucoup enregistré avec Wendy et Lisa, mais aussi avec le saxophoniste Eric Leeds et son binôme trompettiste Matt Blistan. Sheila E a également participé aux sessions, avec son guitariste Miko Weaver – il existe un enregistrement étonnant de Prince à la basse et Sheila à la batterie, jouant le morceau « Girls and Boys » sur la scène du First Avenue de Minneapolis en juillet 1985, un an avant la sortie de *Parade*.

Le rythme est toujours aussi rapide : *Parade* arrive moins d'un an après *Around the World in a Day*. La première chose qui frappe, c'est la nouvelle esthétique de Prince : noir et blanc (comme son film), minimaliste, cheveux courts, mini-haut noir, et pose de danseur. Un style très jazzy, un peu français aussi, dans la veine des clichés pour le cinéma du célèbre studio Harcourt. Le contenu de *Parade* est en grande partie à l'avenant, dépouillé, très sobre par endroits, plus dense à d'autres, plein d'expérimentations et d'éclectisme (des quatre premiers morceaux, enregistrés d'un seul bloc un an plus tôt, à la superbe ballade « Sometimes It Snows in April »). Il y a aussi un tube sur *Parade* : « Kiss », numéro 1 pop et R'n'B (son second hit sans piste de basse), et une pépite funk, « Girls and Boys », qui n'entre pas dans les *charts* mais déferle dans les clubs du monde entier.

Avec 4 millions de ventes, Warner est forcément déçu de ne pas rééditer l'expérience de *Purple Rain* (loin s'en faut). Mais le label note un changement dans le public de Prince : ses ventes se consolident en Europe alors qu'elles s'érodent aux États-Unis.

Le Kid a bien l'intention de mettre tout le monde d'accord avec sa prochaine tournée. Lors de son séjour à Nice, il a encore modifié son groupe, à la grande surprise des « historiques » de The Revolution. Wendy et Lisa ont découvert, médusées, la présence dans « leur » groupe d'Eric Leeds au saxophone avec Matt Blistan à la trompette, Sheila E aux percussions, Miko Weaver en troisième guitare (avec Prince et Wendy Melvoin), Susannah Melvoin aux chœurs, ainsi que trois danseurs, dont l'ancien garde du corps Wally Safford, Greg Brooks et Jerome Benton.

The Revolution n'est plus un groupe, c'est un *big band* des années 1940 ! Et Prince – influencé par ses échanges avec Eric Leeds – veut en être le Duke Ellington. Comme jamais, le *bandleader* mène les répétitions de sa formation pour en faire une machine de groove. La présence de cuivres ajoute à sa musique une dimension qui semble absolument nécessaire *a posteriori*, et qui rapproche l'artiste de ses racines musicales noires américaines. Avec ce *band*, les portes divines du jazz, du R'n'B, de la soul et du heavy funk lui sont grand ouvertes. Il s'éloigne irrémédiablement, en revanche, des canons pop rock de *Purple Rain*. Certains de ses musiciens apprécient moyennement ce « remaniement » (BrownMark, Wendy et Lisa), mais Prince en a décidé ainsi.

Le *Parade Tour* va durer cinq mois, pour seulement trente concerts. Presque une « anti-tournée » selon Alan Leeds. Onze dates éparpillées aux États-Unis en échauffement, puis quinze shows en Europe et quatre en Asie. Pourquoi ce choix, alors que l'entourage de Prince proposait beaucoup plus de dates américaines ? Peut-être parce qu'à ce moment-là, un nouveau « *pattern* » semble s'installer : l'artiste délaisse les États-Unis, où une grande partie du public l'a oublié après *Purple Rain*, au profit de ses fans européens qui, malgré le flop d'*Under the Cherry Moon*, continuent d'acheter ses disques, se bousculent à ses concerts et apprécient son travail à sa juste valeur, en le qualifiant, déjà, de génie. Pour le dire simplement : l'Amérique déçoit Prince, alors Prince lâche l'Amérique. Un jeu du chanteur « abandonné-abandonnique » qui va se reproduire encore et encore, même à cette échelle intercontinentale.

Ce que le chanteur oublie peut-être, c'est qu'en termes purement financiers, le marché américain, à cette époque, n'est pas une simple option. Plutôt un prérequis. Un artiste international de son calibre, avec ses ambitions, son label, ses productions et son train de vie, ne peut tout simplement pas s'en passer.

Pendant l'été 1986, Prince and The Revolution donnent peu de représentations, mais ceux qui les ont vues en parlent encore. Le show du *Parade Tour* est une démonstration de force qui laisse les spectateurs pantois. Sous la houlette du maître, répondant au doigt et à l'œil, le *big band* de Prince tourne comme une mécanique de haute précision, comme les J.B.'s de James Brown en leur temps, ou les revues de l'Apollo des années 1950 et 1960.

Le son du groupe cette année-là est un savant mélange entre les lignes de cuivres brillantes et swing d'Eric Leeds et Matt Blistan, les synthés de Fink et Lisa, les guitares funk de Wendy et Miko, et la basse en *slap* de BrownMark. Au milieu, Prince, le Duke des *eigthies*, n'est plus un jeune rocker hippie, mais un *hipster* qui porte des costumes trois pièces jaune canari ou orange vif, bondit de son micro pour jouer un solo de clavier ou de guitare saturée, saute du piano en grand écart, en stoppant net son orchestre d'un mot ou d'un geste. Sur la tournée *Parade*, les versions étirées, hypnotiques, funkyssimes de classiques comme « Head », « 1999 », « A Love Bizarre » et « Girls and Boys » sont un régal pour les fans.

Ces mêmes fans connaissent aussi les répétitions et *jams* fabuleux de l'époque – essayez « Soul Psychedelicide », qui dure cinquante-neuf minutes et quatre secondes, vous n'en ressortirez pas indemne. Alan Leeds, amoureux de *black music*, est aux anges : « J'adorais ça ! Mec, pour moi, c'était de la bombe. Si ça n'avait tenu qu'à moi, il aurait fait ça tout le temps *[rires]*. C'est vraiment ma musique. Tout était très dépouillé. Pas de production, pas de gros show, on revenait à la musique. *Parade* montrait qu'il s'était développé artistiquement, c'était sa musique la plus ambitieuse, la plus sophistiquée. En même temps, ça le ramenait à ses racines parce qu'il y avait aussi des trucs super funky là-dedans. En plus, il pouvait utiliser le groupe autrement, puisqu'il avait des cuivres : le trompettiste Matt Blistan et mon frère *[Eric Leeds, NDA]*. Ça le renvoyait au P-Funk de George Clinton, même à James Brown. Jusque-là, il avait ces sons de cuivres joués aux synthés, des sons distinctifs, c'est vrai, mais le fait d'avoir une véritable section de cuivres apportait une nouvelle dynamique à la musique. Si vous demandez son avis à mon frère, il vous dira que c'est sa tournée préférée.

« À ce moment-là, je pensais : "OK, il a grandi, on ne parle plus d'un film ni de fantasmes de jeunes filles. On parle de musique adulte." Au-delà du fait que j'adorais ça – ce qui n'intéresse personne – je trouvais que c'était une phase créative importante pour lui. Une façon de dire : "J'ai grandi, mais je vous secoue toujours. Je ne suis pas un effet de mode." *Purple Rain* avait "accroché" à un moment où la jeunesse voulait simplement faire la fête, au-delà des couleurs de peau, au-delà des sexes... C'était ça le message. Mais sur les vingt et quelques millions de personnes qui avaient acheté le disque, beaucoup étaient passées à autre chose. Elles avaient été fans de *Purple Rain*, pas de Prince. Avec *Parade*, Prince s'est recentré sur le public qui l'aimait vraiment[1]. »

C'est aussi durant cette tournée que Prince va inaugurer une nouvelle forme d'événement qui fera bientôt sa légende.

1. *Prince Podcast*, *op. cit.*

22. Les matins de Paris

La veille de son concert du 25 août 1986 au Zénith de Paris, Prince s'autorise une fantaisie qui prend immédiatement une tournure mythique : il donne un concert-surprise dans un petit club de jazz parisien, connu pour la grande qualité de sa programmation, le New Morning – créé en 1981 par la Franco-Égyptienne Eglal Farhi. Prince y rejouera deux fois, dans les mêmes conditions ou presque, en 1987 et 2010. Bien qu'il se déroule avant le concert du Zénith, on peut considérer que ce « New Morning 86 » est le premier véritable *aftershow* de Prince – après ce qui ressemble plutôt à de courtes *jam-sessions* à Londres, les 12 et 13 août, avec Ron Wood des Rolling Stones, Nile Rodgers de Chic et Eric Clapton (au club Busby's puis au Roof Gardens).

À Paris, sur la minuscule scène de la rue des Petites-Écuries, le musicien protéiforme expose une autre facette de son talent : il improvise avec son groupe, en toute décontraction, entre deux interprétations de classiques de la soul ou de certains de ses morceaux, connus ou inédits. Dans ce genre de contexte, Prince livrera par la suite certaines de ses performances les plus mémorables, plus spontanées et encore plus impressionnantes que ses shows « officiels ». Ce « premier New Morning » est un enchaînement de morceaux rock et funk de Prince, agrémenté de reprises de James Brown (« Soul Power ») et de Jimi Hendrix (« Red House » revisité en « Purple House »), ainsi que d'improvisations jazz et blues. À la fin, le père de Prince, John Nelson, monte sur scène jouer quelques notes de piano. Au même moment, sous le capot d'un petit magnétophone à cassettes posé dans un coin du club, une bande capture ce moment exceptionnel avant de s'interrompre brutalement. L'enregistrement, rapidement diffusé parmi les fans, est un document précieux dans la discographie pirate de Prince.

Le lendemain, un jeune garçon de 13 ans, qui connaît déjà le musicien, le découvre en concert pour la première fois sur la scène du Zénith de Paris. Le jeune Raphaël Melki, c'est son nom, est alors « percuté par un TGV à pleine vitesse[1] ». C'est ainsi qu'il résume cette soirée, ce premier concert de Prince qui a changé sa vie. Car après cela, Raphaël, sous le diminutif de « Raphy », va devenir un fan extrêmement dévoué de l'artiste en France. Dès 1995, aux balbutiements de l'Internet grand public, il crée le site Schkopi.com, l'une des premières références Princières sur le Web, toujours actif trente ans plus tard. Son rapport à Prince est, dit-il, « une véritable addiction ». Il n'est pas le seul dans ce cas, loin de là.

L'année suivante, en 1987, Prince revient au New Morning. Raphy n'est pas là. Mais un autre fan de la première heure a réussi à se frayer un chemin jusqu'à la fameuse porte noire du petit club de 500 places. Frédéric Goaty, aujourd'hui patron de la rédaction de *Jazz Magazine*, a alors 22 ans. Le jeune homme, « disquaire » à la Fnac (c'est ainsi que l'on nommait jadis les vendeurs-conseillers), a dû se livrer à un véritable jeu de piste pour parvenir jusqu'à l'entrée du New Morning. Sans savoir que Prince, qu'il va découvrir pour la première fois sur scène, donnera ce soir-là un concert historique.

1. Raphaël Melki, *Purple Fam : Histoire d'une addiction à Prince*, Renaissance du Livre, 2017.

« En 1987, Internet n'existait pas, explique Frédéric. Les informations non officielles circulaient par le bouche-à-oreille. Mais étrangement, on savait autant de choses, et aussi vite. Les gens communiquaient autrement, se croisaient, dialoguaient... En l'occurrence, il y avait d'abord eu la vente des places pour les concerts de Prince à Bercy. J'en avais pris pour les deux derniers soirs – sur quatre programmés *[les 13, 14, 15 et 17 juin 1987, NDA]* – en me disant que le groupe serait chaud, que ce seraient sans doute les meilleures dates. Puis un jour, ça devait être début juin, une collègue du groupe Filipacchi m'appelle. C'est Pascale Barithel, alors secrétaire de rédaction du magazine *Jeune et jolie* – elle écrivait un peu dans *Jazz Magazine*, et elle aimait beaucoup Prince. Moi je travaillais à la Fnac, et il y avait des lignes téléphoniques pour joindre les différents rayons. Pascale me dit : “Fred, je viens d'avoir une info : Prince va passer au New Morning.” Spontanément, je pense que ce sera comme l'année précédente, une soirée sur invitation, pour des gens importants... Mais Pascale me dit que non : “Il paraît que des places sont en vente.” Alors là, comme dans un Tex Avery, j'ai foncé au rez-de-chaussée dans un nuage de fumée, alors que le téléphone était encore en l'air *[rires]* !

« Au point de vente de la Fnac, ma collègue regarde sur son écran et me répond : “Non, non... Il y a les concerts à Bercy, mais je ne vois rien au New Morning.” J'insiste. Je trouve ça vraiment bizarre. Et soudain, elle me dit : “Ah ! si, je vois un truc, dimanche, après un autre concert... ça s'appelle Madhouse.” Je me demande : “C'est ça ??” Mais Madhouse, ça n'est pas Prince. Bon, enfin, si elle le dit... Je prends des places. J'en prends plusieurs – enfin, pas tant que ça, parce que ça coûtait quand même 160 francs (25 euros). Ça paraît peu aujourd'hui, mais à l'époque, c'était le prix de trois albums, et c'était plus cher que les concerts de Bercy ! Donc je prends des places pour le groupe

Madhouse, ce qui était un peu risqué, tout de même. Car il s'agissait d'un projet mystérieux. Ils avaient sorti deux albums coup sur coup en 1987, avec à chaque fois une belle jeune femme sur la pochette, mais seul le petit logo Paisley Park laissait subodorer que Prince était impliqué. Et si oui, de quelle manière ? Il n'y avait pas de guitare sur les albums, pas de chant… Il jouait peut-être du piano ? On ne savait rien. Donc on espère que Prince a quelque chose à voir avec cette soirée, mais on ne sait pas si c'est vraiment le cas[1]. »

Le jour J, le dimanche 14 juin 1987, aucun horaire n'étant précisé sur les billets pour « Madhouse au New Morning », Frédéric se rend sur place vers 23 h, l'horaire habituel des concerts de deuxième partie de soirée. Il est l'un des premiers arrivés devant la porte : « J'ai le souvenir d'un mec qui passe devant moi et qui me dit : "T'as des places, toi, pour ce soir ? Mais comment t'as fait ? – Ben, je les ai achetées à la Fnac *[rires]* !" Les gens n'étaient pas au courant, il n'y avait pas énormément de monde. Le temps passe, il se met à pleuvoir. Et tard, vers 2 h du mat', les portes s'ouvrent et on entre dans le club. C'était calme – contrairement à la folie du New Morning 2010. En 1987, je connais déjà bien l'endroit, presque par cœur. On se met devant, c'était une configuration sans chaises. Sur scène, il y a une batterie, des claviers, etc. Les musiciens arrivent : un batteur qu'on ne connaît pas *[Dale Alexander, NDA]*, Dr Fink aux claviers, Levi Seacer Jr à la basse, Eric Leeds au sax. C'est donc Madhouse – qui joue un quart d'heure, vingt minutes. Bon. Ils font un petit set, mais pas de Prince. On se dit que si ça se trouve, on ne le verra pas… On repense à nos 160 balles, quand même *[rires]* !

« Et puis, pendant que Madhouse joue, sur la droite de la scène, on voit s'ouvrir la seule porte d'accès à la

1. Entretien avec l'auteur, 10 novembre 2023.

minuscule loge du club. C'est Prince. Hystérie dans la salle ! Mais il ne va pas sur scène, il s'installe sur le côté, il s'assoit à une table, et il regarde le concert. Il y a un grand mec derrière lui, debout. Un grand costaud – j'apprendrai plus tard que c'est Gilbert Davison *[à l'époque chef de la sécurité et assistant personnel du chanteur, qui deviendra plus tard son manager, puis président de Paisley Park de 1990 à 1995, NDA]*. La scène est drôle, parce que Prince est là, il prend l'air détaché, il regarde le concert "comme tout le monde"... Mais tout le monde le regarde, lui ! On se dit qu'au moins, on l'aura vu. Arrive l'entracte. Madhouse et Prince retournent *backstage*. Mais encore une fois, on ne sait pas si la soirée est terminée ou pas. Quelqu'un va peut-être venir nous dire "Merci, au revoir" ? Nouvelle angoisse, parce que rien n'avait été annoncé, rien n'était prévu.

« Soudain, la porte se rouvre et Prince revient. Cette fois, il a sa guitare et se dirige vers la scène. Il porte un costume bleu turquoise, une espèce de pyjama que l'on voit sur certaines photos de l'époque. Alors là, dans la salle, c'est du délire, parce que Prince, en 1987, est au sommet. C'est une star, il est fabuleux. Il vient de sortir *Sign o' the Times*... Et ça hurle ! Moi, c'est la première fois que je vois ce mec-là. Je peux quasiment le toucher, je suis debout devant la scène. Mais évidemment, on ne fait pas ça avec Prince, il y a un respect incroyable. Pareil en 2010, plein de gens étaient juste devant lui, mais il y avait un respect pour l'artiste, pour le musicien.

« Avant de commencer, il nous fait des signes en souriant, pour dire : "Calmez-vous." Puis il demande : *"Do you love me?"*, et ça repart ! Il commence le set par son blues, "Purple House" (adaptation de "Red House" de Jimi Hendrix), puis ça enchaîne. Sur l'enregistrement pirate, on entend Prince lancer un morceau en disant

"B flat", et c'est ma collègue Pascale Barithel qui lui répond : "Si bémol !" Le concert se termine par un medley "Mutiny – Sex Machine". Au total c'est assez court, ça dure cinquante-cinq minutes, même pas une heure.

« Ce qui est drôle, c'est que dans le public, les gens savent qu'il n'y a pas d'autre sortie au New Morning que la porte principale du club, qui donne sur la rue. Ce qui veut dire qu'à moins de passer la nuit dans les loges, il est obligé de traverser la salle pour s'en aller. Et c'est ce que Prince a fait, assez vite après le concert. À ce moment-là, tout le public a formé une haie d'honneur. C'était très beau. On l'a applaudi, et lui, il faisait des mimiques, pour plaisanter. Sa limousine l'attendait devant la porte. Je me souviens qu'au dernier moment, une jeune femme s'est jetée sur le capot de la voiture, comme ça, d'un coup, BAM *[rires]* ! Prince a eu l'air un peu gêné. Et puis il est parti[1]. »

Ainsi se conclut le « deuxième New Morning » de Prince.

Vingt-trois ans plus tard, à l'été 2010, l'artiste est de retour en France. Une nouvelle visite estivale, alors qu'il tourne autour du monde pour promouvoir son album *2010* – offert avec le magazine *Courrier international*. Une date est prévue à Arras, au nord, le 9 juillet, une autre à Nice, au sud, le 25. Entre les deux, il se murmure que Prince va donner un nouveau concert « discret » rue des Petites-Écuries – une date unique, il ne s'agit donc pas techniquement d'un *aftershow*. Avant même d'être confirmée, la rumeur met les fans en ébullition. Dans la journée du 22 juillet, un SMS commence à circuler dans les cercles Princiers les mieux informés : « Concert au New Morning, ce soir minuit » – à titre personnel, je me souviens de ma décomposition intérieure à la lecture de ce texto, réalisant que je me trouve trop loin de Paris pour pouvoir faire le déplacement.

1. Entretien avec l'auteur, 10 novembre 2023.

Frédéric Goaty, lui, est toujours au rendez-vous : « C'est drôle, parce qu'à ce moment-là, il y a Internet, mais la nouvelle ne circule pas tant que ça. Certains fans freinent, ils ne veulent pas trop le dire. N'y seront que ceux qui sont vraiment informés. Ce soir-là, à l'inverse de 1987, lorsqu'on est arrivés devant le club, avec ma compagne, il y avait déjà énormément de monde. C'était un peu l'hystérie. Je me souviens d'être entré quelques minutes à peine avant la fermeture des portes – certains potes sont restés dehors. Le prix, c'était 80 euros, cash, dans un seau ! Pas de billetterie, rien du tout... Le concert illégal par excellence. Normalement, la police aurait dû débarquer. Voilà pourquoi le New Morning n'était pas blindé ce soir-là : ils n'ont pas rempli la salle à bloc parce qu'ils savaient que l'organisation était louche.

« Au moment où on est entrés dans le club, Prince jouait déjà depuis cinq minutes – il improvisait sur le morceau "Stratus", de Billy Cobham. Il avait l'air un peu ronchon, alors je me suis dit que ça allait durer vingt minutes. Tu parles. Quatre heures de concert ! Depuis son passage précédent, le mec avait pris vingt-trois ans, comme nous tous, mais nous, on sentait qu'on avait vieilli. Alors que lui, pas du tout. Il était en pleine forme – le concert était bien meilleur qu'en 1987. Je me souviens d'avoir regardé ma montre à 4 h 45 du matin, les gens n'avaient déjà plus de voix, on était des zombies. Mais Prince, lui, chantait sa ballade "How Come U Don't Call Me Anymore" avec une voix de cristal ! Incroyable. C'est là que je me suis dit – à tort : "C'est comme dans le film *Le Viager*[1], en fait, il va tous nous enterrer." Je pensais que dans vingt ans il serait encore là, à jouer, c'était évident. Il était increvable... Hélas, non.

1. Petit chef-d'œuvre d'humour noir réalisé par Pierre Tchernia et porté par Michel Serrault, Michel Galabru, Jean-Pierre Darras, Rosy Varte (1972)...

« Après des heures de concert, certains spectateurs commençaient à partir, alors Prince, en attaquant “Purple Rain”, a dit à tout le monde : “Vous ne sortirez pas tant que le soleil ne sera pas levé.” Et c’est ce qui s’est produit. À la fin du concert, dehors, il faisait jour. Il était 6 h du matin. Comme en 1987, Prince est sorti du New Morning en traversant la salle. Et encore une fois, sa limousine l’attendait devant le club. Je me souviens d’avoir eu un coup de blues en voyant partir la voiture. Prince était l’un des rares artistes qui nous faisaient dire qu’on venait de vivre un moment historique. On le savait. C’était du niveau de Hendrix à Woodstock. Il y a des photos d’après le concert, on est tous assommés… Avec mes copains, on est allés prendre un petit déjeuner pour nous remettre de nos émotions[1]. »

Avec ce troisième « New Morning », Prince a joué son ultime concert-surprise sur cette scène, celle de son tout premier *aftershow*. Une petite salle parisienne devenue mythique, en grande partie grâce à lui.

1. Entretien avec l’auteur, 10 novembre 2023.

23. Évolution

En 1986, lors du *Parade Tour* qui l'emmène pour la première fois en Europe (notamment au Zénith de Paris et au New Morning), le groupe The Revolution « *reloaded* » propulse Prince vers de nouveaux sommets. Les critiques et le public sont en extase. Que va faire le chanteur ? Tout arrêter, bien entendu.

Yokohama, 9 septembre 1986. C'est la dernière soirée d'une série de quatre concerts au Japon. Prince a pris une décision que son groupe ignore encore. Il va se séparer des musiciens de The Revolution. C'est leur dernier show avec lui ce soir. Le lien s'est distendu avec Wendy et Lisa, à mesure qu'il s'affirme avec Sheila E et son groupe (qui joue en première partie de Prince ce soir-là). Les motifs de mécontentement sont nombreux. Le chanteur a froissé Wendy et Lisa à plusieurs reprises. D'abord en modifiant la physionomie de The Revolution sans les prévenir. Mais aussi parce qu'il entretient une relation sentimentale mouvementée (et infidèle de sa part) avec Susannah, la sœur jumelle de sa guitariste.

Au début de la tournée *Parade*, juste avant de s'envoler pour l'Europe, Wendy et Lisa ont carrément voulu quitter le groupe – suivies par le bassiste BrownMark, qui a prévu de partir depuis longtemps, également lassé des humeurs de Prince. Au moment de monter dans l'avion, le batteur Bobby Z a dû convaincre ses trois collègues d'embarquer pour continuer la tournée.

Ce soir-là, sur la scène du Yokohama Stadium, devant 45 000 spectateurs, le concert va prendre un tour très intense. Premier élément, imperceptible : au fil du concert, Prince et son groupe égrènent des paroles (« Hot Thing »), des lignes de cuivres (« Housequake »), des riffs que le public ne peut pas connaître, puisque ce sont des citations d'albums à venir, que Prince est en train d'enregistrer en studio et qu'il répète déjà avec ses musiciens – tout en sachant qu'ils ne joueront bientôt plus ensemble.

À la fin du concert, après la magnifique ballade « Sometimes It Snows in April », Prince présente Wendy et Lisa (co-compositrices du morceau, mais pas créditées sur le disque) avant de se lancer dans une interprétation particulièrement passionnée de « Purple Rain ». Lorsqu'il attaque son solo de guitare, il fait ressentir son état d'esprit du moment beaucoup mieux qu'avec des mots. À mi-parcours de ce chorus qu'il a joué des centaines de fois note pour note – mais chaque fois de façon unique – Prince sort de sa « partition » et commence à attaquer violemment les cordes, dans un mélange de distorsion et de *feedback*. Puis, dans un geste très inhabituel de sa part, le musicien jette sa guitare White Cloud sur le sol. Son technicien lui en passe une seconde autour du cou. Il joue quelques notes et la balance aussi par terre. Il y a manifestement beaucoup de colère et de frustration, ce soir-là, chez lui. Et à ce moment-là, lui seul sait pourquoi.

Wendy, elle, pressent ce qui va se passer : « Quand il a détruit sa guitare, j'ai regardé Bobby Z et j'ai dit : "C'est fini." J'ai regardé Lisa : "C'est fini." Et c'était bel et bien fini. On est repartis le lendemain, mais il n'était pas dans l'avion avec nous. Il était resté au

Japon. Je me souviens d'avoir pensé : "Espèce d'enfoiré[1]." »

Un mois après le dernier concert de la tournée *Parade*, Prince appelle un à un les membres de son groupe pour leur annoncer sa décision : il dissout The Revolution. Lisa Coleman en concevra une certaine amertume : « On s'était dit qu'on allait devenir une autre entité, Wendy et moi avec Prince. Il y avait quelque chose de spécial, d'original, dans notre façon d'écrire à trois, et de créer ensemble. Lisa et moi avions commencé à chercher une maison à Minneapolis lorsque, d'un coup, il s'est mis à émettre des doutes. Une fois de plus, il était en train de changer d'avis, et il nous a virés en nous disant qu'il voulait prendre une nouvelle direction[2]. »

L'ancien garde du corps de Prince, Wally Safford (le même qui a fini au poste le soir de l'affaire « We Are The World »), a résumé les choses de façon plus directe : « Vous voyez, tout le truc avec Prince, c'est qu'il vous utilisait jusqu'à ce qu'il ne puisse plus rien faire de vous. Ça marchait comme ça avec lui. Il prenait toutes les informations que vous pouviez lui fournir, et c'était tout. Quand c'était fini, c'était fini[3]. »

En réalité, au-delà de la lassitude et des ressentiments personnels, le déclencheur de la dissolution de The Revolution, chez Prince, est probablement, une fois de plus, le spectre de l'abandon.

Le chanteur a su que Wendy et Lisa avaient évoqué leur envie de quitter le groupe au cours de la tournée *Parade*. Il n'en a pas fallu plus pour sceller leur sort, selon Susannah Melvoin : « Il était très vulnérable à la fin de la tournée, lorsqu'il a entendu dire que Wendy et Lisa étaient malheureuses. On lui a dit qu'elles fomen-

1. Tudahl, *op. cit.*
2. Light, *op. cit.*
3. Tudahl, *op. cit.*

taient quelque chose, et il n'a pas pu le supporter. Il ne pouvait pas se permettre d'être celui qu'on abandonne, alors avant qu'elles aient pu dire : "On veut partir", il les a virées[1]. »

Toujours ce fameux syndrome.

1. Tudahl, *op. cit.*

24. L'usine à rêves

Lorsqu'elles quittent Prince, Wendy et Lisa laissent derrière elles un dernier projet inachevé. Un album intitulé *Dream Factory*, censé succéder à *Parade*.

Prince a enregistré l'essentiel de ce disque avec les deux musiciennes au printemps 1986, dans une nouvelle maison équipée d'un *home studio* dernier cri, conçu par les ingénieurs de la marque Westlake Audio – plus tard, le matériel sera déménagé vers les studios Paisley Park, qui sont alors en construction. Derrière les palissades noires et la guérite de sécurité du 7141 Galpin Boulevard, à Chanhassen, au bout d'une longue allée sinueuse, se dresse cette bâtisse jaune à deux étages, perdue au milieu d'un terrain de 12 hectares. Des baies vitrées teintées, au rez-de-chaussée, cachent une salle de répétition et d'enregistrement suffisamment grande pour accueillir un groupe au complet. Au premier étage, câblé à la console et à l'enregistreur 24 pistes, un piano acoustique mauve, comme dans la maison précédente, la fameuse « Purple House » où Prince loge désormais son père. Autre nouveauté : l'artiste a proposé à Susannah Melvoin de s'installer avec lui. Elle a accepté. Un vrai défi personnel pour l'éternel célibataire, précurseur du « polyamour », comme on le dit élégamment aujourd'hui. Hélas pour Susannah, le naturel Princier reviendra au galop.

En mars 1986, les sessions de l'album *Dream Factory*, un disque de Prince and The Revolution, commencent. Sous l'influence des « filles », de leurs frères et de Susannah, la musique de Prince avance encore plus loin sur le chemin déjà tracé par *Around the World in a Day* et *Parade*. Une veine expérimentale dans laquelle Prince peut donner libre cours à son imagination débordante. Les idées se succèdent dans sa tête, et aucune n'est laissée à l'écart. Encore et toujours, il passe sa vie à les poser sur bandes, aussi vite que possible. À cette période précise, le résultat est étonnant.

L'un des premiers morceaux que Prince enregistre dans son nouveau *home studio* avec The Revolution (Wendy, Lisa et Bobby Z, les cuivres Eric Leeds et Atlanta Bliss, mais sans le bassiste BrownMark) donne le ton, merveilleux, de ce qui va suivre. Ce jour-là, le 19 mars 1986, les musiciens, répartis dans différents compartiments du studio, se lancent dans la toute première interprétation d'une superbe ballade mélancolique, aérienne et jazzy, « Power Fantastic ». Il s'agit à la base d'une composition de Wendy et Lisa intitulée « Carousel », à laquelle Prince a ajouté une mélodie et un texte – pourtant, comme avec « Sometimes It Snows in April », Wendy et Lisa ne seront pas créditées lorsque la chanson sortira sur la compilation « The Hits – The B Sides » en 1993. Une « erreur » rectifiée depuis.

La première prise de « Power Fantastic » est désormais disponible sur le coffret *Sign o' the Times* publié en 2020 – le meilleur effort du Prince Estate jusqu'ici. On y entend Prince donner des instructions précieuses à ses musiciens afin d'obtenir toute la spontanéité qu'il attend d'eux. Ces cinquante secondes introductives en disent énormément sur la façon dont Prince conço enregistrements. Le *control freak* est capable de prise, tout en douceur, quand il le faut.

« Écoutez. On va d'abord s'accorder tranquillement, et puis… en l'espace d'une minute, on va monter… lentement, mais sûrement… monter monter monter, jusqu'à ce qu'on fasse un truc très rapide et très fort. OK ? Et là, on va… chhhuuuuut… et on redescend… *[Il expire lentement.]* Les choses se calment très très vite. Et là, Lisa commence au piano. Vous êtes prêts ? C'est un trip, laissez-vous aller. Il n'y a pas de fausses notes cette fois-ci. C'est le morceau fun, celui-là. Ce n'est peut-être pas la version qu'on gardera, mais on s'amuse, jouez tout ce que vous voulez. Prêts[1] ? » S'ensuit une véritable démonstration de subtilité, de finesse et de maîtrise musicale, portée par une réelle télépathie de groupe.

Prince et ses musicien(ne)s alignent à ce moment-là une série de morceaux incroyablement inventifs, variés, aussi expérimentaux dans leur construction, leurs mélodies et leurs harmonies que dans les effets sonores qu'ils proposent : bandes à l'envers, collages sonores, voix modifiées, guitares pitchées font leur apparition dans la musique de Prince.

C'est ainsi que des titres comme « Dream Factory », « Train », « A Place in Heaven », « In a Large Room With No Light », « Last Heart », « Movie Star », « Big Tall Wall » et surtout « All My Dreams » donnent à entendre une synthèse musicale brillante. Des chansons dont le parfum oscille entre pop, soul, jazz, *comedy music* et rock. Bien entendu, Prince a également enregistré tout seul une partie de l'album. Sur la *tracklist* finale de *Dream Factory*, tel qu'il a été séquencé et masterisé au mois de juillet 1986, on trouve les morceaux « Sign o' the Times », « Ballad of Dorothy Parker », « Strange Relationship », « It », « Slow Love », « Starfish and Coffee », « The Cross »… Autrement dit, une bonne moitié de l'album *Sign o' the Times* qui paraîtra un an plus tard.

1. *Sign o' the Times*, édition « Super Deluxe », Warner, 2020.

25. Cristal noir

Pour l'album *Dream Factory*, Prince enregistre aussi l'une de ses plus folles productions, l'un des morceaux mythiques de sa discographie – certains y voient même une « œuvre totale », qui résumerait à elle seule l'ensemble de sa musique. « Crystal Ball » est une réaction à l'actualité du moment, autour d'un thème qu'il a déjà traité sur *Controversy* et *1999* : la peur de la guerre, d'une apocalypse nucléaire, de la fin du monde, avec pour seuls antidotes, selon lui, la musique, l'amour et le sexe – le morceau est fortement associé à sa relation avec Susannah, qui elle aussi tourne au conflit armé.

La genèse de « Crystal Ball » commence à Nice, au printemps 1986. Prince se trouve alors sur le tournage d'*Under the Cherry Moon*. À la une de l'actualité ce jour-là : la décision du président américain Ronald Reagan de frapper militairement la Lybie, en représailles à des actions terroristes à l'étranger supposément financées par le gouvernement lybien. La menace terroriste est (déjà) forte à l'époque, contre les intérêts américains et occidentaux, notamment en Europe. L'artiste prend peur – il annulera pour les mêmes raisons ses concerts prévus en France, seul au piano, après les attentats du 13 novembre 2015 – et rentre précipitamment à Minneapolis.

Le lendemain, 16 avril 1986, seul en studio avec Susannah, il compose et enregistre une invraisemblable suite musicale funk et rock, qui associe une multitude de sections musicales différentes pendant plus de dix minutes. On y décèle parfaitement l'atmosphère anxiogène, parfois confuse, du « monde selon Prince », ainsi que la nature de sa relation avec Susannah, entre coups de tonnerre, moments d'énergie intense, de calme précaire ou de tension.

Dans sa version finale, « Crystal Ball » s'ouvre sur une longue introduction instrumentale d'une minute trente, dans une ambiance mystérieuse : un battement régulier de grosse caisse, auquel vient s'ajouter le son d'une sorte de flûte de Pan trafiquée. Il s'agit en réalité d'un synthétiseur échantillonneur Fairlight CMI, summum technologique des *eighties*, nouveau joujou de Prince[1].

Au fil des minutes, « Crystal Ball » s'orne de nouveaux sons et effets de Fairlight puis de percussions, d'une ligne de basse, d'une caisse claire et de guitares. Le groove commence à tourner tandis que Prince récite son texte-mantra, en forme de métaphore sexuelle et d'interrogation à l'intention de son « amoureuse experte » (*« Expert lover »*, les mots du refrain). Peut-être essaie-t-il de la convaincre que tout n'est pas perdu entre eux ? À moins qu'elle ait lu leur avenir dans une *crystal ball* ?

La phrase centrale du texte, celle qui résume le message du morceau, arrive dès le premier couplet (il la répétera plus loin) : « Tandis que les bombes explosent autour de nous et que la haine progresse à notre droite, la seule chose qui compte, c'est l'amour que nous faisons

1. Aux États-Unis, les premiers artistes à avoir utilisé le Fairlight, en 1980, sont Herbie Hancock et Stevie Wonder. Au Royaume-Uni, à la même époque, le producteur Trevor Horn a révolutionné le son de la pop britannique en créant avec le Fairlight des tubes pour les groupes Art of Noise, Frankie Goes to Hollywood ou Propaganda sur son label ZTT.

ce soir. » La suite est une symphonie funk grandiose et inquiétante, au fil de laquelle Prince expose différentes facettes de sa musique et de sa psyché tourmentée.

À 3′ 37″, après une pause, l'intensité du groove monte d'un cran, alors que Prince développe un parallèle entre les soldats qui sortent leurs « sabres de chagrin » et sa chérie qui, elle, sort ses crayons pour dessiner des nus qu'elle affiche dans leur maison (« des dessins de sexe », selon lui). Un combat semble s'engager entre leurs deux voix, dans une montée manifestement orgasmique.

À 4′ 50″, le rythme se brise une première fois, et les harmonies deviennent majeures : on passe de l'ombre à la lumière, avant un autre break de batterie qui annonce la phase instrumentale du morceau. Sur un rythme de plus en plus intense et funky, Prince enchaîne avec la même énergie dévastatrice un solo de batterie, puis de basse, et un chorus de guitare qui passe du rock au jazz, avant un nouveau break instrumental.

À 7′ 25″, le morceau est interrompu par une séquence mélodique répétitive, sur des harmonies étranges. Enfin arrive l'explosion musicale, avec le récit d'une scène sexuelle très crue doublée d'un étrange fantasme : « *My baby lick me fast, her mama watch aghast* » (« Ma chérie me lèche à toute vitesse, sa mère regarde, abasourdie »).

À 8 minutes suivent de nouveaux breaks de batterie de plus en plus déments, autour d'un puissant passage de rock orchestral, avant un soudain retour au calme (post-orgasmique ?). Prince, de sa voix pitchée, implore : « Chérie, chérie, tu sais qu'il te faut une boule de cristal… » Susannah, faussement innocente, répond : « Je ne sais pas, il faut que je demande à ma maman d'abord. » Une ligne mélodique descendante accompagne alors un retour à la phrase clé du morceau : « Tandis que les bombes explosent », etc.

À ce moment-là, un hurlement de terreur transperce l'espace, puis la grosse caisse retrouve son rythme mécanique du début. Susannah et Prince reprennent ensemble les chœurs du morceau, en harmonie ou en question-réponse, comme un nouveau round sur l'oreiller. Un dernier retour au motif initial de grosse caisse et de basse synthétique, puis Prince prononce une dernière fois les mots « *crystal ball* » et l'épopée prend fin – *on the one*, sur le premier temps de la mesure.

Fier de sa création, le musicien en envoie une copie à Clare Fischer pour qu'il y ajoute des orchestrations. Conscient de l'importance de cette composition, Fischer écrit l'une de ses plus belles partitions pour Prince. Le bloggeur Zachary Hoskins, qui décortique l'œuvre du *Minneapolis Genius* chanson par chanson, explique très justement le « parfum exotique, cinématique, comme un thème de James Bond totalement barré[1] » du *score* de Fischer. Des orchestrations si brillantes que Prince les samplera par la suite… pas moins de six fois, entre 1988 et 1998[2].

« Crystal Ball » est, selon Zachary Hoskins, « la somme de toutes les influences accumulées par Prince jusque-là, du rock psychédélique au P-Funk en passant par la fusion post-Miles Davis ».

Surtout, insiste-t-il, « il est fascinant de voir à quel point "Crystal Ball", bien qu'inédit pendant dix ans après sa création, surgit encore et encore dans les enregistrements de cette époque. Il structure par son absence l'album *Sign o' the Times* de 1987. Il apparaît par allusion dans les paroles du morceau "Hot Thing". Il est représenté par la boule de plasma que l'on voit

1. Zachary Hoskins, #PrinceTwitterThread : « Crystal Ball », Princesongs.org, 4 janvier 2021.

2. Pour les interludes de la tournée *Lovesexy* puis sur « The Future » *(Batman)*, « Push » *(Diamonds and Pearls)*, « Violet the Organ Grinder », « Paris 1798430 » de Tevin Campbell et « Days of Wild » *(Crystal Ball)*.

sur la pochette du disque, du coffret de 2020, et dans le show filmé. Le morceau "Crystal Ball" n'est nulle part, mais en même temps, il est partout. Prince lui-même en a fait un synonyme de son *"vault"*, de son œuvre inconnue. C'est parce qu'il représente à la fois une réussite artistique de premier ordre, et aussi le symbole de l'audace de Prince, suffisamment sûr de lui pour laisser de côté des compositions aussi brillantes[1]. »

1. Hoskins, *op. cit.*

26. Le flot

À l'automne 1986, Prince se sépare des musiciens historiques avec lesquels il est monté sur le toit du monde : Wendy et Lisa, BrownMark et Bobby Z. Il recentre son groupe sur ses membres les plus récents : Sheila E à la batterie, avec ses deux guitaristes Miko Weaver et Levi Seacer Jr (désormais bassiste). Il garde les cuivres Eric Leeds et Matt Blistan, ainsi que Dr Fink aux claviers. Le « patron » recrutera ensuite, pour la scène, la danseuse-choriste Cathy « Cat » Glover et l'organiste-chanteuse Boni Boyer. Clairement, avec Sheila E et ses amis, il va prendre une direction beaucoup plus *hard*, heavy-funk, possiblement latino et fusion, plus technique aussi, que ne le lui permettait The Revolution. Dans le même temps, il s'éloigne du multiculturalisme de ses précédents musiciens (les Coleman et les Melvoin) pour aller puiser encore plus profond à la source de la musique noire américaine.

Un autre changement majeur intervient dans la vie de Prince à ce moment-là : c'est la fin de son histoire avec Susannah Melvoin, sa compagne, partenaire de travail et muse depuis plusieurs années. La fin de The Revolution a sans doute en un effet sur leur relation, dans la mesure où la petite amie du chanteur est aussi la sœur jumelle de sa guitariste. Mais, même en temps normal, la vie avec lui n'est pas simple, notamment parce qu'il refuse de renoncer à ses multiples relations extra-conjugales. Contrairement à ce qu'il parvient à faire brillamment dans sa musique, il est incapable, dans sa vie amoureuse, de sortir de sa zone de confort émotionnel, qui consiste à enchaîner les conquêtes. Susannah finira par faire ses valises en décembre 1986. Malgré l'amour réel qu'ils éprouvent l'un pour l'autre, leur vie « de couple » aura duré moins d'une année.

Dans la tête du chanteur, déjà solitaire, il est probable que cet échec renforce l'idée que personne ne pourra jamais vraiment partager sa vie. Dans ces conditions, il retombe logiquement dans ses schémas habituels pour faire ce qui, finalement, lui réussit le mieux : se couper du monde, s'enfermer en studio et produire de la musique.

Il a d'abord besoin d'un nouveau répertoire pour son nouveau groupe – il est inconcevable pour lui de jouer avec Sheila E ce qu'il a écrit pour Wendy et Lisa. Alors, calfeutré à l'intérieur de sa maison-studio, il va de nouveau se jeter à corps perdu dans une longue série d'enregistrements. Cette fois-ci, fait rare, il n'a pas de tournée en vue, pas de film en production, pas de projet satellite en cours, pas même de groupe actif pour l'instant. La vague de musique qui monte en lui s'annonce gigantesque.

À partir d'octobre 1986 commencent trois mois de travail qui sont peut-être les plus productifs de toute la carrière de Prince. De cette nouvelle phase créative émergeront pas moins de quatre ou cinq albums mythiques qui ont pour titres *Crystal Ball*, *Sign o' the Times*, *Camille*, *Black Album*, ainsi que le premier album du projet Madhouse *(8)* et les bases du second *(16)* avec Eric Leeds. Comme d'habitude, le public ne verra que la partie émergée de l'iceberg : l'essentiel de cette production restera au placard pendant des années, voire des décennies.

L'ingénieure du son Susan Rogers a été aux premières loges, souvent seule en studio avec l'artiste, à cette époque : « La période à laquelle nous avons enregistré l'album *Sign o' the Times*, en 1986-87, était inhabituelle. Il avait davantage de temps pour travailler chez lui. Habituellement, il enregistrait une chanson par jour – parfois plus. Mais à ce moment-là, plus rien ne l'arrêtait. Alors les chansons arrivaient, arrivaient, arrivaient, encore et encore[1]. »

En même temps qu'il s'est séparé de The Revolution, Prince a remisé dans ses coffres son dernier (double) album avec eux, *Dream Factory*, qui est pourtant finalisé et contient, d'après le saxophoniste Eric Leeds, « ce que nous avons fait de mieux avec Wendy et Lisa[2] ». Mais encore une fois, comme l'explique l'autre Leeds, Alan : « Dans l'esprit de Prince, on ne fait pas un disque avec des gens comme Wendy et Lisa pour le sortir après leur départ, et aller jouer ces chansons sur scène avec d'autres musiciens. Prince vit sa musique, au point qu'à certaines périodes, tout son environnement tourne autour de son album. Dans son esprit, les couleurs, les vêtements, les décors de ses shows et les musiciens de son groupe, avec lesquels il partage ces moments, tout cela ne fait qu'un avec la musique qui correspond à une période donnée de sa carrière et de sa vie[3]. »

Susan Rogers confirme : « *Dream Factory* sonnait comme The Revolution, avec les couleurs jazz et classiques de Wendy et Lisa, la lumière qu'apportait Susannah. Quand le groupe s'est séparé, il ne pouvait plus sortir ce disque, il lui fallait repenser son prochain album[4]. »

---

1. Entretien avec l'auteur, 26 août 2020.
2. Hahn, *op. cit.*
3. Livret du CD *Dream Factory (remastered)*, Sabotage Records (non officiel), 2018.
4. Entretien avec l'auteur, 26 août 2020.

Prince attaque alors un nouveau projet, pour lequel il enregistre plusieurs morceaux avec une voix accélérée – procédé qu'il a déjà expérimenté sur « Crystal Ball ». Autour de cette voix, il imagine un mystérieux personnage, qu'il nomme Camille (prénom non genré et incarnation Princière de la dualité, chère au Gémeaux qu'il est). Il construit pour « Camille » un album de huit chansons, dont plusieurs petits chefs-d'œuvre (« Housequake », « Rebirth of the Flesh », « Shockadelica », ou encore « Rockhard in a Funky Place », où la voix pitchée fait du question-réponse avec un merveilleux solo de guitare funk et des lignes de cuivres complètement dingues). En deux semaines, l'album est prêt, mais l'artiste n'est pas satisfait. Il veut retravailler *Camille*, qui ne sortira jamais sous sa forme initiale, bien que tous ses morceaux aient fini par faire surface sur des albums officiels (à l'heure où ces lignes sont écrites, il est question d'une première édition en vinyle, pilotée par le guitariste des White Stripes, Jack White, sur son label Third Man Records).

Brodant toujours sur ses enregistrements expérimentaux à base de voix accélérées, Prince décide finalement que son prochain album sera un triple LP intitulé *Crystal Ball* – centré sur le morceau éponyme enregistré avec Susannah un peu plus tôt dans l'année. Dès le mois de novembre 1986, l'album est prêt. On y trouve des chansons qui sortiront plus tard sur *Sign o' the Times* (1987), le *Black Album* (1994), *Crystal Ball* (1998) ou *Graffiti Bridge* (1990) – la pépite bluesy « Joy in Repetition ». D'autres seront transformées, comme « The Ball », qui deviendra « I Know » sur *Lovesexy* (1988). Fin novembre 1986, le musicien présente à son label ce *magnum opus* composé de vingt-deux titres soigneusement agencés, répartis sur trois disques estampillés de la mention « produit, composé, arrangé et interprété par Prince ».

Mais contrairement au chanteur, les patrons de Warner ne sont guère enthousiastes. Fabriquer un triple album coûte cher, ce qui entraîne un prix de vente élevé, donc forcément moins d'unités écoulées. Après écoute, Mo Ostin, le PDG du label, lui recommande de réduire la voilure, de retirer des chansons de l'album *Crystal Ball* et de faire de son disque un double 33 tours plutôt qu'un triple. Pour l'artiste, c'est forcément un crève-cœur : on lui demande de « charcuter » son œuvre pour en faire un produit plus commercial ! Après d'âpres discussions entre ses managers, Warner et lui, Prince finit, pour une fois, par céder à la pression. Il accepte d'amputer *Crystal Ball* d'un tiers de ses chansons. Il en conçoit immédiatement beaucoup d'amertume contre son label, mais aussi contre ses managers Bob Cavallo, Joe Ruffalo et Steve Fargnoli, à qui il attribue l'échec des négociations.

En prélude à la grande guerre des années 1990, le dossier *Crystal Ball* constitue le premier désaccord majeur entre Prince et Warner.

27. Nouveau funk

Pour « élaguer » l'album mastodonte *Crystal Ball*, Prince choisit, comme pour *Dream Factory*, d'éliminer des chansons liées à une période de sa vie qui n'est plus d'actualité. En l'occurrence, il « supprime » sa relation avec Susannah Melvoin. Susan Rogers en a été témoin : « Beaucoup de chansons de *Crystal Ball* traitaient de sa relation avec Susannah : "Crystal Ball", "Big Tall Wall", "Forever in My Life", "Witness 4 the Prosecution"... Des chansons sur les difficultés de leur couple. Mais ensuite, ils se sont séparés. Sheila E est arrivée, avec son groupe, beaucoup plus funky, plus brut que The Revolution, et Prince avait besoin d'un album qu'il pourrait jouer en tournée avec eux. Voilà comment *Sign o' the Times* est arrivé. Ça voulait dire : "OK, mon groupe est parti, mon amoureuse est partie, voilà où j'en suis aujourd'hui[1]." »

Quelques jours après la rebuffade que lui a infligée Warner, début décembre 1986, Prince est en studio, où il enregistre plusieurs morceaux qui sont, comme toujours, le reflet de son humeur du moment. Il pose notamment sur bande un titre très agressif, même assez glaçant, en forme de film noir, dans lequel il met de nouveau en scène sa voix modifiée (ralentie, cette fois) pour incarner un personnage violent, mauvais, qui menace

1. Entretien avec l'auteur, 26 août 2020.

sa femme et l'amant de celle-ci, un certain Bob George. Finalement, le personnage principal tire des coups de feu, et engage une fusillade avec la police qui le cerne. Le morceau s'achève sur une étrange conversation téléphonique entre l'agresseur et sa victime : « C'est Monsieur George ? C'est ta conscience qui te parle, enfoiré. C'est quoi ton problème ? Tu ne peux pas arrêter de nous emmerder ? On ne peut pas juste danser ? »

Dans « Bob George », on entend la frustration vengeresse de Prince, qui a clairement des envies de meurtre. Lorsque son double *creepy* tire des rafales de mitraillette sur la police, c'est peut-être ce qu'il aimerait faire à son label et ses managers. À moins que ce ne soit une métaphore de ce qui est arrivé à son disque, *Crystal Ball*, qu'ils ont « fusillé »... La victime de l'histoire, Bob George, est clairement inspirée par le manager du chanteur, Bob Cavallo (« cette salope qui manage des rock stars [...] Qui ? Prince ? Putain de merde. Ce petit enfoiré tout maigre avec sa voix aigüe ? », dit le narrateur). Le nom « George », lui, ferait référence à Nelson George, un critique musical du magazine *Billboard*, qui a eu le malheur de ne pas apprécier le travail de Prince à plusieurs reprises – notamment les shows de la tournée *Purple Rain*.

La tonalité de ce morceau plein de colère, effrayant et comique à la fois, est inhabituelle dans le catalogue de Prince. Quelques mois plus tard, « Bob George » deviendra l'une des pierres angulaires de son légendaire *Black Album*.

Pour l'heure, Prince se contente de jouer ce nouvel enregistrement à une fête organisée pour l'anniversaire de Sheila E – ainsi que d'autres morceaux qu'il vient de mettre en boîte : « Le Grind », nouvelle ode au sexe, et « 2 Nigs United 4 West Compton », un furieux instrumental à deux cents à l'heure où s'enchaînent les solos d'orgue, de basse, de synthé, de batterie, dans une orgie d'effets de LinnDrum et de Fairlight CMI.

Prince n'utilise pas ces nouveaux morceaux pour l'album qu'il est en train d'assembler, sa prochaine sortie officielle, à partir des restes de *Crystal Ball*. Dans son nouveau « concept », un morceau jusqu'ici secondaire est devenu la clé de voûte du projet, qui prend le même titre : *Sign o' the Times*. Début janvier 1987, le nouvel album est prêt. Ce n'est plus un triple LP, mais un double, comme le demandait Warner.

Incroyablement, malgré la diversité du matériau qui le compose, *Sign o' the Times* est totalement cohérent. Le son, l'humeur et la qualité des morceaux sont à l'unisson. Les couleurs électro, gospel, rock, funk se succèdent avec un style unique, nouveau, qui sera bientôt copié de toutes parts. Le talentueux George Michael, pour ne citer qu'un exemple, se jettera sur ces mélanges de boîtes à rythmes, synthétiseurs, guitares funk, cuivres soul et mélodies pop pour son album *Faith* – jusqu'à la voix pitchée « à la Camille » sur le mégatube « I Want Your Sex ».

Sur *Sign o' the Times*, Prince parvient réellement à trouver un nouveau son funk, plus sophistiqué que celui de James Brown ou George Clinton, mais tout aussi complexe et subtil. Il en fait la démonstration sur « Housequake » et « It's Gonne Be a Beautiful Night ». Il expose aussi ses influences pop rock avec « Play in the Sunshine », « Starfish and Coffee », cite Joni Mitchell, qu'il adore, au milieu de « The Ballad of Dorothy Parker ». Des thèmes sociaux en prise avec l'époque sont également – et remarquablement – évoqués sur le morceau-titre : l'apparition du sida, la violence des gangs, la misère et la drogue qui se répandent tandis que l'Amérique développe des engins de conquête spatiale et le système de défense antimissile « Star Wars », initié à l'époque par le président Ronald Reagan.

Du point de vue de la production, Prince n'a pas perdu ses réflexes d'expérimentateur. Comme les Beatles en leur temps, il aime conserver les petites aspérités et même les erreurs qui font l'originalité d'une prise instrumentale. Par exemple, lorsqu'il enregistre la voix principale de « Forever in My Life », il demande à Susan Rogers de couper les pistes de chœurs. Résultat, il commence à chanter deux mesures trop tard, ce qui crée un décalage : les chœurs répondent avant le chant lead. Prince garde le morceau tel quel sur le disque. Sur « If I Was Your Girlfriend », c'est l'ingénieure qui commet une erreur et sature sa piste vocale. Prince adore. C'est cette voix que l'on entend sur l'album.

Au final, *Sign o' the Times* est un voyage dans le son enchanté et enchanteur de Prince, une nouvelle bible funk-pop, un album d'île déserte que l'on n'a jamais fini d'explorer. De l'avis général, c'est un pur chef-d'œuvre.

La sortie du double LP est programmée pour le mois de mars. Dès lors, Prince peut commencer à faire répéter son groupe. Le plus funk et le plus performant qu'il ait jamais eu entre les mains. Sur sa tournée précédente, on l'a comparé à Duke Ellington. Cette fois, avec son nouveau *band*, Prince va vraiment pouvoir devenir le James Brown de son époque.

28. Monsieur Brown

Nous avons beaucoup trop évoqué ici la figure tutélaire du « parrain de la soul », James Brown, pour ne pas lui consacrer un chapitre de cette histoire.

Comment ne pas comparer James Brown et Prince ? Deux artistes afro-américains majeurs, deux innovateurs du funk, et sans doute les deux plus grands travailleurs de toute l'histoire du show-business. Par ailleurs, comme le relevait Alan Leeds – l'un des rares à avoir travaillé avec ces deux géants –, Prince comme James Brown ont vécu des enfances difficiles, traumatiques, marquées par l'abandon et la solitude. Dans le cas du second, on peut parler d'une « misère noire » dans tous les sens du terme : pauvreté extrême et racisme permanent. Un enfant des rues élevé dans un bordel du sud des États-Unis, devenu inventeur du funk, leader de conscience de la communauté afro-américaine, businessman et embrouilleur patenté – le tout par la seule force de son esprit et de son travail.

L'influence de James Brown sur Prince est immense. Prince a souvent raconté qu'enfant, ses parents l'avaient emmené voir un show de James Brown qui l'avait fasciné. Il a ensuite marché dans ses pas, s'inspirant en premier lieu de son éthique de travail – bien plus stricte que celle de son propre père. Musicalement aussi, Prince est l'un des plus brillants héritiers de Brown, en tant que musicien de funk et *bandleader* à la poigne de fer. Tout le vocabulaire de scène de Prince, lorsqu'il dirige son groupe *live* ou en répétitions, vient directement de James Brown, dans une version parfois plus sophistiquée.

Au début des années 2000, Prince se rapproche encore de son idole en recrutant le saxophoniste historique de Brown période *seventies*, Maceo Parker – sa première apparition Princière est un solo ultra-nerveux sur le morceau narcissique et brownien « Pretty Man », à la fin de l'album *Rave Un2 the Joy Fantastic* (1999). Peut-être Prince recrute-t-il Maceo pour le seul plaisir de crier son prénom avant chaque solo ? On pourrait le comprendre... Plus certainement, en prenant Maceo à ses côtés, Prince se présente en héritier du « parrain », seul véritable porteur du flambeau allumé trente ans plus tôt par Mister Brown.

Mais ne nous y trompons pas, il existe aussi des différences fondamentales entre eux. Elles en disent beaucoup sur les caractères respectifs et les pulsions profondes de ces deux génies.

James Brown, enfant, a connu les pires privations (nourriture, vêtements) et malgré son prodigieux talent, a bataillé longtemps pour se faire une place au soleil. Pour lui, rien n'était acquis. Même au sommet de sa carrière, il n'a jamais cessé de penser que tout pouvait disparaître, lui être repris, du jour au lendemain. Qu'une main invisible pourrait à tout moment, d'un claquement de doigts, le renvoyer au misérable destin du gamin d'Augusta, en Géorgie, qu'il était encore au fond de lui-même.

Voilà pourquoi James Brown, si fabuleux et adulé fût-il, se devait d'aller gagner sa croûte, d'aller bosser, en montant sur scène tous les soirs. Le show-business, pour lui, était avant tout un job. « Je vais faire mon boulot ! » disait-il avant chaque concert, comme pour montrer à quel point il était solide, à quel point il avait les pieds sur terre. C'est pour cela qu'il tenait à contrôler personnellement ses affaires jusqu'aux moindres fiches de paie et notes de frais. C'est pour cette raison aussi qu'il n'a jamais cessé d'être à l'écoute, de rencontrer des gens nouveaux, d'entendre les conseils. Rester sur le qui-vive pour ne pas reculer, retomber, revenir en arrière. Retirer le maximum de tout et de tous, tout le temps.

Prince, de son côté, malgré les obstacles qui se sont dressés sur sa route, n'a jamais vraiment eu à se battre pour qu'on lui ouvre les portes du show-business. Ce sont plutôt les autres qui se sont battus pour l'avoir. Contrairement à James Brown, le Kid de Minneapolis a très vite obtenu le luxe de pouvoir réfléchir à sa musique, à ses concepts. Prendre le temps de se penser lui-même en tant qu'artiste. Pour lui, la musique a toujours été un art, jamais un « travail ». Cette vision des choses le choquait d'ailleurs beaucoup, particulièrement lorsqu'elle venait de ses propres musiciens.

Le saxophoniste Eric Leeds, qui a côtoyé James Brown, le raconte très bien : « Prince s'est mis très en colère contre moi, un jour où j'ai fait référence à ma place dans le groupe comme étant "mon boulot". Je lui ai dit : "Prince, ce n'est pas une critique. J'aime mon boulot. J'aime ce que je fais. Mais c'est ma façon de gagner ma vie. À la fin de la journée, je rentre chez moi, et je reviendrai au travail demain matin." Sa façon à lui de voir les choses, c'est qu'il créait... Oz. Il était le magicien d'Oz. Il aimait vraiment l'idée de pouvoir créer une réalité alternative[1]. »

Prince a reçu un dernier enseignement de James Brown pendant les mois préparatoires au projet *Purple Rain*. La scène a lieu en public, le 20 août 1983, sur la scène du Beverly Theater de Hollywood. Ce soir-là, le *Soul Brother Number One* fait son show. Bien qu'un peu

1. Dean, *op. cit.*.

empâté, Mister Brown est encore en forme. Comme un geste d'adoubement – et un test grandeur nature – le *Godfather of Soul* a décidé d'inviter sur « sa » scène ses deux plus brillants héritiers, Michael Jackson et Prince.

Tandis que l'orchestre joue en boucle le classique « It's a Man's Man's Man's World », James Brown appelle d'abord sur scène Michael Jackson. MJ monte sur le plateau, attrape le micro, vocalise un peu, avant d'enchaîner à la vitesse de l'éclair plusieurs pas de danse classiques de James Brown : boogaloo, mashed potato, pirouettes, et enfin son propre « moonwalk ». Sous les applaudissements, Bambi prend le temps de saluer les membres du groupe, avant de se ranger, tout sourire, derrière Mister Brown.

James appelle alors Prince, qu'on voit traverser la foule, perché sur les épaules de son gigantesque garde du corps, « Big Chick » Huntsberry. Premier effet comique involontaire : il lance un gant dans le public, mais quelqu'un le lui renvoie immédiatement. On lui passe ensuite une guitare autour du cou, avec laquelle il esquisse un embryon de solo avant de prendre des poses suggestives, mais ça ne fonctionne pas. Mal à l'aise, Prince danse un peu avec un pied de micro, puis tente une sortie. Il s'accroche alors à un faux réverbère qui, manque de chance, n'est pas fixé, s'écroule sur lui et le fait tomber dans la fosse. Sur les images, on voit James Brown arriver prestement de l'autre bout de la scène, rapportant à Prince le gilet qu'il vient de déchirer. Ce moment a dû être assez humiliant pour le Kid, à demi ridiculisé devant l'un de ses plus grands maîtres – et son principal concurrent.

Une rumeur dit que Prince n'était pas « dans son état normal » ce soir-là, et que Michael Jackson, sachant cela, aurait demandé exprès à James Brown d'appeler le Kid sur scène. Quincy Jones, encore lui, a raconté en 2018 au magazine *GQ* que dans sa fureur, Prince aurait attendu Michael Jackson sur le parking du Beverly Theater dans l'intention de l'écraser avec sa voiture. Il l'aurait également menacé de représailles en cas de « fuite » des images de cette soirée (elles sont partout sur Internet aujourd'hui). Cette histoire racontée par « Q » est-elle une basse vengeance du producteur, après l'affaire « We Are the World », en 1985 ? Possible.

Ce qui est certain, c'est qu'après cela, sur les tournées *Purple Rain*, *Parade*, *Sign o' the Times* et *Lovesexy*, Prince va réapparaître en danseur « james brownien » spectaculaire. Plus jamais on ne le prendra en défaut de chorégraphies explosives ou de pas de danse acrobatiques – quitte à y laisser ses articulations. La dernière leçon de monsieur Brown a été bien apprise.

29. Le côté obscur

L'album qui sort en mars 1987 puis la tournée européenne *Sign o' the Times* éblouissent les fans. Pourtant, une fois de plus, le grand public américain boude encore ce nouveau génie que le Vieux Continent acclame. Comme pour *Parade*, son disque précédent, les ventes ne sont pas vraiment au rendez-vous : moins de 2 millions d'exemplaires écoulés aux États-Unis, idem en Europe. Warner commence à remettre en question le rythme de production de Prince qui, en trois ans, depuis *Purple Rain*, a déjà sorti un autre film et trois albums, dont un double. C'est trop, disent les patrons du label. Le marché ne peut pas absorber autant de « produits » d'un même artiste en si peu de temps.

À l'automne 1987, malgré l'incroyable reconnaissance artistique et critique que lui apporte la tournée *Sign o' the Times*, le *mood* de l'artiste n'est pas au beau fixe, loin de là.

Physiquement épuisé, toujours aussi obsessionnel dans ses enregistrements, de plus en plus exigeant avec ses équipes (même Susan Rogers envisage de quitter son poste), confronté à des difficultés avec son label et son public américain, Prince commence à se poser des questions existentielles. Il est une star depuis *Purple Rain*, mais ses disques se vendent de moins en moins. Pourquoi ? A-t-il perdu le contact avec le public, au-delà de ses fans inconditionnels ? Est-il victime de préjugés qui empêchent son auditoire d'apprécier sa musique pour ce qu'elle est ?

Par jeu ou par défi, il veut en avoir le cœur net. Il a alors l'idée d'un test grandeur nature : sortir un album totalement anonyme, sans aucune indication, aucun crédit. Il choisira ses morceaux les plus *hype*, dans l'air du temps. Les gens veulent du hip-hop ? De la dance ? Il va leur montrer ce dont il est capable. Il sélectionne donc les « méchants » morceaux qu'il a écrits quelques semaines auparavant : « Bob George », « 2 Nigs United 4 West Compton » et « Le Grind », ainsi que d'autres archives récentes.

Provocateur et impoli, le texte de « Cindy C » s'adresse au top model Cindy Crawford, mais pas de la façon la plus élégante qui soit : « Oh, Cindy C, viens jouer avec moi, je paierai le tarif habituel » – Prince a croisé un soir, en club, la mannequin qui commentera, des années plus tard : « Maintenant je sais ce qu'il avait en tête pendant qu'on dansait ensemble… » Plus loin, la ballade « When 2 R in Love » est la dernière chanson que Prince a enregistrée pour l'album, un hymne à l'amour d'une immense délicatesse. En clôture du disque, on trouve « Rockhard in a Funky Place », extraite de l'album *Camille*, nouvelle mise en scène brillantissime, drôle et sexy, autour de la voix accélérée de Prince.

Plus intéressant encore, le morceau « Dead on It », dans lequel le musicien attaque frontalement les rappeurs qui, selon lui, ne savent pas chanter ni jouer d'un instrument – « je peux faire ça en dormant », dit-il. Il se moque de leurs *ego trips* à base de dents en or et de bagues de diamants. Mais il est savoureux d'observer à quel point, quelques années plus tard, Prince essaiera lui-même de rattraper le train du rap *badass*, adoptant même comme accessoire (assez ridicule le concernant) un micro en forme de pistolet.

La chanson « Superfunkycalifragisexy » est peut-être la meilleure du disque. Un groove funk monumental créé quelques mois plus tôt, puis retravaillé par Prince, qui lui donne une atmosphère inquiétante, dans la droite ligne de « Bob George ». Telle une Mary Poppins perverse, il ouvre le morceau par un rire dément avant de s'enfoncer dans un récit moitié festif, moitié sadomasochiste. Il y décrit un rituel *bondage* à base de grimaces, de néons et de masturbation. Plus étrange encore, ce morceau inclut une possible référence « positive » à la drogue, qui, sauf erreur, serait un cas unique dans toute l'œuvre de Prince. Dans son rap-speech, le chanteur évoque un mystérieux produit nommé *squirrel meat* (initiales SM ?), littéralement de la « viande d'écureuil ». Prince vante ses effets énergétiques (« Si ton corps a besoin d'eau, il faut continuer de danser ») et surtout aphrodisiaques (« La première personne qui te touche, tu voudras la baiser »). Des effets qui correspondent étrangement à ceux de l'ecstasy (MDMA), la drogue à la mode en 1987-88. La « X », avec son smiley jaune emblématique, a été popularisée en même temps que la *house music*, lors des nouveaux « étés de l'amour » de ces années-là au Royaume-Uni. Prince raconte-t-il en filigrane une prise d'ecstasy ? Si oui, cela ne sera peut-être pas sa dernière expérience avec la « pilule de l'amour »...

Comme souvent, Prince unifie son assemblage de chansons par le son, mais aussi par une couleur. Elle sera à l'unisson de la musique qu'il propose et de son humeur du moment. Noire. Le musicien, qui ne manque ni de culture musicale, ni d'humour, prend à contrepied l'une des références ultimes de la pop, le *White Album* des Beatles. Il décide que le sien sera *Black*, à tous les sens du terme. Ce que Prince ignore encore, c'est que ce fameux *Black Album*[1] va acquérir un statut légendaire dans sa discographie – et même, comme le « Double blanc » des Beatles, dans la grande histoire de la musique populaire du XXe siècle.

1. Le titre sera repris par les fans de Metallica pour désigner son album éponyme de 1991, puis littéralement par le rappeur Jay-Z pour son huitième LP, *The Black Album* (2003).

30. Le mystère du « mardi bleu »

La sortie du *Black Album* est prévue pour le 1er décembre 1987, puis repoussée au 8 – dix mois seulement après celle de *Sign o' the Times*. Warner a accepté les conditions de Prince, mais avec beaucoup de réticences. Car cet album ne lui semble certainement pas de nature à rééditer un succès « à la *Purple Rain* » – son objectif ultime. L'absence de single évident et le contenu des textes vont forcément compliquer, voire compromettre d'éventuelles diffusions à la radio. De plus, le plan de Prince, qui consiste à sortir le disque sous une pochette entièrement noire, sans aucune référence à son nom ni publicité, ressemble davantage, selon Warner, à du sabotage en règle qu'à une stratégie marketing.

Mais l'artiste ne faiblit pas. Il campe sur ses positions. Warner finit par céder. La compagnie fait presser dans son usine allemande un demi-million de vinyles et CD du *Black Album*. Un dossier de presse est envoyé aux radios, dans lequel est mentionné le titre initial du disque, *The Funk Bible*. Quelques centaines d'unités sont même, paraît-il, arrivées jusque chez les disquaires, en Europe et aux États-Unis. Le compte à rebours a commencé, et tout se déroule comme prévu. Mais exactement une semaine avant le jour J, le train du *Black Album* va dérailler.

C'est cette date, le mardi 1er décembre 1987, que Prince lui-même nommera le « Blue Tuesday », le « mardi bleu ». Un moment mystérieux, entre ombre et lumière, qui va prendre une grande importance dans sa carrière. Une soirée qui sera fatale au *Black Album*, en même temps qu'elle va le propulser dans la stratosphère des mythes et légendes Princiers.

D'abord les faits. Ce soir-là, Prince, comme souvent, apporte un *test pressing* de son nouveau disque dans l'un des night-clubs qu'il fréquente à Minneapolis, en l'occurrence Rupert's, où il joue discrètement ses morceaux pour observer la réaction du *dancefloor*. Là, il rencontre une jeune femme qui se présente comme poétesse et musicienne : Ingrid Chavez. Le courant passe immédiatement et il lui propose de l'accompagner le soir même à Paisley Park. Elle accepte.

Une fois sur place, d'après elle, Prince se serait éclipsé, prétextant des maux d'estomac. Il est alors 1 h 30 du matin. En fait, il est en train de passer une série de coups de téléphone, notamment à son assistante personnelle, Karen Krattinger, et à son ex-ingénieure du son, Susan Rogers – elle a démissionné en octobre 1987, après la finalisation du *Black Album*. Prince lui tient un discours étrange. Il lui demande de le rejoindre au studio. Bien qu'épuisée par les exigences voire les caprices de Prince (c'est précisément pour cette raison qu'elle a quitté ses fonctions), elle accepte. Elle arrive dans une salle de répétition plongée dans l'obscurité, éclairée seulement par quelques bougies. Sortie de nulle part, une voix de femme lui demande si elle cherche Prince. C'est Ingrid Chavez.

Soudain, il apparaît dans la pièce. « Tu m'aimes encore ? » demande-t-il à Susan. La technicienne est interloquée. « Je suis sûre qu'il était défoncé, dit-elle. Ses pupilles étaient vraiment dilatées. Il avait l'air d'être en plein trip. » « Tu vas rester ? » demande-t-il encore.

« Non », répond-elle. Tournant les talons, elle se dirige vers la porte. « C'était vraiment flippant », dit-elle[1].

Quelques minutes plus tard, Prince fait appeler son homme de confiance, le chef de la sécurité de Paisley Park, Gilbert Davison, qui est encore sur place, et lui annonce qu'il va annuler la sortie du *Black Album*. Il le dit aussi à Ingrid Chavez : ce disque, avec toute sa colère et ses excès, représente désormais à ses yeux une force maléfique. Le côté obscur de sa musique. Ce n'est pas ce qu'il veut donner à entendre de lui, maintenant, il le sait.

Question : a-t-il réellement annulé la sortie du *Black Album* sous l'effet de la drogue ? C'est ici que les témoignages divergent, aujourd'hui encore. Néanmoins, avec le temps, depuis la mort de Prince, les langues se sont un peu déliées – les contrats de confidentialité ont-ils expiré ? – et le fil des événements s'éclaircit.

Ingrid Chavez, dans un premier temps, a confirmé « l'épiphanie Princière », sans jamais insinuer que l'artiste avait pris de la drogue ce soir-là. Elle dit ne pas en avoir été témoin, et ne pas lui en avoir fourni. Dr Fink en revanche, le claviériste de Prince à l'époque, affirme avoir entendu la version de Gilbert Davison. D'après ce récit de deuxième main, le chanteur aurait pris de l'ecstasy ce soir-là et fait « un mauvais trip[2] », se persuadant que *The Black Album* était l'œuvre du diable à travers lui. Problème : Gilbert Davison nie aujourd'hui avoir tenu ces propos à Matt Fink[3]. Il parle effectivement, lui aussi, d'une « épiphanie » de Prince, une prise de conscience « surnaturelle » de « l'absence de sens » du *Black Album*, mais il réfute l'idée d'une prise de drogue (« Il ne faisait pas ça ») et attribue cette « révélation » au

1. Nilsen, *op. cit.*
2. Hahn, *op. cit.*
3. « Was Prince on drugs the night he canceled the *Black Album*? », *Funkatopia,* YouTube, 23 septembre 2022.

tempérament de Prince – « Annuler un album, pour lui, c'était la routine », dit Davison – ainsi qu'à l'influence d'Ingrid Chavez.

En réalité, il semble que le véritable personnage clé de cette intrigue quasi policière soit la danseuse Cathy « Cat » Glover, qui est alors une recrue récente du groupe. Lorsqu'elle rejoint Prince, il est justement en train d'enregistrer les morceaux du futur *Black Album*.

« Il était en train de travailler sur "Cindy C", explique-t-elle. Il m'a demandé si je savais chanter. J'ai répondu : "Pas vraiment, mais je peux rapper…" Et j'ai balancé ce rap, "Music Is the Key", tiré d'un morceau de "Silk" Hurley *[le grand DJ house de Chicago Steve Hurley, alias "Jack Master Silk", NDA]*. J'ai grandi à Chicago, avec la house, avec Frankie Knuckles… J'allais dans tous les clubs où il jouait. Sur *The Black Album*, je dis : *"Serve it up, Frankie!" ["Balance, Frankie !"]* C'était un clin d'œil à Frankie Knuckles – c'est ce qu'on criait dans les soirées où il jouait. Prince ne connaissait pas tout ça. Je le lui ai expliqué[1]. »

Cat fait même mieux, puisqu'elle dit avoir emmené Prince, un soir, découvrir l'un des temples de la *dance* de l'époque, le Paradise Garage de New York, discothèque sœur du Warehouse de Chicago où officie Frankie Knuckles. Le DJ résident du Paradise Garage est Larry Levan, mais ce soir-là, à New York, c'est justement Frankie Knuckles, de passage, qui est aux (trois) platines. Cat lui présente Prince.

Le chanteur découvre alors l'univers de la *house music* sous toutes ses facettes : la musique, la danse, l'amour… les drogues ? À l'époque, les clubs de house sont notoirement connus pour la circulation et la consommation d'ecstasy, entre autres substances – trafic qui provoque

---

1. « Eye No, Prince *Lovesexy* Symposium », NYU Tandon School of Engineering, YouTube, 2 juin 2018.

souvent leur fermeture. Cat, elle, connaît déjà le sujet. A-t-elle éveillé l'intérêt de Prince ?

C'est ce qu'affirme un fan très pointu, et manifestement bien informé, répondant au pseudo de « Nightgod » sur le forum Prince.org. Le 28 septembre 2007, il poste un message qui sera bientôt repris de toutes parts.

« Ma source : Cat Glover.

« J'ai réalisé un film sur les coulisses de son défilé de mode l'an dernier (que nombre d'entre vous ont vu sur YouTube), et j'ai pu côtoyer Cat Glover pendant quelques jours. Elle est très accessible et m'a raconté quelques histoires incroyables. En voici une.

« 1987 : Prince n'avait jamais essayé l'ecstasy, et après que Cat lui a dit l'effet que ça faisait, ça l'a intrigué. Il lui a demandé de lui en trouver (c'est elle qui la lui a fournie, et pas Ingrid, contrairement à ce que l'on pense généralement). Cat était à Los Angeles quand Prince lui a fait la demande. Elle en a trouvé et a pris l'avion jusqu'à Minneapolis, puis s'est installée à l'hôtel jusqu'à ce que la limousine de Prince arrive. Quand ils se sont retrouvés dans la chambre, Cat a suggéré à Prince de ne prendre qu'une demi-dose, "parce qu'il était si petit". Il a pris une dose entière et a demandé à Cat de l'attendre. Il est reparti dans sa limousine et Cat ne l'a pas revu avant bien longtemps.

« Prince a décidé d'aller en club, alors qu'il tripait. C'est là qu'il a rencontré Ingrid Chavez, et ils ont fini à Paisley Park. Cat a dit que d'après elle, Ingrid ne savait pas que Prince avait pris de la E. Prince a ensuite appelé Cat depuis sa limousine pour lui parler d'Ingrid. Elle était avec lui, et ils sont allés tous les trois à Paisley Park, pour une soirée qui s'est avérée historique dans la carrière de Prince.

« Encore plus intéressante est la source de Cat, qui lui a fourni l'ecstasy au départ : Anthony Kiedis, des Red Hot Chili Peppers. »

Le chanteur des RHCP, toxicomane notoire à l'époque, lui-même fils d'un dealer connu des *people* de Los Angeles, n'a pas confirmé ces informations, ni évoqué cet épisode dans ses mémoires[1]. À l'époque, Cat non plus. Elle a attendu la mort de Prince pour dire ses vérités sur cette fameuse nuit.

En 2018, la danseuse-choriste révèle enfin sa version du « Blue Tuesday » : selon son récit, Cat était bien présente à Chanhassen, ce soir-là, mais pas à Paisley Park. Elle se trouve alors dans la maison de Prince, sur Galpin Boulevard : « J'étais là quand il a annulé l'album », dit Cat Glover, qui se souvient de la scène : elle et Prince assis à la table de la cuisine. « Il a ouvert son cœur et m'a dit des choses qu'il n'avait jamais dites avant, j'en suis sûre. Il adorait cet album, mais il lui semblait trop sombre. Il a été touché par quelque chose cette nuit-là, qui l'a fait changer – une illumination, une force supérieure. Oui, il a pris de l'ecstasy ce soir-là, confirme Cat. J'étais avec lui. L'ecstasy est une drogue que l'on donne aux couples qui ont des soucis conjugaux : vous vous sentez aimé, vous vous sentez sexy[2]. »

Quelque temps plus tard, la danseuse précise encore les circonstances de cette soirée : « Ce n'était pas un mauvais trip. Mais c'était un trip. Il a vu une lumière, il est passé de l'enfer au paradis. Et j'étais là. J'étais chez lui, on était censés sortir en club ensemble, ce soir-là. Je me suis préparée, mais il a disparu un grand moment. Il est revenu en voiture vers 1 h du matin, avec Gilbert *[Davison, NDA]*. Ingrid Chavez était restée à Paisley Park, Prince voulait qu'elle enregistre ses poésies. Il m'a dit qu'il avait rencontré cette femme, qu'elle était si belle, si intéressante. C'était elle, son inspiration, à ce moment-là. Prince m'a dit qu'elle s'appelait Gertrude.

1. Anthony Kiedis, *Scar Tissue*, Flammarion, 2007.
2. Dan Dodds, « Change of heart », *Wax Poetics*, n° 67, 2018.

Je lui ai parlé au téléphone, elle était très douce, une très belle âme. J'ai dit à Prince de retourner au studio avec elle[1]. »

Entre le récit de Cat, celui de Susan Rogers et les informations de « NightGod », on peut reconstituer une possible séquence d'événements, qui serait donc la suivante : Prince demande à Cat de venir de Los Angeles avec de l'ecstasy (fournie ou pas par Anthony Kiedis). Ils en prennent ensemble dans la maison de Galpin Boulevard, puis le chanteur sort seul, promettant de revenir chercher Cat un peu plus tard. Il rencontre Ingrid Chavez – oublie Cat au passage – et l'emmène à Paisley Park pour enregistrer. Vers 1 h du matin, sans le dire à Chavez, il retourne voir Cat, qui lui conseille de repartir au studio. Là, vers 1 h 30 (les horaires collent), il passe ses coups de fil, notamment à Susan Rogers, qui vient sur place puis repart, convaincue, à juste titre, d'avoir vu Prince en plein trip. Quand le chanteur retourne chez lui, il retrouve Cat et lui dit (comme à Gilbert Davison avant cela) qu'il va annuler la sortie du *Black Album* – la fameuse scène qu'elle raconte dans la cuisine de la maison de Prince.

« Gertrude » est bien sûr Ingrid Chavez. Incroyablement, elle affirme que jusqu'à la mort de Prince, elle n'avait jamais entendu parler de la « rumeur du mardi bleu » (certains pensent au contraire qu'elle a également partagé des hallucinogènes avec Prince). Avec le recul, voici ce qu'elle dit du « Blue Tuesday » : « C'était une soirée romantique. Nous sommes tombés amoureux de la poésie que nous inspirait la présence de l'autre. Nous sommes tombés amoureux des mots. Je n'étais pas une grande auteure, mais il y avait dans mon écriture quelque chose de brut, d'innocent, qu'il pensait avoir

1. Interview par Michael Dean, « Cat uncut, black girl magic », *Prince Podcast*, YouTube, 19 janvier 2020.

perdu, je crois. Alors quand je repense à cette nuit, quand nous nous sommes rencontrés, sans savoir qu'il était stone – mais je le vois bien, maintenant – je me dis que l'ecstasy n'a fait qu'ouvrir une porte qu'il avait gardée fermée jusque-là[1]. »

Dans les jours qui suivent cette soirée si mouvementée du 1er décembre 1987, Prince appelle le patron de Warner en personne, Mo Ostin. Il lui demande de renoncer à la sortie du *Black Album*. Ostin, décidément très compréhensif à l'égard de l'artiste – ce qui, par parenthèse, donne une idée des moyens pharaoniques dont disposent les majors du disque à l'époque –, accepte de faire marche arrière. Pour le satisfaire, Warner envoie immédiatement au pilon des centaines de milliers de disques.

Hélas pour Prince, le secret est déjà éventé : quelques exemplaires du *Black Album* circulent déjà parmi les équipes du label, ou en copies promo envoyées aux radios. Au total, une cinquantaine de vinyles et CD ont échappé à la destruction[2]. On connaît la suite : dès l'annonce de son retrait, *The Black Album* devient l'un des disques les plus piratés de tous les temps – un phénomène unique dans l'industrie parallèle du disque. Les premières versions illégales s'écoulent à plus de 250 000 exemplaires en quelques mois, selon les « artisans » de l'époque[3].

Il arrive aussi, de temps en temps, que de rarissimes exemplaires originaux « égarés » en 1987, ayant échappé à la destruction, refassent surface sur Internet. Ils comptent aujourd'hui parmi les disques les plus rares et les plus chers du marché, tous genres confondus.

C'est ainsi qu'en juin 2018, une copie canadienne du *Black Album* (le seul exemplaire repéré dans tout le pays,

---

1. Dodds, *op. cit.*
2. The-black-album.info, *1987 Release*.
3. Clinton Heylin, *Bootleg! The Rise and Fall of the Secret Recording Industry*, Omnibus Press, 2003.

semble-t-il) a été achetée 27 500 dollars sur la plateforme Discogs. C'est pour l'instant la plus grosse vente du site – le précédent record datait d'avril 2016 : une transaction de 15 000 dollars pour un pressage américain… du *Black Album*. Des prix qui ne sont pas près de baisser : à l'instant où ces lignes sont écrites (le 15 février 2024 à 1 h 30 du matin), un autre exemplaire américain, encore sous cellophane, vient de s'envoler aux enchères sur le site RR Auctions au prix de 25 682 dollars (montant total de la transaction : 32 103 dollars).

Ironie de l'histoire : le disque que Prince voulait jeter à la poubelle est devenu, quarante ans plus tard, le graal des collectionneurs. Un bien étrange destin que celui du *Black Album*…

31. Comme une fleur

Après la révélation du « Mardi bleu », Prince s'engage sur une nouvelle voie. Il a retrouvé le droit chemin : celui du bien. Ses mots clés sont le « oui », le divin, l'amour (plus que le sexe, désormais). Tout cela condensé en un terme, qu'il a inventé pour décrire cette nouvelle « sensation » : *Lovesexy*.

Quelques jours seulement après le retrait du *Black Album*, en décembre 1987, Prince commence à enregistrer son nouveau disque. Cette fois, il montera vers la lumière plutôt que d'explorer les ténèbres de sa psyché musicale. Le premier morceau, enregistré en *live*, donne le ton : « I Know » est un remake de « The Ball », une pièce étrange, expérimentale et dissonante, du projet *Crystal Ball*. Dans sa nouvelle version, Prince décrit son « illumination ». Il sait désormais où se trouvent le bien et le mal, et il a choisi son camp.

La thématique des morceaux qu'il enregistre ensuite est à l'avenant : « Lovesexy », « Dance On », « Glam Slam », « The Line » (toujours inédit), « Alphabet Street » et « Anna Stesia » (qui, à y regarder de près, pourrait être une nouvelle allusion à la drogue : « anesthésie »). En janvier 1988, Prince récupère du *Black Album* la ballade « When 2 R in Love », puis il enregistre « I Wish U Heaven » et « Positivity », morceau clé qui va clore le futur LP. Il y développe une métaphore qui renvoie en partie, comme « Sign o' the Times », au sida et à la violence des années 1980, mais aussi à la fascination du mal. Elle est incarnée par un personnage-esprit nommé « *spooky electric* », qui tente en permanence de prendre possession de nous (« Il coupe comme un couteau, il tente d'entrer en vous, ce son électrique maléfique »). Prince termine sa chanson et son album par un long prêche : « Prenez soin de votre âme, le chemin est encore long [...] N'embrassez pas le malin, soyez supérieur à lui. » Une nouvelle profession de foi, au sens propre.

Début février 1988, deux mois après la non-sortie du *Black Album*, Prince a déjà en main un *test pressing* de son nouveau disque, baptisé *Lovesexy*.

À son habitude, le musicien a conçu son projet comme un tout : le son, le message et « l'emballage ». Mais cette fois, cela va le mener à prendre une série de décisions certes artistiquement fortes et légitimes, mais qui auront des conséquences désastreuses sur les ventes de l'album. La première concerne la pochette. D'emblée, lorsqu'il la présente aux cadres de Warner, le malaise est palpable. Sur la photo, Prince est nu, délicatement assis sur une fleur banche, tel un angelot. Au centre de l'image, sa main droite ouverte, posée sur son cœur. À sa gauche, un pistil manifestement en voie d'érection. La photo est superbe, signée Jean-Baptiste Mondino – génial, lui aussi, il a résumé tout le disque en un cliché : une renaissance spirituelle et sexy (ce pistil !), comme l'indique son titre. Mais à l'époque, aux yeux de Warner, conscient du puritanisme américain, cette photo de pochette est la garantie d'être ostracisé, camouflé, probablement boycotté par une partie des disquaires et grands magasins américains. Le label plaide pour des modifications, demande d'autres options. Prince, une fois encore, refuse tout en bloc. La major a pourtant raison : à sa sortie, dans la plupart des magasins, l'album ne sera pas exposé en tête de gondole, et certains disquaires refuseront même de le vendre.

Mais il y a pire encore aux yeux de Warner. Pour préserver l'intégrité de son message et de son œuvre, le chanteur exige que le pressage CD – nouveau format roi, qui entre à l'époque dans tous les foyers – ne comporte qu'une seule piste. Autrement dit : impossible de zapper d'une chanson à l'autre ou de les écouter dans le désordre (à moins de noter les timings et d'utiliser l'avance rapide), impossible aussi de réécouter un morceau (sauf à revenir en arrière en mode « *rewind* », ou à relire tout l'album depuis le début). Un véritable cauchemar. Warner le sait : les auditeurs ne le supporteront pas. Pour les programmateurs radio, ce sera encore plus simple : pas de pistes définies ? Pas de passage à l'antenne. Le label est catastrophé.

Comme si tout cela ne suffisait pas, Prince pose un nouveau veto, tout aussi incompréhensible pour son label : il refuse de tourner des vidéo-clips pour les singles de l'album. À l'heure où le format imposé par la chaîne MTV a explosé aux États-Unis et dans le monde entier, c'est un choix commercialement suicidaire. Particulièrement pour le premier single du disque, en l'occurrence « Alphabet St. », qui doit sortir le 23 avril 1988. Mais là encore, Prince campe fermement sur ses positions : pas de vidéo-clip.

Puis un beau matin, un petit mois avant la date butoir, il change brusquement d'avis. Alan Leeds, qui s'occupe alors du label Paisley Park, est en train de déjeuner en famille lorsqu'il reçoit un coup de fil. Pas de bonjour, aucune précaution oratoire ni formule de politesse. Juste : « Je veux tourner une vidéo. » Quand ? Tout de suite. Bien entendu, c'est un dimanche. Et pour ne rien arranger, une vague de froid, inhabituelle en cette saison, et une tempête de neige s'abattent sur Minneapolis. Alan Leeds essaie de le dissuader. En vain. Il doit organiser à la hâte un tournage, forcément rudimentaire, avec le peu de moyens de production disponibles ce jour-là[1].

Quelques heures plus tard, seulement armé de sa guitare blanche futuriste (une Auerswald Modèle C customisée), Prince danse sur « Alphabet St. » devant un fond bleu. Un ordinateur incruste ensuite des lettres et des mots qui défilent derrière le chanteur. Rapidement, les fans repèrent des messages « secrets », en rapport avec le *Black Album* : « Ecstasy », « God I Love U », « Dance 4 the Light », « H Is for Punks » et surtout « Don't buy *The Black Album*, I'm sorry ».

En matière de vidéo-clip, le résultat final n'est pas ce qui se fait de mieux à l'époque, loin des superproductions du moment (de Duran Duran à Michael Jackson) et très en dessous de ce que Warner aurait pu – et voulu – produire pour « Alphabet St. ».

Lovesexy, le dixième album de Prince, sort le 10 mai 1988. La major avait vu juste : avec sa pochette scandaleuse et son unique piste de lecture sur la version CD, les ventes américaines sont en chute libre. Le disque atteint tout de même le statut de disque d'or (500 000 exemplaires vendus) pour culminer à 750 000 copies écoulées. En Europe, le noyau dur des fans de Prince se consolide, mais *Lovesexy* reste sous le million de ventes. Ce sont les pires chiffres de toute la carrière de l'artiste. À la surprise du chanteur, la majeure partie du public n'a que faire de son « épiphanie ».

Pourtant, aux oreilles de ceux qui s'y intéressent sérieusement, aucun doute : *Lovesexy* est un nouveau chef-d'œuvre. Un album plus chargé que son prédécesseur *Sign o' the Times* – certains diront « surproduit » – mais tout aussi passionnant. Ses compositions remarquables vont du léger au grandiose dans un déluge de groove

1. Hahn, *op. cit.*

funk, d'harmonies et de mélodies puissantes, de chœurs pop ou gospel, de guitare rock virtuose, soutenant des textes et sous-textes à méditer, l'ensemble interprété par un supergroupe qui allie magistralement force, souplesse et précision.

En réalité – on ne le saura que quelques années plus tard – *Lovesexy* et *Sign o' the Times* constituent incontestablement le pic de la carrière discographique de Prince. Le point culminant d'une série exceptionnelle d'albums, un sans-faute artistique qui a commencé huit ans plus tôt avec *Dirty Mind*. Tenir un tel rythme à un tel niveau et sur une telle durée est un fait rarissime dans le monde de la pop. Le seul bémol, concernant ces deux dernières merveilles – régulièrement classées, quarante ans plus tard, parmi les quatre ou cinq meilleurs albums des années 1980 – est que Prince n'est pas parvenu à en faire des succès commerciaux.

Le même sort, hélas, guette les deux tournées successives de Prince à cette période. Des sommets artistiques absolus, des shows musicalement et visuellement éblouissants, qui ne vont pourtant pas engendrer la réaction espérée de la part du grand public. Là encore, force est de constater que l'artiste en est largement responsable.

32. Mauvais tours

Au moment de partir sur les routes pour promouvoir ses albums de 1987 et 1988 – ils en ont grand besoin, particulièrement aux États-Unis – Prince va commettre une nouvelle série d'erreurs stratégiques sur le plan commercial. Une préoccupation certes secondaire pour lui, mais le fait est que ses choix vont plomber ses finances, son moral, et finiront par déstabiliser durablement la trajectoire stratosphérique de sa carrière. Des difficultés dont il mettra longtemps à se relever.

Lorsque la tournée *Sign o' the Times* commence en Europe, en mai 1987, Warner a bon espoir qu'elle viendra booster les ventes faiblardes, mais pas catastrophiques, de l'album sorti deux mois auparavant. D'autant que Prince a conçu un show formidable, démonstration implacable de son génie musical et scénique, dans un tourbillon sonore et visuel impressionnant. Ce sont les débuts en fanfare de Sheila E à ses côtés, qu'il met en valeur en lui accordant un solo et un rap (il passe alors à la batterie). À l'époque, voir une femme jouer de la batterie dans le groupe d'une mégastar est encore une exception dans le monde très patriarcal de la pop et du rock. Alors à la fin du solo cataclysmique de Sheila E, Prince lance au public dans un sourire ironique : « Pas mal, pour une fille ! » Au bout de deux mois de tournée (une fête pour le public, qui a même droit à ses tout premiers *aftershows*), le Vieux Continent est conquis, à genoux devant Prince et son nouveau groupe. Logiquement, les managers de l'artiste et son label imaginent alors une tournée américaine qui poussera le succès de *Sign o' the Times* à son maximum.

Mais Prince en décide autrement. Déçu par ses ventes américaines, il ne veut plus jouer le show *Sign o' the Times* aux États-Unis. Contrarié, il tourne les talons et passe à autre chose, comme toujours. Il a alors l'idée de filmer les derniers concerts européens, puis de les diffuser en salles aux États-Unis. Si les Américains veulent le voir en concert, ils n'auront qu'à aller au cinéma. La cohérence des termes comme du projet est discutable, mais il ne fera pas marche arrière. Il ne revient pas non plus sur sa décision lorsque les films tournés en Europe s'avèrent défectueux. Le son est utilisable mais l'image n'est pas d'assez bonne qualité pour être projetée sur grand écran. Plutôt que de changer ses plans, Prince emmène son groupe à Paisley Park, où les musiciens rejouent tout le spectacle en play-back pour les caméras. Leur maestria est telle que l'illusion créée pour le film *Sign o' the Times* est parfaite. Néanmoins, cela ne suffira pas à faire remonter les ventes de l'album aux États-Unis.

L'année suivante, en 1988, la situation est encore pire. Feu le *Black Album* a coûté des millions à produire, puis à détruire, et ne profite qu'aux fabricants de disques pirates. Son successeur, *Lovesexy*, est l'album de Prince qui s'est le moins vendu à ce jour. Mais l'artiste, emporté par son œuvre, crée pour sa tournée un show fabuleux, faramineux – à la hauteur de ce que représente pour lui le changement psychique qu'il a réellement vécu autour de ce disque.

Le spectacle, merveilleux, est l'illustration de la « révélation » qu'a vécue Prince. La première partie se veut sombre, comme une descente aux enfers du funk Princier, de la luxure d'« Erotic City » aux pulsions meurtrières de « Bob George », jusqu'à la supplique finale, « Anna Stesia ». Puis, dans la seconde partie, la lumière divine apparaît. De « Eye No » à « Alphabet St. », on évolue dans la thématique et les chansons de l'album *Lovesexy*. L'ensemble dure plus de deux heures, dans un décor hyper-sophistiqué et extrêmement coûteux.

Prince exige une scène principale circulaire tournante au centre du public (ce qui limite d'emblée la capacité des salles). Elle doit être équipée d'un terrain de basket-ball, d'un lit, d'un cœur géant sur pistons hydrauliques, d'un portique avec une balançoire, et même d'une fontaine de village (idée rapidement abandonnée, à cause des risques d'électrocution). Mais l'accessoire le plus cher est celui dans lequel le chanteur fait son entrée : une réplique légèrement miniaturisée d'une Ford Thunderbird Landau blanche de 1969, identique à celle que possédait son père. Au début du show, sur le beat de grosse caisse d'« Erotic City », la voiture avance dans le noir (sur des rails), tous feux éteints, avant de s'immobiliser. La portière du conducteur s'ouvre et Prince en sort, en costume blanc à pois noirs, sous les acclamations du public en délire. Il papillonne ensuite entre la danseuse Cat et la percussionniste Sheila E. À la fin du spectacle, il quitte l'arène dans la Thunderbird, décapotée, en chantant « Alphabet St. ».

L'effet est spectaculaire. La facture aussi. Le show *Lovesexy* est une production à 2 millions de dollars. Il faut 90 personnes, 50 camions et deux Boeing 747 pour transporter le matériel, le décor, les garde-robes, les instruments, l'équipe technique et les musiciens.

Pour cette tournée, encore plus cruciale que la précédente, compte tenu des faibles ventes du dernier album de Prince, le *tour manager* Alan Leeds prépare un programme aux petits oignons. Une quarantaine de dates aux États-Unis, puis autant en Europe. Des deux côtés de l'Atlantique, il réserve les plus beaux stades et les meilleures salles, parmi les rares adaptées au gigantisme du show. Un planning au millimètre, une campagne quasi militaire pour sauver le soldat *Lovesexy*. Mais encore une fois, au dernier moment, Prince va balayer d'un revers de main tous les plans soigneusement échafaudés par son équipe.

Alan Leeds est en première ligne face à un artiste qui commence à lui sembler tout aussi impulsif, mais plus erratique, que son précédent employeur, James Brown. « C'était la première vraie tournée américaine de Prince depuis *Purple Rain* – il avait fait des shows ici et là, mais pas de vraie tournée des États-Unis, et aucun concert américain pour *Sign o' the Times*, raconte-t-il. Alors nous avions tout pensé, bien pensé, pour pousser l'album *Lovesexy*. Nous étions sur les bons marchés au bon moment, dans les bonnes villes, en accord avec les sorties de singles prévues. Mais à la toute, toute dernière minute, Prince a décidé d'inverser la tournée *Lovesexy*. Il a insisté pour que nous refassions toutes les réservations, en commençant par les concerts en Europe. Or, il se trouve qu'au même moment, à la fois Madonna et Michael Jackson étaient également en tournée européenne. Ce qui voulait dire que nous allions forcément avoir du mal à obtenir de bonnes dates, dans des stades adaptés, puisqu'ils étaient déjà bookés pour eux. Le fait est que lorsque nous sommes revenus jouer en Amérique, nous avions raté l'occasion de soutenir cet album en tant que nouveauté, puisqu'il était sorti depuis des mois. Au bout du compte, les dépenses étant ce qu'elles étaient, la tournée n'a pas été une réussite, du point de vue financier. Et Prince a décidé d'en rejeter toute la faute sur ses managers[1]. »

Prince pèche-t-il par excès d'autoritarisme ? Par obstination ? Ses réactions sont-elles trop émotionnelles,

---

1. Michael Dean, interview d'Alan Leeds, *Prince Podcast*, YouTube, 1er novembre 2020.

dans des situations qui exigent au contraire froideur et réflexion ? À ce moment-là, peu lui importe. Ce qu'il veut, c'est en découdre avec le monde entier. Partir en mission, sur scène, pour prêcher sa « bonne parole », le nouveau message de sa musique.

La tournée *Lovesexy* commence donc à Paris, au palais omnisport de Bercy (aujourd'hui l'Accor Arena), le 8 juillet 1988 ; il y joue quatre soirées. La place coûte 165 francs (environ 25 euros). Une aubaine, à l'aune du spectacle phénoménal que Prince et son groupe déroulent devant 16 000 spectateurs conquis. Le lendemain, il donne aussi un *aftershow* devant 600 personnes, au club des Bains Douches – sept autres concerts inopinés suivront au fil de cette nouvelle tournée mondiale.

Cet été-là les « concerts secrets » de Prince ont lieu à Londres, New York, Los Angeles ou Hambourg. Mais c'est dans la ville de La Haye, aux Pays-Bas, que l'un de ces *aftershows*, au club Paard van Troje (ou Trojan Horse), va entrer dans la légende, grâce à un excellent enregistrement *« soundboard »* (sorti directement d'une table de mixage) qui se répand comme une traînée de poudre parmi les fans. Sous le titre *Small Club – 2nd Show That Night*, cette performance dantesque fait entendre un Prince déchaîné, qui joue littéralement jusqu'au bout de ses forces. Après le *Black Album*, le *Small Club* devient une nouvelle pépite dans la discographie parallèle du musicien. Pour la première fois, les amateurs avertis peuvent écouter, en « qualité CD », un *aftershow* Princier. L'expérience est incroyable, et les copies en circulation extrêmement convoitées.

Alléchés, les pirates commencent à suivre Prince à la trace. Ils n'ont pas tort : l'artiste va devenir l'un de leurs meilleurs filons pour les trente années à venir – jusqu'à la fin de sa carrière, et même au-delà.

33. Le grand ménage

À cette étape de son parcours, considérant les conséquences de ses récents choix de « business », entendant les conseils et les mises en garde de son entourage, Prince aurait pu faire une pause dans sa carrière. Sentant le vent tourner, il aurait pu prendre le temps de réfléchir à la suite, voire se remettre en question. Au lieu de quoi, dans un réflexe presque névrotique – en tout cas, un schéma bien établi –, il va tout mettre en œuvre pour continuer sa course folle, la plus rapide possible, d'un projet à un autre. Pour cela, il va lui falloir payer un prix de plus en plus élevé. Car s'il veut rester dans sa logique d'hyper-création tout en essayant de rattraper ses erreurs stratégiques, il doit faire des sacrifices. Les premières victimes expiatoires de l'artiste seront ses managers.

Bien que Bob Cavallo, Joseph Ruffalo et particulièrement Steve Fargnoli aient soutenu Prince depuis ses débuts, plaidant sa cause, souvent avec succès, auprès de Warner, l'artiste les rend responsables de son incontestable déclin commercial. C'est ainsi qu'au fil de la tournée *Lovesexy*, dans les coulisses de salles américaines souvent clairsemées, l'ambiance se dégrade singulièrement entre l'artiste et son plus proche manager, Steve Fargnoli. Ce grand professionnel n'apprécie pas de se voir reprocher des erreurs dont son poulain est le principal responsable. Au bout d'un moment, les deux hommes ne se parlent plus. Toute communication entre eux passe par Alan Leeds – « J'étais un SMS », résume le *tour manager*[1].

À ce moment-là, un autre de ses managers, Bob Cavallo, présente, lui aussi, un défaut majeur aux yeux de Prince : il émet des doutes sur un projet que l'artiste tient à réaliser depuis des années, un nouveau film baptisé *Graffiti Bridge*. Cavallo, qui en son temps a bataillé ferme pour réunir le budget du premier long métrage de Prince, est plus que sceptique lorsqu'il découvre cette suite de *Purple Rain*, dans laquelle le Kid et le personnage de Morris (Day) se retrouvent face à face dans une guerre des clubs, à Minneapolis. Le problème pour Cavallo est que le scénario du film ne va pas beaucoup plus loin que les quelques mots que vous venez de lire… et que Prince refuse mordicus de recourir à des professionnels pour l'étoffer et écrire « vraiment » *Graffiti Bridge*. Dans ces conditions – compte tenu aussi de l'échec cuisant du précédent film de Prince, *Under the Cherry Moon* –, Cavallo renonce à aller solliciter le financement de Warner.

Revient alors au premier plan, auprès de Prince, un personnage relativement ancien : le réalisateur de *Purple Rain*, Albert Magnoli. Fin 1988, à la demande de Bob Cavallo, il réalise un documentaire sur Prince[2]. Pour les besoins du tournage, il passe beaucoup de temps avec l'artiste, qu'il n'a quasiment pas vu depuis quatre ans. Le réalisateur dit avoir alors constaté à quel point les finances de Prince se trouvaient dans le rouge : « Ses managers en étaient arrivés à rechercher

1. Dean, *op. cit.*
2. Albert Magnoli, « Prince – The Musical Portrait (1989) », *DJ MoonWalker*, YouTube, 3 mai 2016.

des bénéfices pour rembourser les dettes présentes et passées. Prince ne voulait pas se sentir responsable d'avoir laissé déraper les choses. Il est venu me voir et m'a demandé : "Et si tu prenais la suite[1] ?" » C'est ainsi que le cinéaste se voit bombardé nouveau manager de Prince.

Après dix ans de bons et loyaux services, le trio Cavallo, Ruffalo et Fargnoli est gentiment remercié. Les trois hommes, s'estimant lésés, sans doute blessés, attaqueront Prince en justice deux ans plus tard.

Albert Magnoli avait-il préparé son coup ? À la faveur du tournage de son documentaire, a-t-il convaincu Prince de le prendre pour manager ? Il est désormais le seul à le savoir. Il est probable, en revanche, que le musicien ait eu sa petite idée derrière la tête. À ce moment-là, il pense sans doute que grâce aux connexions hollywoodiennes du cinéaste, il pourra facilement monter *Graffiti Bridge*, qui est pour l'instant en stand-by complet.

Pour l'heure, Magnoli organise un audit des finances Princières. Résultat : « C'était plus horrible que quiconque l'avait imaginé. Donc le plan était d'essayer de faire rentrer de l'argent, sans le surendetter au point où plus personne ne voudrait s'impliquer dans aucun de ses projets[2]. »

En même temps qu'il embauche Albert Magnoli, Prince lance une grande purge dans ses équipes. L'une des rares têtes à ne pas tomber est celle d'Alan Leeds, désormais chef des opérations du label Paisley Park. « Il a viré tout le monde un 31 décembre, et ça a été annoncé le 1er janvier, explique Leeds. Pas seulement ses managers, mais aussi ses comptables, son avocat, ses *business*

1. Noah Dominguez, « Tim Burton's Batman saved Prince from financial ruin », CBR.com, 28 juin 2019.
2. Hahn, *op. cit.*

managers… Il a vraiment fait place nette. Au point que nous, qui étions à Paisley Park, on se demandait : “Est-ce qu’on a encore un boulot ?” Je suis allé le voir au studio, il m’a dit : “Tu peux rester, si tu veux[1].” »

Pour remplacer ses conseillers juridiques et financiers, Prince n’hésite pas à mettre tous ses œufs dans le même panier, et son porte-monnaie avec : il confie ses intérêts aux hommes de confiance de son nouveau manager. Alan Leeds est consterné : « J’ai trouvé ça complètement dingue. D’abord, de nommer Albert Magnoli manager. Mais plus encore, d’embaucher aussi son comptable, son avocat et ses *business managers*. C’est un conflit d’intérêts ! J’ai dit à Prince que s’il y avait un problème entre eux, ce serait très dangereux. Il m’a répondu – typique de Prince : “Je ne pense pas comme ça. Tu es jaloux, parce que tu veux être mon manager.” Je lui ai dit que non, sans quoi j’aurais postulé. Mais le vrai problème était que Magnoli n’avait pas les réseaux qui permettaient de pousser un disque auprès d’un label et des programmateurs radio, ou d’organiser correctement une tournée[2]. »

Début janvier 1989, Prince est dans une situation plus que délicate. Entre les mauvaises ventes de son dernier album, l’échec financier de sa tournée pharaonique et les dépenses de fonctionnement de son label, de son studio et du complexe de Paisley Park – un investissement estimé entre 8 et 10 millions de dollars –, le chanteur est réellement au bord d’un gouffre financier. Ses frais généraux sont alors estimés à 500 000 dollars par mois. Ses projets cinématographiques sont également compromis. Pour ne rien arranger, des procès coûteux l’attendent avec ses anciens managers, et l’inexpérience du nouveau, Magnoli, inquiète fortement son label, Warner.

1. Dean, *op. cit.*
2. Dean, *op. cit.*

À l'époque, une source anonyme commente : « Peut-être que le changement va le revitaliser, mais c'est assez étrange d'embaucher un réalisateur qui a fait un seul film pour s'occuper de vous. Vous pouvez être certain que Warner s'arrache les cheveux[1]. »

Pour la première fois depuis le début de sa carrière, dix ans plus tôt, Prince est en danger. Vu son niveau de difficulté, il fallait au moins un superhéros pour le tirer de ce mauvais pas.

1. Patrick Goldstein, « Prince fires management, legal teams », *Los Angeles Times*, 7 janvier 1989.

34. Bat boy

Le réalisateur Tim Burton et le comédien Jack Nicholson sont tous deux fans de Prince. Lorsqu'ils se retrouvent à tourner ensemble un *Batman*, auquel Burton apporte son univers fantastique et dans lequel Nicholson incarne un Joker comique et terrifiant, les deux hommes pensent immédiatement y inclure la musique du *Minneapolis Genius* – Burton a d'ores et déjà décidé d'utiliser « Baby I'm A Star » et « 1999 » dans le film. La production contacte alors les managers du chanteur. Dans le camp de Prince, il y a débat sur la paternité de ce premier contact, qui va s'avérer salvateur. D'un côté, Albert Magnoli prétend, grâce à ses connexions de scénariste et réalisateur, avoir obtenu le tuyau le premier. De l'autre, Alan Leeds, lui, dit avoir reçu l'information de Bob Cavallo, l'ancien manager de Prince, tout récemment viré – ce qui montre, précise Leeds, qu'au-delà de leurs différends, Bob Cavallo était réellement préoccupé par la carrière du chanteur.

Quoi qu'il en soit, Prince est enthousiaste. Son manager et lui y voient « l'occasion de faire rentrer de l'argent sans l'exposer à travers un nouvel album[1] ». Autrement dit, de bénéficier d'une promotion mondiale – celle du film – sans avoir à débourser un centime. Ironie du sort,

1. Dominguez, *op. cit.*

après toutes les dépenses et les choix inconsidérés de l'artiste au cours des deux dernières années, c'est encore son label, Warner (la division « films »), qui va payer l'addition. Une aubaine. Enthousiaste, il accepte de se déplacer sur le tournage de *Batman*, à Londres, pour rencontrer le réalisateur. Émerveillé par les décors et les visuels du film, il propose non pas deux morceaux, comme le souhaitait Tim Burton, mais un album entier. Warner, flairant à son tour la bonne affaire, accepte de publier cette deuxième BO de *Batman* – en plus de la partition originale composée par Danny Elfman.

En dehors de l'univers de Tim Burton, un autre élément du film séduit Prince : son actrice principale, Kim Basinger. Le chanteur est sous le charme. Comme toujours en pareil cas, il va vouloir associer la star de *Neuf semaines et demie* à ses enregistrements. Et plus si affinités.

Le thème le plus évident de *Batman*, la lutte du bien contre le mal, associé au personnage du Joker (et à celui de Harvey Dent, alias Double-Face dans la BD), fait écho à la « schizophrénie » de Prince à travers ses multiples personnalités. Gentil ou méchant, timide ou extraverti, blanc ou noir, Joker ou Batman… Le Gémeaux se reconnaît dans cette nouvelle déclinaison de l'opposition entre Dieu et le diable, les ténèbres et la lumière, qui était déjà au cœur de *Lovesexy*. Cette fois, le musicien s'affiche en personnage réellement dédoublé, visage maquillé moitié Prince, moitié Joker, en reprenant les codes couleurs du film de Tim Burton. Et puisque c'est Warner Pictures qui régale, il ne refuse pas de tourner des vidéo-clips, bien au contraire.

Pour l'album *Batman*, Prince ressort de ses tiroirs trois chansons de 1988 – c'est l'un des miracles de sa musique : il peut retravailler des morceaux parfois vieux de plusieurs années et les adapter parfaitement à son projet du moment. Il exhume la ballade « Scandalous », le funk rock lourd d'« Electric Chair » et une chanson écrite à l'origine pour sa petite amie Anna Garcia, « Anna Waiting », qu'il transforme en « Vicki Waiting » – du nom de Vicki Vale, interprétée par Kim Basinger, la journaliste de Gotham dont Bruce Wayne-Batman est amoureux. Ensuite, en quelques semaines, en février et mars 1989, il boucle le reste de l'album.

Parmi les morceaux de bravoure de *Batman*, il y a, dès l'ouverture, le groove électro de « The Future ». Sur un beat funk synthétique, le chanteur récite un texte qui se veut prémonitoire – un nouvel appel à la spiritualité assorti d'une diatribe antidrogue (« Le smiley jaune me propose de la "X", je préférerais avaler six lames de rasoir »). L'atmosphère étrange du morceau est renforcée par quelques accords de synthés et des samples de cordes (empruntées à la sublime partition du morceau-référence de Prince, « Crystal Ball », signée Clare Fischer).

Mais le vrai tour de force de l'album est incontestablement le morceau de clôture, « Batdance ». Un instrumental complètement dément dans lequel Prince semble passer tour à tour dans la tête du Joker, de Batman et de Vicki Vale, dans un mélange de séquences robotiques, de beat funky, d'extraits de dialogues du film et de chœurs presque gospels, soudain cisaillés par un solo de guitare métallique monstrueux. Un manège musical enchanté *a priori* hétéroclite, décousu, définitivement expérimental, qu'il parvient à rendre cohérent, passionnant, dansant, accessible et fun. Mieux encore, il en fait son premier single, et c'est un tube. On est de nouveau au cœur du génie – et du paradoxe – de Prince : sa musique la plus folle, la plus exigeante, est celle qui lui vaut le plus de respect et de succès.

Dans le monde entier, l'été 1989 appartient à *Batman*. À sa sortie, fin juin, le film de Tim Burton est un carton planétaire – avec 411 millions de dollars de recettes pour un budget de 35 millions, c'est alors le 5e film le plus rentable de tous les temps. Dans son sillage, la BO de Prince monte à la 1re place du classement pop américain, et y reste pendant six semaines. Même chose au Royaume-Uni et dans plusieurs pays d'Europe. Au total, 4 millions de ventes. C'est le plus gros succès du musicien depuis *Purple Rain*.

Mais ce retour en grâce, Prince, pour une fois, ne le doit pas seulement à lui-même. Le génie de Tim Burton et la machine de guerre promotionnelle de Warner Pictures ont largement contribué à la réussite de l'album *Batman*. Qu'importe, il ne fait pas la fine bouche. Comme l'espéraient l'artiste, ses managers et son label, l'argent rentre de nouveau dans les caisses. La faillite a été évitée.

Prince va-t-il s'assagir pour autant ? Essaiera-t-il de mieux concilier, à l'avenir, ses exigences artistiques, les impératifs du marché et les attentes du public ? Pas le moins du monde. Et il va immédiatement le prouver.

35. Le point de non-retour

À peine rétabli sur ses bases financières, Prince se remet de plus belle au travail. Les projets se multiplient : un nouvel album de The Time avec Morris Day, un autre de Madhouse avec Eric Leeds (qui ne sortira pas). Mais surtout, le succès de *Batman* l'encourage à relancer *Graffiti Bridge*.

Le chanteur ne s'inquiète pas outre mesure de l'effet repoussoir que produit son synopsis – qu'il refuse toujours de confier à des scénaristes professionnels – sur tout son entourage. Son ancien manager, Bob Cavallo, a refusé de le vendre en l'état à Warner. Son successeur, Albert Magnoli, ne va pas tarder, lui aussi, à laisser tomber. Et c'est le même son de cloche du côté des actrices que Prince a tenté d'enrôler dans l'aventure.

Pour le rôle féminin principal, son premier choix n'est autre que la superstar Madonna. Leur première rencontre remonte à fin 1985 – les journaux à scandales leur prêtent une liaison alors que Madonna est en couple avec l'acteur Sean Penn, et Prince avec Susannah Melvoin. En 1986, ils se revoient pour tenter d'écrire des chansons ensemble, mais sans succès – deux ans plus tard, ils travailleront à distance sur les bandes de « Love Song », que Prince a initialement composée et qui sortira sur l'album de Madonna *Like a Prayer* en 1989. Entre-temps, en 1987, la Ciccone vient à Paisley Park pour évoquer *Graffiti Bridge*. Le chanteur imagine déjà leurs deux noms à l'affiche.

Mais Madonna, impitoyable professionnelle, constate au premier coup d'œil la faiblesse du projet et la vacuité du scénario. Sans prendre de gants, elle dit à Prince, déconfit, ce qu'elle en pense, tourne les talons et quitte les lieux. Elle reviendra quelques années plus tard sur cette collaboration compliquée : « Prince et moi n'avons jamais vraiment fini quoi que ce soit. Nous avons commencé quelques trucs, puis nous passions à autre chose. Nous avons essayé de travailler sur plusieurs projets, puis j'ai dû partir. C'est à ce moment-là que j'ai décidé que je ne voulais pas faire de comédie musicale avec lui[1]. »

Deuxième choix, deuxième espoir de Prince, une autre star : Kim Basinger. Entre eux, depuis le tournage de *Batman*, c'est apparemment le coup de foudre. Au point que l'actrice envisage de quitter Los Angeles. On les voit bras dessus, bras dessous dans des clubs et des restaurants de Minneapolis. Elle aurait même demandé à Prince de l'épouser – selon une autre jeune conquête du chanteur, la danseuse et apprentie musicienne Robin « Power » Herron.

Kim Basinger est en admiration devant le talent de Prince, et accepte de travailler avec lui à l'élaboration d'une nouvelle version de *Graffiti Bridge*. Une deuxième version du scénario est écrite. Puis une troisième, avec Kim Basinger et la chanteuse Jill Jones dans les rôles féminins principaux. Mais rien n'y fait. L'affection que la comédienne éprouve pour le chanteur ne lui fait pas perdre sa lucidité. Un mauvais script reste un mauvais script. En janvier 1990, elle jette l'éponge, l'eau du bain, et le bébé avec. Elle quitte Paisley Park pour rentrer définitivement à Los Angeles. Prince aurait alors confié à son

1. Samtribe, « Quand Madonna parlait de Prince dans *Rolling Stone* », Madonnatribe.com, 21 avril 2016.

ex, Anna « Fantastic » Garcia : « Kim m'a laissé tomber. C'est dommage, *Graffiti Bridge* aurait été un beau succès pour elle[1]. » Le pire est qu'il y croit sans doute réellement.

Finalement, après l'écriture d'une quatrième version du film, les deux personnages féminins sont rassemblés en un seul et Ingrid Chavez (compagne de route depuis feu le *Black Album*) accepte de l'interpréter. Dans l'intervalle, le manager Albert Magnoli, pourtant scénariste et cinéaste, a lui aussi claqué la porte, en désaccord avec Prince sur le contenu du film. Le chanteur se tourne alors vers Arnold Stiefel et Randy Phillips, deux associés qui s'occupent notamment du chanteur britannique Rod Stewart et du groupe écossais Simple Minds. La mission des nouveaux managers est extrêmement claire : convaincre Warner de financer la fabrication de *Graffiti Bridge*. Contre toute attente, ils y parviennent. La division films de la major accepte d'investir 8 millions de dollars, et Prince réalisera le film.

Le tournage commence le 12 février 1990. À peine deux mois plus tard, le 19 avril, Prince présente un premier montage à Warner. Après visionnage, le studio le refuse. Le label exige un nouvel assemblage du film et impose son propre monteur, Steve Rivkin, aujourd'hui collaborateur de Steven Spielberg et James Cameron, troisième membre de l'illustre fratrie « Z » de Minneapolis – avec David, producteur, qui a enregistré l'une des premières démos du groupe de Prince au lycée, Grand Central, et Bobby Z, batteur de The Revolution. Le refus de Warner embarrasse Prince, d'autant plus qu'il chamboule son planning : il doit effectuer son retour sur scène une semaine plus tard. Sa première grande tournée, après deux ans d'absence, doit commencer le 27 avril à Dublin, en Irlande. Mais pour terminer son film – qu'il veut forcément superviser de A à Z –, il décale le début

1. Hahn, *op. cit.*

du *Nude Tour*. Il annule même des dates, dont deux shows à Helsinki, en Finlande[1]. Il continuera de travailler sur *Graffiti Bridge* jusqu'en septembre 1989, filmant de nouvelles scènes et modifiant le montage jusqu'à la dernière seconde.

Avec tout cela, le chanteur-réalisateur est évidemment de mauvaise humeur. Pendant les dernières répétitions de la tournée, le guitariste Miko Weaver en fait les frais. Prince ne cesse de lui faire des remontrances et le met même au défi, un jour, « d'aller régler ça dehors ». « Ouais, avec tes gardes du corps, c'est ça ? » répond Weaver avant de balancer sa guitare et de prendre la porte[2]. Comme Wendy Melvoin, Lisa Coleman et BrownMark en leur temps, Miko Weaver ne consentira qu'à la dernière minute à reprendre la route pour le *Nude Tour*, qui démarre finalement le 2 juin 1990 à Rotterdam, aux Pays-Bas.

Le 20 août, la BO de *Graffiti Bridge*, le 12e album de Prince, arrive chez les disquaires. Pour les critiques et la majeure partie du public, c'est une déception. Le disque est loin des hauteurs de la « grande période » Princière, et il n'a pas non plus l'efficacité commerciale de *Batman*. Il s'agit d'un album collectif, disparate, dont les morceaux sont de qualité extrêmement inégale. Prince ressort pour l'occasion quelques pépites, « The Question of U », « We Can Funk », « Joy in Repetition », mais elles datent de 1985-86 – les vrais fans, qui ont déjà à l'époque leurs cassettes de *Crystal Ball* et *Dream Factory*, le savent.

En réalité, le « bon » album de Prince, cette année-là, est celui de The Time, *Pandemonium*. Comme les trois premiers LP du groupe, celui-ci est basé sur des compositions de Prince. Mais pour ce come-back, le « boss » a (enfin) laissé de vraies marges de manœuvre à Jimmy Jam, Terry Lewis, Jesse Johnson, « Jellybean » et Morris

1. Nilsen, *op. cit.*
2. Hahn, *op. cit.*

Day. Le résultat est une bombe funk, imparable de la première à la dernière note. À côté, la BO de *Graffiti Bridge* semble très pauvre et très molle. Sur ce coup-là, c'est incontestable : The Time est meilleur que Prince. La créature est loin devant son créateur.

Graffiti Bridge, entièrement écrit et réalisé par Prince, sort sur les écrans le 2 novembre 1990. C'est un bide absolu. Projeté dans 688 salles à sa sortie, il est retiré de l'affiche au bout d'un mois à peine. Avec 4,5 millions de dollars de recettes pour un coût de 8, voire 10 millions, Warner Pictures en est de sa poche pour plus de 5 millions de dollars. Le label est mortifié. Les critiques, de leur côté, sont partagés entre consternation et fou rire. Aux Razzie Awards (qui récompensent les pires performances du cinéma américain), *Graffiti Bridge* fait plus fort qu'*Under the Cherry Moon*, c'est dire... Prince est couronné pire réalisateur, pire scénariste et pire acteur de l'année. Ses producteurs remportent le prix du plus mauvais film, et Ingrid Chavez celui de la pire révélation féminine. N'en jetez plus.

Avec un tel palmarès, ce nouvel échec monumental signe tout bonnement la fin de la carrière cinématographique de Prince. Cette fois encore, comme pour *Under the Cherry Moon* en 1986, l'obstination de l'artiste n'a pas payé.

Des années plus tard, en 2014, lors de ses ultimes concerts parisiens, une amie de longue date, la comédienne, metteuse en scène et auteure Mathilda May, lui demandera pourquoi il n'a jamais retenté sa chance au cinéma. Réponse du chanteur : « Il y a trop de choses que je ne peux pas contrôler[1]. » Un commentaire typique d'un *control freak* comme Prince. Pourtant, comme on l'a vu, il semble bien que ses films (à part *Purple Rain*, qu'il n'a pas réalisé) aient souffert d'un excès de contrôle de sa part, plutôt que l'inverse.

1. Entretien avec l'auteur, novembre 2023.

36. Gangsta Prince

Contrairement au film et au disque *Graffiti Bridge*, la tournée de Prince, le *Nude Tour*, se passe bien. Les erreurs majeures de *Lovesexy* sont évitées : décor minimal (moins cher), planning rationnel, maximisation des profits. Prince a également remanié son groupe. La machine est désormais propulsée par un jeune batteur surpuissant, déniché par le bassiste Levi Seacer Jr : Michael Bland. À 19 ans, Michael « B » succède à Sheila E, tandis qu'un trio de danseurs baptisé Game Boyz, qui apparaissait furtivement dans le film *Purple Rain*, arrive sur le devant de la scène – le leader-rappeur, Tony Mosley, va prendre beaucoup d'importance auprès de Prince, avec ses comparses Damon Dickson et Kirk « Kirky J » Johnson, également batteur et percussionniste. La chanteuse Rosie Gaines a remplacé Boni Boyer et les cuivres, Eric Leeds et Matt Blistan, ne sont plus là. Parmi les « anciens », restent le pianiste Dr Fink et le guitariste Miko Weaver.

Autour des morceaux de *Batman* et de versions survitaminées de classiques comme « Baby I'm a Star », « Alphabet St. » ou « Kiss », les shows du *Nude Tour* sont détonants. Du stade Feyenoord de Rotterdam en juin 1990 jusqu'au Tokyo Dome en septembre, Prince épate encore la planète pop. Car c'est là son atout maître, le don que rien ni personne ne pourra jamais lui retirer : quiconque le voit jouer « en vrai », sur scène, est subjugué par ce musicien suprême. Il suffit de quelques minutes pour sentir l'adrénaline envahir son cerveau, dessinant presque des halos d'énergie autour de son corps, de son micro, des notes qui jaillissent de sa guitare électrique. Il faut dire qu'au fil des années, plus doué et plus travailleur que quiconque, Prince n'a cessé de progresser, encore et encore, jusqu'à devenir un instrumentiste réellement monstrueux. De ce point de vue, il fera l'unanimité jusqu'au bout de sa carrière, dans le monde entier, devant tous les publics possibles et imaginables.

Le *Nude Tour* est la première tournée, depuis *Purple Rain*, qui ne soit pas dirigée par Alan Leeds – il a laissé la place aux nouvelles équipes de Prince, désormais managé par Stiefel et Phillips. Rescapé de la grande charrette post-*Lovesexy*, Leeds préfère pour l'heure se consacrer à l'avenir du label Paisley Park. L'ex-*tour manager* a néanmoins un regard avisé sur cette période qui constitue, selon lui, un virage important dans la carrière de Prince, mais pas dans le bon sens : « La tournée *Nude* a été un énorme succès, tout roulait. Mais ça n'était plus la même chose qu'avant. Nous n'avions plus le sentiment d'être sur le coup, aux avant-postes… Chaque époque possède son artiste, celui qui est "le truc du moment". Dans les années 1970, c'était le P-Funk, avant ça c'était Sly Stone, et avant ça James Brown. Des gens qui incarnent une époque. Dans les années 1980, Prince a été cela. C'était de la bombe ! Quoi que Prince fasse le premier, tout le monde suivait. Là, d'un seul coup, on ne le suit plus. Il n'est plus devant. C'est juste Prince, un artiste comme les autres, qui sort un album par an – il y a toujours de super-chansons, on aime ou on n'aime pas, tout ou partie… Mais les concepts et les films, c'était derrière nous. On était devenus "normaux[1]". »

1. Dean, *op. cit.*

Prince aurait-il perdu ses repères ? Va-t-il oublier ce qu'il a démontré, toujours aussi brillamment, à peine quelques mois plus tôt, avec son hit « Batdance » ? Ce que le public aime (ne serait-ce que ses 2 millions de fans *hardcore* à travers le monde), ce sont ses légendaires expérimentations sonores, sa folie musicale si contagieuse. Mais pour l'heure, sans doute frustré par les revers commerciaux successifs de ses derniers projets (sur disque depuis *Lovesexy*, et au cinéma depuis *Purple Rain*), ce n'est pas la direction qu'il va prendre. Effectivement, comme le dit Alan Leeds, Prince va se comporter en artiste « normal ». Dans un mouvement qui peut sembler paradoxal, il va tempérer sa propre originalité pour essayer de se fondre dans la masse en recherchant un tube à tout prix. Rejoindre la foule pour se faire remarquer. Dans un premier temps, ce plan va fonctionner. Mais en partie seulement. Car l'artiste va y laisser une grande part de sa réputation et de sa visibilité. Après quoi, plein de fureur et de ressentiment, il s'engagera dans un combat sans merci contre son label, Warner.

Le virage que prend Prince au début des années 1990 tourne réellement au tête-à-queue musical sur un point précis : le hip-hop. Une culture à part entière qui inclut la danse, l'art graphique (le graff), la musique (le rap), et surtout un message d'émancipation sociale et communautaire profondément ancré dans le Bronx new-yorkais, son berceau afro-américain, miné par la pauvreté, la violence, l'oppression. Ce n'est pas le monde de Prince, ni sa génération. À 32 ans, il va pourtant essayer de prendre en marche ce train lancé à pleine vitesse qui balaie tout sur son passage, avec à bord ses rappeurs de choc *gansta* (NWA, avec Dr Dre et Ice Cube) ou *lova* (Tone Loc, MC Hammer, 2 Live Crew pour la version triple X). De fait, en 1990, le rap, que Prince a perfidement moqué dans « Dead on It » sur le *Black Album*, règne désormais en maître sur les hit-parades et les antennes radio du monde entier.

En réalité, Prince a déjà enregistré des raps, dès 1986 sur le morceau « Girls and Boys », puis sur *Sign o' the Times*, le *Black Album* et *Lovesexy* (par Sheila E et Cat). Mais dans sa musique, le rap est presque un ornement, une figure de style de sa palette sonore, un gadget qu'il utilise avec humour et légèreté (sauf sur « Dead on It », carrément désobligeant). Au contraire, à présent, il prend cela au sérieux. Peut-être trop. Et sans doute pas pour les bonnes raisons.

Prince veut être *« street »*, il veut être *« hard »*, il veut être *« ghetto »*. Étrange, de la part du garçon dont le leitmotiv, au début de sa carrière, à son label et à ses managers était : *« Don't make me black »* (« Ne me rendez pas noir »), magnifique refus de la catégorisation raciale de sa musique. Et lui qui criait au contrôle des armes sur *Controversy* en 1981 (« Annie Christian ») chante désormais dans un micro en forme de *gun*. Finalement, le seul champ où Prince a réellement précédé, peut-être annoncé les *gangsta* rappeurs, c'est celui des textes à caractère sexuel, voire pornographique – en moins misogyne chez lui.

Alan Leeds, qui a baigné toute sa vie dans la culture et la musique afro-américaines, résume avec une certaine émotion le paradoxe de cette phase de la carrière de Prince : « Il essayait d'être quelqu'un qu'il n'était pas. Je me disais : "Mon gars, ça n'est pas toi. Rentre à la maison, voir ton père, pour te souvenir de qui tu es. Toi, tu ne fais pas ça ! Toi, tu as ce don génial ! Et tu essaies de retourner au bac à sable, jouer comme un gamin ! Tu essaies de faire un truc qui appartient à une nouvelle génération, qui vient d'une culture qui n'est pas la tienne. Et ça n'est pas grave, que ça ne soit pas la tienne ! Ta négritude ne dépend pas du fait que tu te fasses passer pour un chien *[longue pause]*. Ça n'est pas ça, être noir ! Être noir, ça veut dire beaucoup de choses très différentes. Dans ton cas, c'est être un petit gars qui vient de Minneapolis. Et c'est aussi être noir. Tout va bien. Sois juste toi[1] !" »

1. Dean, *op. cit.*

37. Diamants de son

Dans sa nouvelle perspective, pour accrocher le grand public, Prince remanie encore son groupe. Cette fois, tous les anciens sont partis : Dr Fink, aux claviers, a été remercié – de façon un peu cavalière, semble-t-il, au prétexte qu'il n'a pas été disponible pour un concert ou deux. Le guitariste Miko Weaver, lui, est parti après le *Nude Tour*, remplacé par le virtuose Levi Seacer Jr, qui lâche la basse pour la six-cordes et devient le directeur musical du groupe. Pour la rythmique, Prince recrute, autour du batteur Michael Bland, des musiciens qui jouent déjà avec lui dans les clubs de Minneapolis. D'abord, un vétéran, ami de longue date, pour lequel il a beaucoup d'admiration : le bassiste Sonny « T » Thompson. Et aux claviers, un jeune homme qui joue dans l'un des groupes de Sonny : Thomas Elm, qui devient « Tommy Barbarella ».

Mais ce n'est pas cette nouvelle section musicale de haut vol que le chanteur met en avant dans son nouveau groupe. Pour les raisons que nous avons vues plus haut, il propulse sur le devant de la scène son trio de danseurs, les Game Boyz. Parmi eux, Tony « M » Mosley, également rappeur, va prendre une place prépondérante, que certains jugent démesurée, sur les albums de Prince.

L'artiste nomme officiellement son groupe « The NPG », pour « *New Power Generation* » – une formule qu'il a utilisée pour la première fois en 1988, sur l'introduction de *Lovesexy*, et qu'il réutilisera pour son fan-club et ses sites Internet.

Leur premier album ensemble, *Diamonds and Pearls*, sort en octobre 1991, contre l'avis de Warner, qui aurait préféré temporiser après l'échec de *Graffiti Bridge*. Mais Prince a son plan et il insiste, encore une fois, pour que son label le suive à la lettre.

Diamonds and Pearls fête ses 32 ans au moment où ces lignes sont écrites, et fait l'objet d'une réédition luxueuse. Le débat est ouvert pour savoir si ce disque « méritait » ce traitement de faveur. Si l'on en juge par des critères purement commerciaux, la réponse est incontestablement oui. Car *Diamonds and Pearls* est un nouveau come-back Princier, après le fiasco de *Graffiti Bridge*. Enregistrés principalement en groupe, les morceaux sont retravaillés pour proposer un son très contemporain, beats *new jack* et samples en boucles.

Surtout, dès le deuxième morceau, on remarque la présence appuyée du rappeur Tony M, qui scande les formules typiques du hip-hop, ou des textes généralement très *ego trip*, à la gloire de Prince et du NPG. La guitare électrique est toujours là, mais souvent en arrière-plan, parfois samplée – piquante uniquement sur les solos de « Get Off », « Strollin' » en mode jazzy, et « Live 4 Love », qui clôt l'album.

Les meilleures chansons du disque sont des mélodies pop très efficaces, comme « Diamonds and Pearls », « Money Don't Matter 2 Nite », « Strollin' » (Michael B en plein swing) et « Cream », qui croise « Bang a Gong » de Marc Bolan et T-Rex avec « 96 Tears » de Question Mark and The Mysterians – dont Prince s'est déjà inspiré pour « Shake » de The Time sur *Graffiti Bridge*. À quoi s'ajoutent des tentatives un peu moins intéressantes, où le curseur « son hip-hop » est parfois poussé assez loin : « Daddy Pop », « Push » (nouveau sample des cordes écrites par Clare Fischer pour « Crystal Ball »), « Walk Don't Walk » et « Willing and Able » – dont le rap final, par Tony M, arrive réellement comme un cheveu sur la soupe. Sur le *groover* particulièrement salace « Get Off », Prince rappe un texte très chaud, plus vulgaire que sexy, tel un jeune *thug* essayant de faire ses preuves devant son gang… Plus loin, le slow torride « Insatiable » est dans la parfaite lignée de « Scandalous », sur *Batman*.

Enfin, « Jughead », où les Game Boyz prennent le lead, vaut un nouveau procès à Prince de la part de son ancien manager Steve Fargnoli, qui se considère insulté publiquement dans le rap final de Tony M et réclame 5 millions de dollars de dommages et intérêts – sachant que Fargnoli, avec Cavallo et Ruffalo, a également assigné le chanteur en justice pour avoir refusé d'écouter les conseils de ses ex-managers, publié trop de disques contre leur avis, imposé des choix marketing anormaux et refusé de participer à la promotion de ses propres disques[1].

Au bout du compte, malgré les quelques réserves des puristes, *Diamonds and Pearls* est un bon album – sa pochette en hologramme fait également son petit effet – qui se vend très bien, à plus de 6 millions d'exemplaires dans le monde, dont la moitié aux États-Unis. Pourtant, en 1991, les critiques et les fans les plus exigeants ont du mal à être dithyrambiques. À tort peut-être, ils attendent mieux d'un génie comme Prince. Il n'y a toujours pas de grande chanson, pas de « grand Prince » sur cet album, dit-on. Avec le sentiment général que l'artiste privilégie désormais le style à la substance, dans une recherche essentiellement commerciale.

Trente-deux ans plus tard, en 2023, dans la réédition « Super Deluxe » de *Diamonds and Pearls,* l'enregistre-

1. Jon Bream, « Trouble for Prince », *Entertainment Weekly,* 22 février 1991.

ment d'un concert époustouflant, filmé à Minneapolis en 1992, donne à voir et à entendre la première interprétation *live* des morceaux de cet album – c'est incontestablement ce que cette nouvelle édition, très onéreuse, contient de mieux. Si les héritiers de Prince veulent un jour régaler les fans, ils publieront non pas des rééditions d'album à prix d'or (qui ne se vendent pas si bien que cela), mais une somme complète et généreuse des meilleurs concerts de Prince, comme ce *Glam Slam 1992*, parmi beaucoup, beaucoup d'autres…

Au nombre de ceux qui, en 1991, ne se plaignent pas de *Diamonds And Pearls*, il y a bien entendu les patrons de Warner, ravis de ce retour en grâce de leur artiste. Hélas, leur joie sera de courte durée. Car Prince, dopé par ce succès, pense qu'une fois encore le public lui donne raison contre son label, qui voulait freiner la sortie de l'album.

Conforté dans l'idée qu'il est le seul à savoir ce qui est bon pour sa carrière, Prince a de nouveau l'intention d'enregistrer et de publier le plus de musique possible : il a récemment écrit et produit plusieurs morceaux pour la chanteuse Martika (sur l'album *Martika's Kitchen*, qui sort en août 1991 chez Columbia), offert une chanson à Mica Paris (« If I Love U 2 Nite ») et terminé de travailler sur le premier album d'Eric Leeds, *Times Squared*, sorti en février de la même année sur le label Paisley Park. Il attaque maintenant un disque pour Ingrid Chavez – en réutilisant certains enregistrements datant de leur rencontre, fin 1987, au moment de l'annulation du *Black Album*…

Une éternelle frénésie d'enregistrement qui ne va faire qu'aggraver le conflit naissant entre Prince et Warner.

38. Pour le symbole

Un an pile après *Diamonds and Pearls,* le deuxième album de Prince and The NPG arrive dans les bacs. C'est l'apparition du fameux « Love Symbol » – dont on n'a pas fini d'entendre parler, bien que personne ne sache comment le prononcer. Étonnamment (comme le vocable « The Revolution »), le symbole Princier apparaissait déjà sur la pochette de *1999,* en 1983 ! Ce qui vaut aux analystes de se pencher sur la genèse de ce signe (pas si) mystérieux. Exemple : « Sur la pochette de *1999,* à l'intérieur de la lettre P, dont la crinière suggère la masculinité de Prince, le "Love Symbol" trouve sa création. Les symboles très connus de la paix, du féminin et du masculin sortent séparément d'un soleil. Après un voyage à travers les lettres du nom Prince, les trois icônes réapparaissent en une seule, O(+>, à la suite du "1" phallique, suggérant le produit d'une éjaculation. Le mélange des trois brouille les genres, sous-entendant qu'une même entité peut être multiple – simultanément, sans que cela pose de problème majeur. Dans ce sens, le "Love Symbol" est une sorte de régulateur de vitesse de l'ambiguïté sexuelle[1]. » Pourquoi pas…

Pour ce disque, Prince a voulu construire une sorte d'opéra pop basé sur sa rencontre avec la jeune Mayte

1. Gabriela Jiménez, « The higher meaning behind Prince's Love Symbol », Thefader.com, 21 avril 2016.

Garcia, sa nouvelle compagne. L'adolescente, une danseuse poussée par sa mère, s'est frayé un chemin jusqu'à Prince pendant un show du *Nude Tour*. Elle n'a alors que 16 ans. Sous le charme, le chanteur reste en contact avec elle mais attend sa majorité pour lui proposer de venir à Paisley Park et entamer une relation amoureuse. Tel est le thème principal de *Love Symbol*, encadré par deux morceaux dans lesquels Prince se raconte lui-même – d'abord de façon totalement mégalomane, en ouverture (« My Name Is Prince »), puis dans un récit plus réaliste de son enfance, en conclusion de l'album (« The Sacrifice of Victor »).

Comme pour *Diamonds and Pearls*, les bases des chansons sont enregistrées en groupe, et les musiciens du NPG sont au sommet de leur force. Mais à l'écoute, il est clair que Prince a retravaillé à outrance la majorité des morceaux. Ce qui donne globalement un sentiment de surproduction, voire de surcharge, sur « The Max », « I Wanna Melt With U », « The Continental », « Arrogance », « The Flow », l'opératique « Three Chains O' Gold » et même « My Name Is Prince ». Pour dire les choses simplement, à l'écoute, ces chansons semblent bien compliquées et/ou pas très captivantes.

Pourtant, elles n'effacent pas les pépites bel et bien présentes, comme toujours avec Prince, sur cet album. Ainsi, au départ, *Love Symbol* devait s'ouvrir sur le deuxième morceau du disque, « Sexy M.F. ». Le choix aurait peut-être été judicieux, tant ce groove minimal claque fort, comme un bon James Brown, au niveau de « Housequake » pour l'innovation et la tension rythmique permanente, et les démonstrations virtuoses des musiciens (mention spéciale au solo de guitare jazz coolissime). L'idée de base, le titre-refrain, vient de Levi Seacer Jr, collaborateur précieux de Prince : « Je déconnais, pendant la tournée *Diamonds and Pearls*, en criant : *"Sexy motherfucker!"* Il a pris l'idée, m'a expliqué qu'il voulait bosser dessus. En studio, il m'a dit : "Mets du gras par-dessus" *[rires]*... Alors j'ai joué la guitare funky sur un accord. Prince était une éponge. Partout où il allait, il prenait un petit quelque chose pour l'incorporer à sa musique. Si vous faites ça tout le temps, vous devenez un *monstre*. Il aimait notre son, et certaines idées, mais il ajoutait son truc. Ça ne restait jamais en l'état. Il nous disait : "OK, je vais faire ma version de ce que vous essayez de faire." À l'époque, il cherchait un équilibre entre la virtuosité des musiciens et le son du hip-hop. On était en studio tout le temps. On répétait dix heures par jour, mais ensuite on allait en studio trois ou quatre heures, chaque jour. Il avait un groupe d'enregistrement. Il n'avait plus besoin de jouer toutes les pistes. Il se concentrait sur sa guitare, son piano, ses voix[1]. »

Ce qui donne, par exemple, une performance vocale hallucinante de précision, sans effort apparent, sur le morceau « Damn U ». Ou encore la très belle ballade pop « The Morning Papers », qui commence au piano et s'orne de nappes de cuivres (les NPG Hornz ont fait leur apparition) avant deux superbes solos de guitare, dans une montée à vous donner la chair de poule – les meilleurs « chorus » de Prince, sur différents instruments, sont réellement des compositions à l'intérieur de compositions : le solo de guitare de « Purple Rain », l'envolée de piano de « Sexy Dancer », le synthétiseur de « Soft and Wet », la wha-wha de « Kiss », etc.).

Plus loin, « 7 » est un bon single taillé pour les radios (qui atteint la 7e place des classements US), alors que « The Sacrifice of Victor », en plus de livrer des clés sur la vie de Prince, résume parfaitement le recentrage R'n'B-funk-hip-hop de l'artiste, avec cette version du NPG.

1. Michael Dean, « Levi Seacer Jr, from the Bay Area to Prince's Paisley Park », *Prince Podcast*, YouTube, 4 septembre 2018.

Force est de reconnaître que *Love Symbol* s'écoute difficilement dans la continuité – fort heureusement, il n'est pas séquencé en une seule piste, comme le CD original de *Lovesexy*. Pour indication, voici mon zapping personnel, à la sortie de l'album : 2, 3, 4, 10, 13, 14, 16. Mais ces morceaux de choix ne suffisent pas à emporter l'adhésion du grand public. *Love Symbol* ne se vend « qu'à » 2,6 millions d'exemplaires dans le monde – moitié moins que son album précédent – dont 1 million aux États-Unis. Par comparaison, Madonna a vendu 11 millions de compilations *Immaculate Collection* en 1990, et Michael Jackson, 15 millions d'albums *Dangerous* en 1991.

Le musicien, blessé et furieux, blâme de nouveau son label pour ce demi-échec commercial. Mais avec ou sans Warner, *Love Symbol* sera le dernier disque de platine de Prince en Amérique.

39. Prince attaque

Pour Prince, d'un pur point de vue financier, l'échec de *Love Symbol* n'est pas vraiment un problème. Car quelques mois plus tôt, en position de force vis-à-vis de son label – grâce au succès de *Diamonds and Pearls* –, il a renégocié son contrat avec Warner. Un hasard du calendrier qui ne pouvait pas mieux tomber.

Grâce à son tout premier manager, Owen Husney, qui a négocié son contrat initial avec Warner, Prince a toujours eu la propriété pleine et entière de ses droits d'édition musicale (le *publishing*, en anglais). C'est l'objet des sociétés Ecnirp Music, puis Controversy Music, mentionnées sur les albums de Prince. Ces droits constituent la principale source de revenus qui émane des œuvres musicales enregistrées. En être propriétaire est un avantage financier énorme (et légitime) pour tout artiste dont les chansons sont régulièrement diffusées à la radio et à la télévision, ou imprimées sur partitions – les Beatles, par exemple, ont mal négocié leurs droits d'édition au tout début de leur carrière, et n'ont jamais pu les récupérer.

Ce que Prince négocie en 1992, c'est une prolongation de son contrat initial (qui a déjà évolué plusieurs fois) avec Warner : une sorte de tarif par album, pour un nombre d'albums donnés. Le deal est signé le 31 août. Lorsque le porte-parole de Prince présente son contenu à la presse, les journalistes n'en croient pas leurs oreilles : il a fait plus fort que Madonna et Michael Jackson, qui ont récemment obtenu 60 millions de dollars de leurs labels respectifs (Warner et Sony). Le Génie de Minneapolis, lui, aurait raflé un chèque de 100 millions de dollars.

C'est le nouveau président de Paisley Park qui fait cette annonce officielle – nul autre que l'ancien chef de la sécurité, Gilbert Davison, devenu manager de Prince en décembre 1990, lorsque le chanteur a congédié Arnold Stiefel et Randy Phillips, à peine un an après qu'ils ont obtenu pour lui le financement du film *Graffiti Bridge*.

Devant les journalistes, Gilbert Davison se dit « extrêmement satisfait » du nouveau contrat de son artiste (et ami). Selon lui, Prince va toucher 100 millions de dollars en échange de six albums. Le chiffre global est impressionnant, et les détails encore plus : le musicien, explique Davison, recevra 10 millions de dollars d'avance par album, un taux de 25 % de royalties, un bureau chez Warner, et même un titre de vice-président (!) de la compagnie. Par ailleurs, la major injecte 20 millions de dollars dans le label Paisley Park et en devient partenaire à égalité avec Prince. Elle accepte aussi de créer un nouveau joint-venture pour un label discographique à venir. Enfin, pour ce qui est du catalogue existant (les fameux droits d'édition musicale), Warner paie 20 millions de plus pour avoir le droit administratif d'en disposer (Prince reste le seul propriétaire[1]). À la lecture de cet exposé, la situation semble claire : Prince a « tordu » Warner. Le label s'est plié en quatre pour garder dans son écurie l'artiste le plus génial de sa génération.

Mais en découvrant cette présentation, les cadres de la major s'étranglent un peu. Car les informations transmises à la presse sont tronquées. La plupart des détails sont exacts, mais pas le chiffre global. Le label,

1. Chuck Philips, « A king's ransom for Prince », *Los Angeles Times*, 4 septembre 1992.

prudent, a posé une condition de taille au fait de verser « 10 millions de dollars d'avance par album » : il faut pour cela que ses disques dépassent le seuil de 5 millions de ventes. C'est le cas de *Diamonds and Pearls*, mais il n'entre pas dans le deal. Warner a évidemment fait ses calculs : les ventes moyennes de Prince sont alors de 4,1 millions de copies par album (contre 9,5 millions pour Madonna et 25 millions pour Michael Jackson[1]).

En clair, pour que son nouveau contrat prenne réellement effet, Prince doit vendre au moins 5 millions d'exemplaires du premier album qui sortira après la signature. Or, ce ne sera pas le cas de *Love Symbol*. L'artiste ne touchera donc pas les 10 millions de dollars annoncés pour son disque suivant. Mais ça, ses managers ne le diront pas.

Dernier point que l'on a omis de signaler aux journalistes : contrairement à Michael Jackson et Madonna, le « Purple One » ne touche aucune somme « de base » de la part de Warner à la signature de ce nouveau contrat. Encore une fois, tout est conditionné aux ventes de sa production musicale. Et c'est bien là, justement, que le bât va blesser.

Fin 1992, alors que *Love Symbol* arrive chez les disquaires, Prince a (comme d'habitude) un autre album sous le coude. Un disque crédité uniquement au NPG, fruit de sa nouvelle passion pour le rap, à travers son nouveau protégé, Tony M. L'album s'intitule *Gold Nigga*, titre provocateur puisqu'il utilise le *« N word »*, et son contenu est à l'avenant. Du funk lourd, basse profonde, guitares et cuivres brillants, et un flow de Tony M qui rappelle un peu MC Eiht, du groupe Compton's Most Wanted, sur des textes assez malins. Il y a des

1. Jon Bream, « Prince's new record deal », *Entertainment Weekly*, 18 septembre 1992.

références – « Guess Who's Knocking » cite malicieusement « Let 'Em In » de Paul McCartney, et sera retiré d'un deuxième pressage – et des revendications (« Black M.F. in the House »). Dans son genre, le disque est très bon. Si Prince l'avait sorti sous son nom, se serait-il mieux vendu que *Love Symbol* ? Peut-être.

Mais Warner refuse à présent de publier *Gold Nigga*, arguant que l'album n'est pas assez intéressant. Surtout, il arrive, encore une fois, beaucoup trop tôt après le précédent. Prince insiste. Pourtant, cette fois, le label ne cédera pas. Après des années d'indulgence, de mauvais résultats et de dépenses à fonds perdus – particulièrement depuis le retrait du *Black Album* –, même Mo Ostin, le généreux patron des disques Warner, ne peut plus rien pour l'ex-enfant prodige de la maison.

La « censure » de *Gold Nigga* déclenche une tempête dans la tête de Prince. Dans une escalade violente, son label et lui vont alors se rendre coup pour coup, jusqu'à l'explosion finale (comme celle qui clôt la chanson « We Can Work It Out », cette déclaration d'amour à Warner que l'artiste a enregistrée quinze ans plus tôt, le soir de la signature de son tout premier contrat).

Est-ce l'accumulation de frustrations successives ? Ou parce qu'il pense que sa maison de disques est en train de le lâcher ? Prince, fidèle à son fonctionnement d'enfant abandonné, va vouloir partir le premier.

Warner reçoit une première bombe le 27 avril 1993. Reach Media Relations, la société qui assure les relations presse de Prince, publie un communiqué en son nom. Le musicien y annonce tout bonnement la fin de sa carrière discographique. Il prend sa retraite et n'enregistrera plus d'album en studio. Le texte précise que « grâce à son vaste catalogue de plus de 500 morceaux inédits, Paisley Park sera en mesure de continuer à sortir des albums de Prince bien après le début du

XXIe siècle ». Quelle prémonition ! Une source anonyme[1] explique que l'artiste « n'exclut pas d'enregistrer des concerts, ni de propager sa musique par des médias "non conventionnels" ». Dès 1993, Prince s'intéresse-t-il à Internet ? Fort possible. En tout cas, « la source » voit juste. Ce que l'artiste veut maintenant, c'est sortir pour de bon du circuit traditionnel de la production musicale – donc de son label.

Deuxième bombe le 7 juin 1993, le jour des 35 ans de Prince. Un nouveau communiqué de presse de Reach Media Relations arrive sur les bureaux des journalistes. Cette fois, il est accompagné d'une disquette (souvenez-vous !). Prince annonce qu'il change de nom. Justifiant, sans doute pour des raisons légales, l'usage régulier qu'il fait du « Love Symbol » depuis les années 1980, le musicien explique qu'il souhaite désormais être dénommé par ce signe (inclus sur la disquette). Il annonce aussi qu'il se sépare de son groupe, The New Power Generation. « L'artiste n'a pas révélé les raisons de ces deux changements », précise le texte.

Face aux journalistes, les patrons de Warner, qui découvrent tout cela dans la presse, cachent difficilement leur gêne. Mais ils comprennent parfaitement le message : ils n'auront plus de musique originale de Prince. Et si l'artiste change de nom, c'est pour pouvoir enregistrer en dehors de son contrat, au nez et à la barbe de son label. En deux mots, Prince veut quitter Warner, et il est prêt à tout.

---

1. Paul Verna, « Prince's "retirement" perplexes trade », *Billboard Magazine*, 8 mai 1993.

40. Le parc est fermé

Abasourdi par les déclarations publiques de Prince, Warner prend également ses distances avec le contrat qui les lie. Particulièrement avec le joint-venture qu'est devenu Paisley Park. La major, qui finance désormais à 50 % le label de Prince, met son nez dans les comptes. Surprise (ou pas), ils sont totalement dans le rouge. Paisley Park est gravement déficitaire. D'album en album – réalisant généralement de faibles ventes, quand ils ne sont pas carrément mis au placard –, de tournage en tournage, de projet en projet, de films en clips jamais diffusés, Prince a « cramé la caisse », comme on dit, et plus encore. Les dettes s'accumulent auprès de fournisseurs et de sous-traitants qui ont envoyé leurs factures mais n'ont jamais été payés. Et Warner ne compte pas sur les dirigeants de Paisley Park pour redresser la barre : son président Gilbert Davison et sa vice-présidente Jill Willis, qui sont également les managers personnels de Prince, n'ont évidemment aucun intérêt à contester les choix de leur patron – ni l'autorité pour le faire.

L'un des tout premiers présidents de Paisley Park, en février 1989, Alan Leeds, lui, a sincèrement cru pouvoir en faire un label viable et intéressant. En vain. « Au départ, explique-t-il, je me suis dit : "Allez, tentons le coup." Warner a une tonne d'argent, c'est un joint-venture, ils sont vraiment généreux avec Prince, ils soutiennent les projets… Allons-y, ça peut être vraiment cool ! Et pour moi aussi, en termes de carrière, ça pouvait être bien. Mais au bout d'un moment, il m'est apparu que l'idée que Prince se faisait du label était étrange. S'il avait une petite amie, il lui faisait un album. Il y croyait. Et ça devenait une priorité. Inévitablement, c'est Prince qui décidait quel album nous allions présenter à Warner, pour une sortie. Ils pouvaient dire non, mais ils ne le faisaient pas. Chaque album que nous leur donnions, ils le sortaient. Donc, le vrai responsable de Paisley Park, c'était Prince[1] ! »

Sur la liste des productions Paisley Park, il y a de très bons disques : ceux de The Family, Madhouse, Jill Jones, Sheila E, Eric Leeds, Mavis Staples, Ingrid Chavez, George Clinton… Mais il apparaît que les managers de Prince à l'époque, Cavallo, Ruffalo et Fargnoli, ont aussi, de leur côté, signé avec des artistes pour le label Paisley Park – sans en informer le maître des lieux, dit-on. C'est apparemment le cas du groupe (et album) Good Question – sans doute une tentative, très moyennement réussie, de toucher le marché « jeune ». Quand au chanteur Tony LeMans – ancien comparse de Lenny Kravitz dans le groupe Romeo Blue –, également signé sur Paisley Park (album *Tony LeMans*, 1989), il aurait pu faire carrière, s'il n'était hélas décédé dans un accident de moto en 1992, au cours de l'enregistrement de son deuxième album, la veille de son mariage avec Deborah Matthews (la sœur de Denise, alias « Vanity », ancienne compagne et muse de Prince).

Pendant les années Alan Leeds, en tout cas, Paisley Park fonctionnait de manière professionnelle. Le directeur des opérations avait par exemple instauré des meetings « créatifs » réguliers – sur le modèle créé par Berry

1. Michael Dean, interview d'Alan Leeds, *Prince Podcast*, YouTube, 1er novembre 2020.

Gordy pour son label Motown – où le staff échangeait sur les productions, les artistes, les remix, les visuels des projets en cours. Pendant quelques années, tout va pour le mieux. Mais en 1992, lorsque les différends entre Prince et Warner virent à la guerre ouverte, Paisley Park en fait les frais. La major, désormais partenaire à 50 %, et plus seulement distributeur, resserre les cordons de la bourse. Elle commence à retirer ses billes du fameux joint-venture. C'est en partie une mesure de rétorsion contre Prince, mais aussi le constat d'erreurs de management dès la création de Paisley Park, en 1985. Et les choses ne se sont pas arrangées ensuite.

« Il était clair que la situation à Paisley Park était en train d'exploser, explique Alan Leeds. Prince en voulait de plus en plus à Warner à cause de ses propres albums, ses ventes, sa carrière et, forcément, la relation avec Paisley Park en a souffert. S'ils se battent entre eux, comment voulez-vous que je fasse fonctionner un joint-venture ? La bataille a débordé sur Paisley Park et rejailli sur tous les projets du label. Warner était en colère contre Prince, ils n'allaient pas lui faire de fleur[1]. »

La frustration de l'artiste prend le pas sur tout le reste. Il veut pouvoir publier sa musique quand il en a envie, quel que soit le moment. Peu importe le marché, « la musique crée son propre marché », se plaît-il à répéter. Le label, à l'inverse, ne cesse de lui demander d'attendre, et attendre encore, pour sortir ses propres disques ou les productions de Paisley Park. Dès cette époque, en 1992-93, Prince envisage de se passer d'une major pour distribuer sa musique. Il imagine de la vente directe, en télémarketing, sans intermédiaire – ancêtre de la vente en ligne. Hélas, lui rappellent ses managers, dans sa position – il est tout de même sous contrat –, c'est illégal.

1. Dean, *op. cit.*

Rapidement, face à ces blocages, Prince semble lâcher l'affaire, dans tous les sens du terme. Il se désintéresse de Paisley Park comme il se désintéresse de Warner. Bientôt, son label ne tourne quasiment plus que sur les albums qu'il fait enregistrer à ses petites amies. Ingrid Chavez, Mayte Garcia et Carmen Electra se succèdent en studio.

Cette dernière, de son vrai nom Tara Leigh Patrick, est, selon Alan Leeds, « une jeune femme… très ambitieuse – pour rester poli. Prête à emprunter tous les chemins possibles pour faire carrière. Prince a aimé son charisme et ce qu'elle pouvait proposer, pour le dire poliment, encore une fois, et comme il avait une tonne de chansons de type “face B”, il lui a fait un album[1] ».

Tandis que Prince enregistre avec Carmen Electra – et qu'il finance pour elle des vidéo-clips très coûteux –, Alan Leeds est chargé par le patron de s'occuper de la promo du nouveau disque d'Ingrid Chavez. C'est le point culminant d'une véritable guerre des *girlfriends*. « Un jour, raconte-t-il, il débarque au bureau et me dit : “Je vendrai plus de Carmen Electra que toi d'Ingrid Chavez…” J'ai pensé : “Mec, c'est ta copine, pas la mienne !” *[rires]* Je me suis surtout dit que c'était devenu un simple jeu pour lui, qui consistait à mettre une petite amie en concurrence avec une autre. Là, j'ai su que je ne resterais pas longtemps. Je ne voulais pas participer à ça, c'était ridicule[2]. » Prince qui, dans les années 1980, utilisait ses muses pour nourrir sa création, fait désormais l'inverse.

En mai 1992, passablement déçu, Alan Leeds rend son tablier. En quittant ses fonctions, il laisse Paisley Park aux seules mains de Prince, désormais entouré d'employés sans véritable expérience de gestion de label

1. Dean, *op. cit.*
2. Dean, *op. cit.*

– dont aucun n'est en mesure de contester ni même de commenter les choix pas toujours avisés de l'artiste. « À cette époque, résume Leeds, Prince n'écoutait plus personne, sauf ses propres démons[1]. » Le contrôle de Prince sur Paisley Park est total, et lui sera bientôt fatal.

Car en février 1994, après avoir injecté des millions de dollars en pure perte, ou presque, dans son joint-venture avec Prince, Warner ferme le label. Étrangement, d'après son entourage, l'annonce de la fin de Paisley Park Records ne déclenche pas d'émotion particulière chez Prince. Il est comme insensible, imperméable à toute émotion. Barricadé dans ses propres certitudes, toujours aussi confiant en son talent, il reste déterminé à aller de l'avant. Quitte à sauter dans le vide.

La dernière sortie sous l'étiquette Paisley Park Records est un excellent disque de jazz, sur lequel Prince n'a absolument rien joué ni écrit. Il s'agit du deuxième album solo d'Eric Leeds, auquel le « boss » a laissé, pour une fois, une liberté totale. Il est intitulé, fort à propos, *Things Left Unsaid* (« Ce qui n'a pas été dit »). Comme un ultime clin d'œil à la courte existence du label.

1. Dean, *op. cit.*

41. Génies à la folie

Au milieu de cette période difficile, malgré la pression imposée par Warner, la déconfiture de Paisley Park, ses ennuis financiers et ses états d'âme de créateur-producteur, Prince ne s'accorde toujours pas la moindre pause. Il exige encore le maximum de lui-même et des autres. Souvent – la suite le prouvera tragiquement – il fait passer son corps, sa santé, après sa création.

En témoigne, par exemple, l'un de ses meilleurs *aftershows* des années 1990, au DNA Lounge de San Francisco, le 12 avril 1993. Cette nuit-là, peu avant 2 h du matin, Prince et son groupe montent sur scène devant 600 personnes – le concert a été annoncé à peine quelques heures plus tôt. Comme en témoigne sa voix d'outre-tombe, le chanteur souffre d'une mauvaise bronchite, doublée d'une angine, qui vire à la pneumonie. Pourtant, pendant plus d'une heure et demie, il va donner un show de tout premier ordre, funky au possible, démontrant au fil des morceaux sa maestria musicale (encore) grandissante. Mais cette performance ne fait qu'aggraver sa maladie : sur ordre des médecins, il devra reporter trois shows prévus à Los Angeles les jours suivants. Une décision qu'il prend toujours en dernière extrémité – comme il le fera dans les dernières semaines de sa vie.

En matière de dépassement des limites, Prince, plus qu'un exemple, est presque une caricature.

Dans le monde de la musique pop de l'après-Seconde Guerre mondiale, ils ne sont que quelques-uns à pouvoir être comparés à lui.

Parmi les musiciens des « Trente Glorieuses » de la pop et du rock – du début des années 1960 à la fin des années 1980, *grosso modo* – l'un des rares dont le fonctionnement soit réellement semblable à celui de Prince n'est autre que le génial moustachu du rock que nous avons déjà croisé dans ces pages, le compositeur Frank Zappa (1940-1993). Mais on pourrait aussi, dans un tout autre genre, rapprocher Prince d'un autre personnage, beaucoup plus sombre et extrême : le producteur Phil Spector – dont le « mur du son » a façonné la pop moderne. Enfant traumatisé, comme Prince, star dès l'adolescence, puis reclus légendaire, Spector est né en 1939 et mort en prison en janvier 2021, après deux procès et une condamnation à dix-neuf ans de prison pour l'assassinat de l'actrice Lana Clarkson.

Spector, Zappa, Prince, ces trois artistes majeurs sont apparus sur la scène musicale à dix ans d'intervalle : Spector en 1958, Zappa en 1966, Prince en 1978. Très éloignés en apparence, ils présentent en réalité un grand nombre de points communs. Comme trois variations sur un même thème : la limite, très ténue, entre le génie créatif et différentes formes de « folie » – pour le dire simplement.

Le premier élément qui relie Prince, Spector et Zappa, c'est le contrôle. Ce sont trois perfectionnistes qui ont besoin d'avoir la main sur chaque aspect de leur travail. Tout ce qui contrarie leur volonté est éliminé – avec froideur (Zappa, Prince) ou violence (Spector). Le producteur de « Be My Baby » a tenté d'expliquer un jour, en interview, cette obsession du contrôle par la nécessité « de vous conquérir vous-même. Il faut vraiment apprendre à se contrôler[1] ». Commander les autres, ce serait donc d'abord se commander soi-même.

Le résultat, pour ces trois artistes, est une propension à travailler seul. De fait, Spector, Zappa et Prince sont souvent représentés comme des ermites, enfermés dans leurs demeures respectives (le premier dans son « château des Pyrénées » de la San Gabriel Valley californienne, le second dans sa « Log Cabin » de Laurel Canyon, et Prince dans son complexe de Paisley Park).

Musicalement, c'est entre Prince et Zappa que les « modes opératoires » sont les plus similaires. L'un et l'autre sont des archivistes compulsifs de leur propre vie musicale, enregistrant comme des maniaques chaque chanson, répétition, session, concert – Zappa a eu un « *vault* » dans sa « cabane en rondins » bien avant Prince. En conséquence, même après leur disparition, les multitudes de bandes inédites de ces deux artistes assurent la pérennité (l'immortalité ?) de leur production, et l'avenir de leurs ayants droit.

Une autre similitude entre Zappa et Prince réside dans leur rythme de vie si particulier, uniquement centré sur leur création : deux musiciens qui suivent exclusivement leurs propres cycles biologiques (jour, nuit, sommeil, travail), totalement déconnectés du commun des mortels – femme et/ou enfants compris.

Sur le plan émotionnel et psychologique, en revanche, c'est le lien Prince-Spector qui paraît le plus évident. Prince a été abandonné, puis chassé par son père, et s'est senti délaissé par sa mère. Le père de Phil Spector, lui, s'est suicidé alors que son fils n'avait que 9 ans, laissant le garçon aux prises avec deux femmes ultra-possessives : sa sœur et surtout sa mère – Spector devra l'assigner en

1. Don Argott et Sheena M. Joyce, *Spector* (Showtime, 2022), mini-série diffusée en France sur Canal+.

justice pour pouvoir disposer de son propre argent et fonder son label historique, Philles Records.

Chez Spector comme chez Prince, on décèle une peur profonde de l'abandon et du rejet. Un « non » leur est insupportable. Les traumas d'enfance, dans le cas de Prince, ont sans doute engendré une tendance à l'isolement et à la surprotection. Phil Spector, lui, a glissé vers une véritable folie furieuse, avec les conséquences dramatiques que l'on connaît, pour lesquelles il a fini sa vie en prison.

Le dernier *« pattern »* dans lequel se retrouvent Prince, Spector et Zappa, c'est leur rapport aux musiciens qui travaillent avec eux. Pour avoir la chance de côtoyer ces génies, ceux qui les accompagnent doivent accepter de fonctionner comme des machines. Ce qui leur est demandé, c'est un talent exceptionnel, bien sûr, mais aussi une certaine capacité à effacer une petite part de leur humanité. Endurer des heures de travail interminables, oublier sa vie personnelle, mais aussi supporter des moments de domination, parfois d'humiliation : être à leur service est un véritable sacerdoce.

Les témoins racontent que Phil Spector, en studio, martyrisait ses chanteuses. De même, les auditions qu'organisait Frank Zappa, où se pressaient les meilleurs musiciens, viraient souvent à la séance de torture en public. Et Prince n'hésitait pas à humilier les membres de son groupe en plein concert, ou en répétition. L'empathie n'est pas le fort de ces immenses créateurs : face à eux, tout autre ego doit disparaître.

De même, les idées des musiciens, qui peuvent jaillir lors de répétitions ou de séances en studio, sont susceptibles d'être utilisées, récupérées par le « boss », qui sera le seul crédité. C'est la règle du jeu.

Dans le cas de Prince, Morris Day, Jimmy Jam et Terry Lewis, les membres du groupe The Time, en savent quelque chose : ils n'ont jamais touché un centime, disent-ils, pour les albums que Prince leur a permis de faire au début des années 1980. Morris Day a compris dès le départ comment les choses allaient se passer : « Quand j'ai vu ce que je gagnais pour *Purple Rain*, par rapport à ce que le film rapportait, j'ai su que ce ne serait pas une bonne opération financière… » Terry Lewis renchérit : « J'en ai parlé à Prince, bien plus tard. Il m'a dit que lui non plus n'avait pas gagné d'argent avec The Time *[rires]*. Mais ils avaient tous des yachts ! Où est parti l'argent ? Je veux juste ce que j'ai gagné, et si tu dois en prendre un peu, prends 5 ou 10 %… Mais pas tout[1] *[rires]* ! »

D'autres ont accepté cet état de fait, comme Thomas Mariano, alias « Tommy Mars », clavier virtuose de Frank Zappa de 1977 à 1982. Lui se décrit comme « un soldat de Frank, dans un jeu qui allait bien au-delà de la musique. Il m'a dit tout de suite : "Je m'occupe de toi, mais tu ne seras jamais crédité comme compositeur." C'était clair dès le départ. Je me souviens que, pendant ma première année dans le groupe, Terry Bozzio *[le batteur de Zappa, NDA]* me disait : "Mec, tu n'es pas obligé de donner autant…" Mais je ne pouvais pas m'en empêcher[2] ! »

Judicieux conseil, pourtant, que celui de Terry Bozzio, car « trop donner » à un patron comme Zappa, Spector ou Prince, c'est risquer d'y laisser ses idées, mais aussi sa santé physique et/ou mentale. Prince, tous le disent, a épuisé au fil du temps la plupart de ses équipiers. C'est le cas, par exemple, de son plus fidèle collaborateur des années 1990, Levi Seacer Jr. Ce musicien ultra-talentueux s'est retrouvé à la limite du burn-out après avoir été bombardé président de NPG Records, fin

1. Jimmy Jam et Terry Lewis, « Just listen with Jam & Lewis, episode 4 – With Morris Day », YouTube, 27 août 2021.

2. « Tommy Mars on why Zappa was the greatest composer of the 20th century », *BOB on Zappa*, YouTube, 21 novembre 2023.

1993. Il se serait alors littéralement enfui de Paisley Park avec sa petite amie, également employée de Prince. Disparus sans laisser d'adresse. « On aurait dit des repentis placés sous protection[1] », commentera plus tard Michael Bland, le batteur de Prince à l'époque.

Levi Seacer Jr a aussi revendiqué son apport artistique aux chansons du Kid en attaquant son ex-patron en justice avec Tony Mosley en 1998, pour obtenir des droits d'auteur sur « Sexy M.F. » et « My Name Is Prince ». Mais la justice leur donnera tort et ils accepteront une somme aussi minime que leurs contributions. Le tribunal a ainsi confirmé ce que chacun savait déjà : Prince est bien le seul compositeur de sa musique, peu importe ce qui se passe en répétitions.

Et avec le recul, tous les collaborateurs de Prince comme ceux de Zappa et de Phil Spector le reconnaissent : travailler avec de tels génies – même en souffrant de leur folie – est une récompense qui se suffit à elle-même.

---

1. Hahn, *op. cit.*

42. Les guerres de la star

Lorsqu'il quitte Prince, au printemps 1992, Alan Leeds a un mauvais pressentiment, qui ne va pas tarder à se vérifier : « J'ai vu arriver les problèmes, entre les choix musicaux de Prince et la guerre avec Warner, dont on ne savait absolument pas comment elle allait se terminer... Je comprenais les frustrations de Prince, mais pas les émotions qu'il choisissait pour les combattre : jouer au gangster dans sa musique, et attaquer Warner en dehors[1]... »

Pourtant, quand la major ferme Paisley Park Records, en février 1994, Prince ne se démonte pas. Il semble même avoir anticipé la chose, puisqu'il a créé quelques mois auparavant une autre structure, totalement indépendante cette fois, baptisée NPG Records. Comme il est encore sous contrat avec Warner, il ne peut pas inonder immédiatement le marché de ses productions : chaque sortie (même sous son nouveau nom ou sous celui de son groupe, The NPG) doit faire l'objet d'une demande d'autorisation à la maison de disques, qui décide au cas par cas.

Le premier LP estampillé NPG n'est autre que *Gold Nigga*, l'album qui a précipité le conflit. Il est vendu confidentiellement pendant les concerts du NPG à l'été

1. Dean, *op. cit.*

1993 et dans les NPG Stores, deux boutiques que Prince a fait ouvrir à Minneapolis et Londres – on y trouve alors un ou deux albums exclusifs, des objets divers siglés « Love Symbol » et quelques livres choisis, dont l'autobiographie de Miles Davis.

Si Warner autorise la sortie (minimale) de *Gold Nigga*, c'est sans doute pour tenter de maintenir une relation avec Prince, tout en tempérant ses ardeurs. Mais la compagnie commence vraiment à y perdre son latin : cette année-là, en plus de ce premier disque sur le label NPG, pas moins de cinq productions Paisley Park sont mises sur le marché (Carmen Electra, deux Mavis Staples, George Clinton, et Eric Leeds). Warner de son côté publie au mois de septembre 1993, en collaboration avec Prince, une compilation de trois CD intitulée *The Hits/The B-Sides*. Pour obtenir l'accord et la coopération de l'artiste (qui s'engage essentiellement à ne pas intervenir), la major lui verse 3 millions de dollars. Pendant quelques semaines, le dialogue est renoué. Mais ce n'est qu'une pause dans la bataille.

Car moins de six mois plus tard, Paisley Park Records à peine enterré, Prince demande à Warner de publier un nouveau single. Toujours pour les mêmes raisons – trop de musique tue les ventes –, la major refuse. L'artiste demande alors l'autorisation de publier sa chanson sous sa propre étiquette, NPG Records. Ainsi, en février 1994, après avoir conclu un deal de distribution avec le label Bellmark (fondé par Al Bell, ex-pilier de Stax et Motown), Prince sort sa première production indépendante, et son premier disque sous son nouveau nom imprononçable.

Contre toute attente, « The Most Beautiful Girl in the World » est un tube mondial. Classé 3ᵉ aux États-Unis, numéro 1 au Royaume-Uni, le single se vend à 700 000 exemplaires aux USA, et à près de 2 millions dans le monde. Un EP de sept remixes,

The Beautiful Experience, suivra (un succès à peine assombri en Italie par un procès et deux condamnations pour plagiat : pour sa chanson, Prince s'est manifestement inspiré du refrain du morceau « Takin' Me to Paradise », interprété par Jay Rolandi et composé par Bruno Bergonzi et Michele Vicino). Bien qu'ayant raté le coche de la « Most Beautiful Girl », les patrons de Warner voient un nouvel espoir dans ce hit inespéré de Prince. En effet, l'artiste doit justement leur soumettre son prochain album, qui sortira à l'été 1994.

Mais la proposition suivante du musicien est une nouvelle douche glacée. En découvrant l'album *Come*, les cadres du label se sentent carrément floués. Prince, se disent-ils, les prend pour des pigeons. « Tout le monde disait que c'était de la merde, confie l'ancienne cadre de Warner, Marylou Badeaux. On avait vraiment le sentiment qu'il vidait ses poubelles chez nous[1]. »

Ce nettoyage de fonds de tiroir, Warner le comprend bien, n'est que le prélude à un « abandon de domicile musical » : Prince veut en finir au plus vite avec la major, remplir son contrat et déguerpir. Voilà pourquoi il propose, en même temps que *Come*, un deuxième album, *The Gold Experience*, qu'il souhaite voir sortir simultanément, mais sous son nom symbolique. Les deux compteraient dans le contrat signé en 1992 pour six albums, à partir de *Love Symbol*. Mais les boss de Warner refusent une nouvelle fois de « noyer le marché » et imposent leur tempo. Ils acceptent de sortir *Come*, remanié par Prince, mais *The Gold Experience* attendra. Pour le musicien, convaincu (à juste titre) que cet album a tout pour être un succès, c'est un nouvel affront. Et une occasion rêvée de sortir à nouveau la grosse artillerie contre son label.

Des flyers apparaissent au NPG Store de Minneapolis : « Voulez-vous que Warner libère ce disque ? *The Gold*

1. Hahn, *op. cit.*

Experience, date de sortie : jamais ! Votez oui, et envoyez votre réponse à Warner Bros Records », suivi de l'adresse du label à Los Angeles. En public, Prince multiplie les allusions et les interprétations *live* de morceaux inédits extraits de l'album – des extraits sortent aussi en copies pirates, de provenance mystérieuse. En interview, l'artiste insiste surtout sur le fait que « Prince est mort ».

C'est exactement la tonalité, lugubre au possible, de la pochette de l'album *Come* qui arrive chez les disquaires en août 1994. Jugé aussi lourd que la pierre tombale qu'il symbolise (avec les dates « 1958-1993 » sous le nom de Prince, photographié de nuit devant la Sagrada Família, le chef-d'œuvre néo-gothique de Gaudí à Barcelone), l'album coule à pic. Moins de 500 000 exemplaires vendus aux États-Unis, 600 000 en Europe : Prince, à ce moment-là, n'a jamais fait pire. Depuis, *Come* a trouvé ses fans, dont certains le classent dans leur *top ten* Princier.

Après quoi, Prince envoie une nouvelle boule puante à Warner : un simple mot qu'il trace sur ses tempes avant de se montrer aux caméras. Un mot particulièrement signifiant dans la culture américaine : *slave*, « esclave ». Dans le magazine *Ebony*, il inaugure une formule fameuse, qui joue sur le double sens du mot *master* – à la fois les « maîtres » de la période esclavagiste, et les « bandes *master* » de l'artiste, supports physiques de ses créations, qui appartiennent à son label. « Si vous ne possédez pas vos *masters*, vos *masters* vous possèdent », déclare Prince. Ainsi, il déplore de ne pas pouvoir disposer de sa musique comme il le souhaite, et accuse Warner d'avoir accaparé le fruit de son travail, comme le faisaient en leur temps les propriétaires oppresseurs des esclaves afro-américains.

Mais objectivement, lorsqu'il renvoie à ce péché originel de l'Amérique, Prince convoque un imaginaire finalement assez éloigné de la réalité. Car le label Warner l'a traité aussi bien, sinon mieux que ses autres artistes phares. Telle a toujours été, d'ailleurs, la réputation de cette major, entre les mains de ses patrons, Mo Ostin et Lenny Waronker. C'est même l'une des raisons pour lesquelles Prince a choisi de signer avec eux en 1978.

Quinze ans plus tard, ils sont choqués d'entendre Prince utiliser de telles références raciales contre eux. D'autant que jamais, jusque-là, le chanteur ne s'était dit victime du *« white power »*. Il incarnait au contraire l'image d'une immense réussite artistique et financière, par-delà les stéréotypes et les préjugés raciaux. L'ex-patron de Paisley Park Records, Alan Leeds, qui a été témoin des horreurs du racisme et de la ségrégation envers les artistes noirs – et les a combattues avec eux – résume la situation dans un trait d'humour : « Quand Prince s'est mis à écrire *slave* sur son visage… J'ai pensé : “Mec, tu dois être le seul esclave qui possède la plantation[1] *[rires]* !” »

À l'été 1994, les deux plus hauts alliés de Prince chez Warner, Mo Ostin et Lenny Waronker, quittent le label. Leur successeur, Danny Goldberg, ancien manager de Nirvana, propose à Prince de sortir *The Gold Experience* ainsi que le deuxième album du NPG, *Exodus*, en échange d'une paix durable – plus de dénigrement de la compagnie, ni d'annonces publiques intempestives. L'artiste accepte le deal. Mais dans sa grande impatience, il ne s'y tient pas : il annonce en interview la sortie prochaine, après son départ de Warner, d'un album de cinquante titres intitulé *Emancipation*. Le label interprète cela comme une trahison, et la preuve d'un « agenda caché » du chanteur.

Résultat, la major remise *Exodus* et *The Gold Experience* et renégocie les prochaines sorties de Prince. Cette fois, elle fait le forcing pour publier officiellement le

1. Dean, *op. cit.*

mythique *Black Album*, retiré en dernière minute en 1987, et devenu depuis l'un des disques les plus piratés de tous les temps. Au départ, le chanteur refuse. Il finit par se laisser convaincre en échange d'un chèque de 1 million de dollars. Il exige aussi une sortie limitée dans le temps, pour deux mois seulement. Warner, de son côté, refuse de comptabiliser ce disque parmi ceux que le chanteur doit encore lui fournir (trois) pour sortir de son contrat. Le *Black Album* « deuxième édition » arrive sur le marché fin novembre 1994, trois mois seulement après *Come*. La campagne de publicité est minimale : Warner limite désormais ses budgets Princiers. Le label publie néanmoins un encart dans le magazine *Billboard* pour demander aux fans de renvoyer leurs copies pirates du *Black Album* en échange d'un nouvel exemplaire officiel – on peut toujours rêver… Le 31 janvier 1995, le nouveau *Black Album* est retiré des ventes. Les résultats sont moyens : autour de 800 000 exemplaires écoulés dans le monde – sans doute moins que les copies pirates de la version de 1987.

Ce n'est qu'après des mois de cet interminable bras de fer entre Prince et son label, à la fin de septembre 1995, que *The Gold Experience* arrive chez les disquaires – un an et demi après son single phare, « The Most Beautiful Girl in the World ». L'album est très bon ; hélas, les problèmes entre l'artiste et son label (sorties successives, absence de promotion) brouillent sa visibilité. Les ventes sont à peine meilleures que celles de *Come*, un an plus tôt : environ 500 000 copies écoulées aux États-Unis, et à peu près autant dans le reste du monde. La tendance se confirme : depuis *Lovesexy*, en 1988, le noyau dur des fans de Prince, qui représentait 2 millions d'acheteurs inconditionnels, a presque diminué de moitié.

Mais aux yeux du chanteur, ces chiffres n'ont aucune importance. D'autant que dans son esprit, Warner en est le seul responsable. Raison de plus, selon lui, pour aller au bout de sa démarche : avancer vers l'automanagement, l'autodistribution, et encore plus d'autosuffisance musicale.

Après un énième remaniement à la tête de Warner, en plein plan d'économies, le nouveau patron du label, Russ Thyret, ressort le dossier Prince et décide d'arrêter les frais. Il accepte de mettre fin au contrat de l'artiste – désormais représenté par le jeune avocat L. Londell McMillan, que Prince gardera à ses côtés jusqu'à la fin de sa vie. Le chanteur lui doit encore trois albums (après *Love Symbol, Come* et *The Gold Experience*) mais Warner transige, et se contentera de deux disques. Instantanément, Prince met sur la table deux albums aux titres de circonstance : *Old Friends 4 Sale* (« Vieux amis à vendre ») et *Chaos and Disorder* (« Chaos et désordre »). Deux disques très courts, manifestement assemblés à la va-vite – pochettes comprises. Le premier regroupe essentiellement des archives de 1990-92 (dont quelques très bonnes chansons), le second, au son très *heavy*, a été en grande partie enregistré en *live* avec le NPG, entre 1993 et 1996. Comparativement, *Old Friends 4 Sale* contient de meilleures chansons que *Chaos*, et s'avère bien plus agréable à écouter.

Mais dans les deux cas, encore une fois, Prince a choisi la facilité, comme s'il voulait éviter que Warner puisse retirer le moindre bénéfice des disques vendus sous son nom. « La façon dont il l'a présenté, explique un cadre du label, c'était ça ou rien, et allez bien vous faire foutre[1]. » De fait, il ne se vendra dans le monde entier que 450 000 exemplaires de *Chaos and Disorder*, et 300 000 de *Old Friends 4 Sale*.

Quant à ses fameux « *masters* », ses bandes originales, après négociation, Prince possédera effectivement ses prochains enregistrements, mais pas ceux du « *back*

1. Hahn, *op. cit.*

catalogue » – tous les albums qu'il a produits dans le cadre de ses contrats successifs avec Warner. Le label conserve aussi la gestion des droits d'éditions pour plusieurs années – ce qui explique que l'artiste ne reprenne pas son nom immédiatement. Néanmoins, à l'issue de ces tractations, en avril 1996, Prince est enfin libéré de ses obligations envers Warner. Pour les deux parties, c'est un énorme soulagement.

En prévision de ce moment, il a lancé deux mois plus tôt son tout premier site Internet, baptisé The Dawn, « l'Aube ». Celle d'une nouvelle vie qui commence pour lui.

43. Tragédie

Sa « libération » par Warner, au milieu des années 1990, Prince veut la vivre comme une véritable renaissance. Dans sa vie personnelle, il marque ce virage par un acte que personne n'aurait imaginé : il se marie.

Depuis 1992-93, le musicien entretient une relation amoureuse (et exclusive, ce qui est rare pour lui) avec la jeune danseuse Mayte Garcia. Lorsque Prince fait sa connaissance, en 1990, Mayte est encore mineure : elle a 16 ans. Prince en a 32. Tel Elvis Presley rencontrant sa future femme Priscilla Beaulieu – qui, en 1959, avait à peine 14 ans – Prince contacte les parents de la jeune fille pour les rassurer, et s'engage dans une relation platonique avec elle. Il signe même un accord écrit avec le père de Mayte, qui fait de lui un tuteur légal de l'adolescente jusqu'à ses 18 ans. Ainsi, elle peut voyager seule pour le retrouver à Minneapolis, Paris ou Los Angeles.

À la majorité de Mayte, en 1992, Prince l'accueille dans son Graceland à lui, le complexe de Paisley Park. Amoureux, il écrit de la musique pour elle (comme à son habitude), lui fait tourner des vidéo-clips, et va jusqu'à intégrer la jeune femme dans son groupe – ce que les musiciens du NPG ne voient pas tous d'un bon œil.

Le 9 février 1993 (elle a noté la date dans son agenda[1]), Mayte perd sa virginité dans les bras de son Prince charmant. Trois ans plus tard, le 14 février 1996, jour de la Saint-Valentin, elle devient la première Madame Prince Rogers Nelson.

L'union est prononcée à l'église méthodiste de Park Avenue, à Minneapolis. Le méthodisme est un courant du protestantisme, et la religion de l'arrière-grand-père de Prince, le révérend Edward Nelson. Fils d'un riche propriétaire d'esclaves blanc et d'une Indienne cherokee, il épousa une femme noire (ce qui était illégal à l'époque), fut dénoncé par son demi-frère et devint pasteur itinérant de l'église CME (pour Coloured Methodist Episcopal Church). « Ed » Nelson transmit sa croyance à ses enfants et petits-enfants jusqu'au père de Prince, John L. Nelson. Quant à la mère du chanteur, Mattie Shaw, elle a d'abord appartenu à un autre mouvement protestant, les adventistes du septième jour, avant d'adopter la foi baptiste puis de se convertir, comme son célèbre fils, aux Témoins de Jéhovah.

Mais alors que leur mariage s'épanouit, et qu'ils s'apprêtent à fonder une famille, un drame va frapper Prince et Mayte – sans doute la pire épreuve qu'un couple puisse connaître, quels que soient son statut social et son degré de célébrité : la perte d'un enfant. Qui plus est, dans des circonstances particulièrement difficiles.

Mayte tombe enceinte très rapidement après le mariage. C'est un garçon qui arrive. La future maman – comme les parents de Prince – décide qu'elle donnera à son bébé le prénom de son père, Amiir (« prince », en Arabe). Le couple est aux anges.

Hélas, au fil de la grossesse, des problèmes apparaissent. Plusieurs hémorragies précipitent Mayte aux urgences.

1. Mayte Garcia, *The Most Beautiful : Ma vie avec Prince*, Talent Editions, 2017.

Les médecins préconisent d'abord une amniocentèse, un prélèvement pour détecter d'éventuelles anomalies génétiques du bébé. Selon Mayte, c'est Prince qui refuse. « Nous avons la foi », dit-il à l'obstétricienne. Malgré ses doutes, son épouse le suit, en partie, dit-elle, parce que l'amniocentèse entraîne un risque de fausse couche (très minime, en réalité, moins de 0,5 % des cas[1]). La fois suivante, la même obstétricienne, désormais persuadée que « quelque chose ne va pas », exige l'hospitalisation de Mayte. Là encore, selon elle, son mari refuse, toujours au nom de sa foi religieuse : « Si quelque chose ne va pas, c'est la volonté de Dieu », dit-il. Mayte affirme avoir accepté de signer une décharge pour « ne pas contrarier » son mari[2].

Le 16 octobre 1996, Mayte subit une césarienne et donne naissance à son fils, Amiir. Inquiète de ne pas entendre de pleurs ni de cris, elle décrit dans ses mémoires le visage de son mari, qu'elle voit passer de la joie à « la terreur pure ».

Le bébé est atteint d'une maladie génétique : le syndrome de Pfeiffer de type 2, qui provoque de terribles déformations du squelette et des organes. Les médecins doivent ranimer l'enfant, qui est ensuite opéré en urgence et placé sous assistance respiratoire. Au bout de six jours, Mayte et Prince, résignés, comprennent que les soins sont voués à l'échec. En accord avec les médecins, ils décident d'y mettre un terme. Le petit Amiir repart vers les étoiles, laissant sur terre un couple de parents dévastés.

Pendant les semaines suivantes, Mayte reste cloîtrée à Paisley Park, en pleine dépression. Prince, lui, renoue avec ses vieux réflexes de survie : il enregistre, donne des concerts et assure la promotion de son nouvel album.

1. Ameli.fr, site de l'Assurance maladie.
2. Garcia, *op. cit.*

Une attitude qui frise le déni de réalité lorsqu'à la stupéfaction de son épouse, un mois à peine après le décès de leur enfant, il organise une interview à Paisley Park avec la grande prêtresse de la télé populaire américaine, Oprah Winfrey. « Elle était venue pour découvrir si notre enfant était mort ou difforme », explique Mayte. Pendant l'entretien, enregistré le 20 novembre 1996 et diffusé le lendemain, l'artiste reste énigmatique – comme toujours – mais il laisse entendre que son enfant va bien. Des images déroutantes, presque incompréhensibles, lorsqu'on les voit en connaissant toute l'histoire.

Peu à peu, ces événements dramatiques finissent par avoir raison du couple. Les quatre années de leur mariage ne sont qu'une lente séparation. Au point qu'en décembre 1998, lors d'une conférence de presse en Espagne, Prince déclare devant sa femme, encore éberluée, que leur contrat de mariage va être « annulé ». Mayte affirme qu'il l'a ensuite « harcelée » toute une nuit jusqu'à ce qu'elle signe un document (sans valeur légale) dans ce sens. Après quoi, le chanteur installe la jeune femme dans une maison qu'il a achetée pour eux à Marbella, mais qu'il habite de plus en plus rarement. Elle continue néanmoins de le rejoindre, lorsqu'il le demande, pour des événements officiels ou des sorties publiques. Mais leur vie commune est clairement terminée.

En réalité, bien qu'il n'en montre rien, Prince est perdu, lui aussi, et profondément atteint par la mort de son enfant. Fuyant son foyer fracassé par ce drame, il en rejoint un autre : la grande maison des Témoins de Jéhovah. Il se trouve que l'un de leurs meilleurs ambassadeurs parmi les musiciens afro-américains est aussi l'un des grands innovateurs du funk, l'inventeur du jeu de basse en « slap », dans le groupe Sly and The Family Stone : Larry Graham. Son chemin croise celui de Prince à la fin de l'été 1998, lors d'un *aftershow* à Nashville.

Prince adule le musicien qu'est Graham, mais il est aussi subjugué par sa dimension « spirituelle ». En réalité, il succombe totalement au prosélytisme religieux du bassiste, au cours de longues discussions en forme de prêche dont Mayte est le témoin. Comme toujours, Prince ne fait pas les choses à moitié : il fonce tête baissée sur ce nouveau chemin. Il fait venir Larry Graham à Minneapolis, l'installe à Paisley Park et l'engage dans son groupe. Il ira jusqu'à faire du porte-à-porte avec lui pour diffuser la bonne parole, comme deux Témoins « lambda ».

Effet collatéral de cette conversion : Prince modifie tout son répertoire. Il supprime les grossièretés et tout ce qui contrevient à sa nouvelle religion : le sexe oral est interdit, alors le morceau « Head » est banni du répertoire. De même, *« the cross »* devient *« the Christ »*, car les Témoins ne croient pas à la crucifixion de Jésus mais à sa mort sur un pieu ou un pal (un débat assez *gore* que Prince lancera régulièrement en public, notamment sur des plateaux de télévision, pendant ses concerts ou avec les membres de son fan-club).

Mayte passe la dernière année de son mariage à voir son époux s'éloigner d'elle. En revanche, il se rapproche toujours plus de Larry Graham et de son épouse, ainsi que d'une nouvelle connaissance, jeune membre du « groupe », une étudiante biblique assidue. Cette salariée de Paisley Park qui travaille pour la fondation caritative de Prince, Love 4 One Another, lancée à la suite du décès d'Amiir, se nomme Manuela Testolini.

Un jour, Mayte surprend un geste de son mari sans aucune équivoque, à ses yeux, sur ce qui est en train de se jouer. Prince, qui évite tout contact physique avec quiconque, s'approche de Manuela et lui serre la main. Ce geste, chez lui, n'est pas anodin : « Je connais cette poignée de main, écrit Mayte dans ses mémoires. Exactement comme il avait serré ma main, des années auparavant. J'avais 16 ans, et Carmen Electra se tenait là, près de moi, pensant qu'elle serait la seule femme qu'il aimerait jamais[1]. »

Mayte divorce de Prince en mai 2000. Elle dit avoir alors appris par une amie que son ex-mari aurait fait brûler toutes ses affaires, et celles de leur défunt bébé Amiir – y compris l'urne contenant ses cendres. Un choc de plus pour elle, dans cette histoire aussi passionnelle que traumatisante.

Le 31 décembre 2001, Prince commence officiellement son intégration aux Témoins de Jéhovah – deux ans d'études avec Larry Graham avant un baptême, qui aura lieu le 23 mars 2003 – en même temps que Manuela « Mani » Testolini. Les deux tourtereaux se marient discrètement, le même jour, à Hawaii. Mais, religion commune ou pas, le second mariage de Prince ne durera guère plus longtemps que le premier. Manuela demande le divorce en mai 2006 – il sera prononcé un an et demi plus tard, en octobre 2007. Les documents dévoilés par la presse montreront que l'essentiel des désaccords portent sur les aspects financiers de la séparation. Le « tarif » de Prince, dans ses négociations avec Manuela, comme avec Mayte avant elle, semble se résumer à une maison, une voiture et une pension (10 000 dollars par mois pour Manuela[2] et, selon Mayte, une « offre indécente », qu'elle dit avoir acceptée[3]).

Malgré ses multiples tentatives, Prince restera toujours plus fidèle à son Dieu, quel qu'il soit, qu'à ses compagnes successives. Toute sa vie, à partir de sa conversion, il ira se recueillir à la salle du Royaume des Témoins de Jéhovah de Minnetonka, près de Minneapolis (sur les bords du fameux lac « purificateur » du film

1. Garcia, *op. cit.*
2. CBS News Minnesota, Cbsnews.com, 13 janvier 2017.
3. Garcia, *op. cit.*

Purple Rain). Une assemblée qui, en 2016, à la mort de l'artiste, rendra un hommage vibrant non pas à Prince, mais à « Frère Nelson » – en présence de son mentor, Larry Graham, et de toute sa communauté religieuse.

La dernière (peut-être la seule) vraie famille de Prince.

44. Le prix de la liberté

Lorsque les Beatles se séparent, en 1970, le guitariste George Harrison est dans un tel état de frustration qu'il enregistre immédiatement un triple album, *All Things Must Pass* (Apple, 1970). Trois vinyles majestueux – bien qu'assez déprimés et un peu déprimants – qui débordent d'idées accumulées depuis des années, que « les autres » (McCartney et Lennon) ont refusées.

En 1996, lorsqu'il retrouve sa « liberté » après avoir quitté Warner, Prince est à peu près dans le même état que Harrison en 1970. Son premier album, sur le label NPG, est également un triple (CD, cette fois), et une démonstration de force – sur le plan de la quantité, au moins. *Emancipation*, qui sort le 19 novembre 1996, contient trois disques de douze chansons qui doivent durer exactement soixante minutes chacun (et des poussières, en réalité), soit trois heures pile de musique au total – il y aurait dans ce timing un lien numérologique, selon Prince, avec les pyramides d'Égypte…

« Démonstration » est vraiment le mot qui s'impose à l'écoute de cet album mastodonte. *Emancipation* contient d'excellentes choses, dans tous les styles que Prince affectionne – notamment de formidables codas instrumentales. Peu d'expérimentation, en revanche, et un son assez uniforme donnent à l'ensemble un côté lisse, très *smooth* – voire insipide, diront les plus exigeants. Mais on peut supposer qu'avec ce disque, Prince ne cherche pas à impressionner, ni même à innover, mais plutôt à réaffirmer, à l'occasion de cette « renaissance » discographique, ce qu'est sa musique, et ce qu'il est, lui. Ce qu'il expose à travers *Emancipation*, ce sont les multiples composantes de sa personnalité et de ses créations. N'en déplaise aux nostalgiques, à 38 ans, après tout ce qu'il a vécu, Prince est nettement plus calme que dans les années 1980.

Pour assurer la distribution et la promotion de ses œuvres, dans sa nouvelle logique de « musicien indépendant » – c'est la ligne qu'il suivra pour le restant de sa vie –, Prince passe des accords au coup par coup, album par album, avec de grandes maisons de disques. Ainsi, *Emancipation* fait l'objet d'un deal avec EMI, le label historique des Beatles (aujourd'hui propriété de Vivendi-Universal). Le disque bénéficie de gros moyens et se vend bien, au regard des derniers albums de l'artiste : près de 1,5 million d'exemplaires dans le monde, son meilleur chiffre depuis l'album *Love Symbol*.

Si les ventes d'*Emancipation* sont relativement bonnes, c'est aussi parce que Prince laisse à cet album le temps de s'installer – son prochain disque (un quadruple, cette fois) ne viendra qu'en janvier 1998. Une pause bienvenue, car à ce stade, le rythme des sorties de Prince commence réellement à saturer l'attention, y compris celle des fans les plus avides.

Sur ce point, force est de reconnaître que Warner, qui connaissait quand même son boulot, avait raison. Jugez plutôt : depuis la compilation *The Hits*, en septembre 1993, Prince a publié un disque quasiment tous les trois mois ! L'EP *The Beautiful Experience* est sorti en mai 1994, *Come* en août 1994, le *Black Album* en novembre 1994, *Exodus* du NPG en mars 1995, *Gold Experience* en septembre 1995, puis *Girl 6*, la BO du film de Spike Lee, en mars 1996 (une compilation agrémentée d'un nouveau morceau), avant *Chaos and Disorder* en juillet 1996, et enfin *Emancipation* en novembre 1996…

Pas besoin d'être une major du disque pour comprendre les inconvénients de cette surexposition : les fans, s'ils ne sont pas totalement inconditionnels, commencent à se lasser, ou à se poser des questions. Quel est le « bon » album de Prince ? Qui sort quoi, sous quel nom ? Et si Warner utilisait des fonds de tiroir sans l'accord de Prince ? Où est l'arnaque ? Bref, cela nuit aux ventes – d'autant que les CD sont chers à l'époque – et le manque de lisibilité est également néfaste pour l'image de Prince. À quoi il faut aussi retrancher, désormais, le soutien d'une puissante société comme Warner, qui finançait les projets de Prince à l'année sans regarder à la dépense. Maintenant, l'artiste, en « jeune indépendant », doit se débrouiller seul. Il va rapidement constater la différence, et devoir en tirer toutes les conséquences.

On le sait, il n'a pas attendu la fin de son contrat avec Warner, en 1996, pour rencontrer de graves difficultés financières. Son train de vie, ses investissements, ses projets dispendieux, alors que ses ventes de disques faiblissent, menacent ses finances depuis un moment.

Les studios de Paisley Park, par exemple, sont de moins en moins disponibles à la location, et de plus en plus accaparés par Prince – Warner a même dû intervenir pour qu'il laisse la place à d'autres « clients ». L'ami producteur David « Z » Rivkin, par exemple, habitué de Paisley Park, se souvient qu'un jour, Prince a préféré lui payer un déménagement à Los Angeles plutôt que de libérer un studio à Minneapolis…

Comme l'écrit en 1995 le journaliste Bruce Orwall dans le *St Paul Pioneer Press* : « Depuis *Purple Rain*, il y a dix ans, personne ne conteste le génie créatif de l'artiste. Mais pour ce qui est de son empire à plusieurs millions de dollars, particulièrement instable, c'est une autre histoire[1]. »

Alors, lorsque Warner retire ses financements, Prince n'a d'autre choix que de procéder à une nouvelle purge à Paisley Park – après celle de 1989. Cette fois, il charge son demi-frère, Duane Nelson, aidé d'un comité de cinq personnes, de procéder à une vague de renvois immédiats. Les lettres de licenciement partent dans tous les sens. « Le comité » congédie l'essentiel du staff de la société Paisley Park Enterprises (qui inclut notamment un département « costumes » de dix personnes, un salon de coiffure, les techniciens des studios de répétition, du personnel administratif, et le label NPG Records). D'anciens compagnons de route passent à la trappe : le régisseur Mark White s'en va, la chargée de relations Karen Lee aussi, la directrice financière Jennifer Carr est virée, Levi Seacer Jr quitte son poste... La plupart d'entre eux devront faire appel à des avocats pour toucher l'intégralité de leurs indemnités de départ.

À la fin du processus, c'est « le comité » d'épuration lui-même qui est éliminé – un grand classique. Il ne reste auprès de Prince que son demi-frère Duane et deux assistantes personnelles[2].

Parmi les « vieux de la vieille », même Gilbert Davison, l'ancien garde du corps, confident puis manager de Prince et président de Paisley Park – beaucoup le voient comme le plus fidèle *« yes man »* du musicien, ce qui n'est pas la première qualité d'un bon conseiller –, rend son tablier.

Entre Prince et Davison, la rupture se produit autour d'une chaîne de clubs dans laquelle ils sont associés, baptisée Glam Slam, comme dans le film *Graffiti Bridge*. Prince

1. Bruce Orwall, « Purple Drain », *St Paul Pioneer Press*, 15 janvier 1995.
2. Hahn, *op. cit.*

a lancé le projet en 1990 : une première salle de concert a ouvert à Minneapolis cette année-là (rebaptisée ensuite Glam Slam North), puis une autre en 1991 à Yokohama, au Japon, avant celles de Los Angeles en 1993 (Glam Slam West) et de Miami en 1994 (Glam Slam East).

Pendant sa courte existence, le Glam Slam de Los Angeles a accueilli des artistes aussi divers que Peter Gabriel, 2Pac, Ice Cube, Björk, No Doubt ou Billy Idol. Celui de Minneapolis a reçu BB King, Average White Band, Soul Asylum… Mais la plupart du temps, c'est Prince qui constitue l'attraction principale de ses propres clubs, où il teste ses nouveaux morceaux et vend des produits dérivés qui vont du blouson en cuir peint à la main (850 dollars) au pendentif en or « Love Symbol » (650 dollars), en passant par des casquettes de baseball[1] (12 dollars).

Problème : Prince est peu attentif aux maigres recettes qu'il engrange, alors qu'il a investi des centaines de milliers de dollars dans chacun de ces clubs. Construction, aménagement, décoration, design… les budgets sont allègrement dépassés. Au moment de la rupture avec Warner, ses finances étant en péril, il se retire précipitamment de l'affaire, laissant Gilbert Davison seul aux commandes. Le Glam Slam de Los Angeles ferme en août 1995, celui de Minneapolis en octobre (l'endroit est rebaptisé The Quest, et Davison continue de le diriger jusqu'à un incendie fatal en 2007). Prince a aussi revendu ses parts à Yokohama, où son club est rebaptisé Bay Hall. Enfin, le Glam Slam East de Miami ferme définitivement ses portes en février 1996, après une descente des stups sur des soupçons de trafic de drogue parmi les clients de la boîte.

Lorsqu'il ferme les clubs Glam Slam, Prince baisse aussi le rideau de fer sur ses NPG Stores de Londres et

1. « Glam Slam Clubs », Goldiesparade.co.uk.

Minneapolis. Toutes les marchandises sont rapatriées dans les entrepôts de Paisley Park. Un stock qu'il a désormais l'intention d'écouler, comme ses disques, sans aucun intermédiaire.

Pour cela, il va tout miser sur un nouvel outil, une nouvelle révolution, qu'il sent monter en puissance : Internet.

45. Le futur

En 1996, pour la plupart d'entre nous, « Internet » n'est encore qu'un mot qui apparaît de plus en plus souvent dans les médias, une invention dont on ne perçoit pas bien la réelle utilité. Pourtant, Prince y voit la porte de sortie qu'il cherche depuis longtemps : un canal de diffusion parfaitement adapté à son incroyable créativité. Il en a rêvé, la technologie est en train de le faire. Dans ce domaine, une nouvelle fois, il devance tout le monde.

Le 14 février 1996, l'artiste lance son premier site de vente en ligne, baptisé Thedawn.com, aussi embryonnaire que l'est le Web à cette époque. Un an plus tard, en mai 1997, désormais débarrassé de son label, il inaugure deux nouvelles adresses : la première, 1800newfunk.com, est sa nouvelle boutique sur le Net. La seconde, Love4oneanother.com, est un site généraliste qui propose des infos sur ses tournées, des extraits musicaux de ses nouvelles productions, et fait la promotion de l'association caritative Love 4 One Another qu'il a créée avec Mayte en novembre 1996, juste après le décès de leur enfant, et qui est encore active à ce jour.

En grand précurseur – les deux autres pionniers de la Toile, David Bowie et Peter Gabriel, n'ouvriront leurs premiers sites web qu'en 1998 et 1999 –, Prince rêve en format géant. Pour lui, Internet incarne l'absence de limites : il pourra publier autant de musique qu'il le souhaite, aussi rapidement qu'il le veut, et la proposer en direct à ses fans. Une vision qui correspond effectivement à ce que le Net va devenir.

Mais à l'époque, tout à son euphorie, le musicien néglige deux dimensions de son projet. D'abord la technique, justement : les capacités de streaming et de téléchargement des internautes lambda sont alors quasi nulles. Ensuite, la logistique : rapidement fastidieuse, elle nécessite de suivre de près la réception des commandes, l'envoi des colis, etc. C'est la routine, aujourd'hui… Mais en 1996, quasiment personne, et certainement aucun musicien de la trempe de Prince, ne le fait. Côté clients, enfin, l'idée de payer en ligne terrifie encore les acheteurs, qui ont l'impression d'ouvrir leur compte en banque à tous les bandits de ce nouveau far west.

Peu importe, Prince se lance : en janvier 1998, il propose son premier album vendu exclusivement en ligne. Le titre, qui apparaît dans quelques publicités, est plus qu'alléchant : *Crystal Ball*. S'agira-t-il de l'album mythique et inédit de 1987 ? Les fans n'en peuvent déjà plus d'attendre. Seulement, ce disque, ils vont devoir se le procurer par les voies que Prince a choisies, et elles sont encore largement impénétrables.

Souvenez-vous de Frédéric Goaty, de *Jazz Magazine*, fan assidu de la première heure, que nous avons laissé au New Morning, à Paris, en 1987. Dix ans plus tard, il a également vécu en direct ce nouveau challenge Princier – pas le plus facile. À côté, la recherche de places pour les *aftershows* semble avoir été un jeu d'enfant… Il s'en souvient encore dans les moindres détails.

« J'apprends que Prince a un site web, raconte-t-il. Nous n'avions même pas Internet au bureau, à l'époque ! J'ai dû aller voir un pote à la rédaction de *Paris Match*. Là, je vais sur le site et je vois le coffret *Crystal Ball* en vente. Alerte *[rires]* ! C'est un triple album avec des morceaux inédits, dont on nous dit qu'il est hors commerce (et il l'était, à ce moment-là). Un truc de fou ! Je cours chercher ma carte bleue et je commande. Pour la première fois de ma vie, je mets mon numéro de carte bleue sur Internet – j'en ai des gouttes de sueur sur le front. Je clique sur "commander"... Et ça plante *[rires]* ! Je ne sais même pas si ma commande est passée ou pas. Je n'ai aucune confirmation, rien. Au bout de quelque temps, je reçois effectivement un message qui confirme ma commande, tout en me précisant qu'il y aura un "petit retard", ou une formule comme ça. La livraison est reportée au mois de mars, puis avril, puis mai... En réalité, Prince avait pris les commandes avant de fabriquer le disque *[le plancher avait été fixé à 100 000 commandes, du "crowdfunding" avant l'heure, NDA]*. Des mois plus tard, je n'ai toujours pas mon disque. Un beau matin, un pote m'appelle : "Alors, tu l'as acheté ? – Bah oui, je l'ai commandé, j'attends qu'il arrive. – Ah. Mais je viens de le trouver à la Fnac des Champs-Élysées ! – Quoi ???" Il se trouve que je travaillais juste en face, alors je fonce à la Fnac... En effet, le disque est en vente ! Alors que moi, je ne l'ai toujours pas reçu. Évidemment, idiot que je suis, je l'achète[1]. »

Il faut préciser qu'à l'époque, Frédéric, par ailleurs grand admirateur de Frank Zappa, a déjà passé pas mal de commandes *via* la célèbre « hotline » zappaienne 818-PUMPKIN, où l'on peut acheter des disques, livres, *goodies,* en payant par chèque. Bien entendu, avec le maître moustachu, qui est la rigueur incarnée, tout se passe à merveille. Les envois sont rapides et soignés. Chez Prince, en revanche, l'organisation de la boutique en ligne est déplorable.

1. Entretien avec l'auteur, 10 novembre 2023.

Face à cette situation, Frédéric, en fan trahi – toujours redoutable – « pète un câble ».

« Nous n'avions pas Internet au bureau, explique-t-il, mais il y avait un objet qui s'appelait le fax, la télécopie : on y glissait un message écrit sur une feuille, et ça s'imprimait à l'autre bout de la ligne. J'avais un numéro de fax pour cette commande – je l'avais sans doute pris sur le site – alors j'envoie un message furieux, dans lequel je dis : *"Hello, my name is Frédéric Goaty*, vous êtes un voleur *[j'emploie le mot* 'thief'*]* un escroc *['crook']*. C'est un scandale, comment pouvez-vous traiter vos fans comme ça !" Grosse colère. Et j'ai envoyé plusieurs fois le même fax *[rires]* ! »

Contre toute attente, les méthodes les plus simples sont parfois les plus efficaces. En l'occurrence, la stratégie du coup de gueule fonctionne : « Comme par hasard, explique Frédéric, deux ou trois jours plus tard, je reçois un colis Fedex avec à l'intérieur le coffret *Crystal Ball* en version collector, plus un tee-shirt et un autre CD. Surpris, je demande aux copains s'ils ont reçu tout ça, eux aussi, mais non. Chacun avait reçu un paquet différent… C'était le bordel. »

Prince « update » son site Love4oneanother.com en 1999, qui se transforme en NPGOnlineLTD.com en l'an 2000. Mais, la plupart du temps, les promesses – n'engageant, c'est connu, que ceux qui y croient – ne sont toujours pas tenues. L'artiste annonce régulièrement des albums qui ne sortiront jamais. Comme *Roadhouse Garden*, en 1998, « un disque de Prince and The Revolution », selon le communiqué. Mais Wendy et Lisa, stupéfaites, ne sont absolument pas au courant. Il affirme pourtant leur avoir proposé une coproduction, ce qu'elles contestent[1]. Également promis aux fans, mais jamais publiés : un autre disque de Prince intitulé *High*

1. « Roadhouse Garden », Princevault.com, février 2023.

– dont Prince a réutilisé la plupart des morceaux sur des singles ou compilations digitales –, l'album de Mayte, *Scorpio*, ainsi qu'une série très alléchante baptisée *New Funk Sampling Series* (sur le modèle de *Sample Some of Dat* de George Clinton), qui aurait dû contenir 700 « échantillons » de la musique de Prince (voix, basse, guitare, claviers, etc.), répartis sur sept CD, pour la modique somme de 700 dollars. La sortie était prévue pour l'année 2000, mais ce projet *« DJ friendly »* s'est mystérieusement évanoui dans la nature, lui aussi – les disques n'ont même probablement jamais été gravés.

C'est en 2001 qu'apparaît la dernière véritable incarnation de la « communauté » Princière sur Internet : le NPG Music Club – après cela, Prince mettra en place des sites éphémères au fil de ses albums (3121.com, Lotusflow3r.com et 3rdEyeGirl.com). L'adhésion au NPGMC coûte 100 dollars, contre la promesse de recevoir de la musique, des places privilégiées aux concerts et une carte de membre « à vie ». Hélas pour les fans, l'aventure ne va pas durer très longtemps. Après cinq années de fonctionnement cahin-caha, Prince, seul maître à bord après Dieu, débranche le NPG Music Club sans aucune annonce préalable, un beau matin de juillet 2006.

Frédéric Goaty, en fidèle parmi les fidèles – ils sont de plus en plus rares à ce moment-là –, fait partie de ceux qui sont passés à la caisse du NPGMC. Il parle avec un sourire attendri des crises de nerfs infligées par la star à ses fans : « C'était de plus en plus fumeux. On payait pour des téléchargements, mais aussi des albums physiques, qui devaient être hors commerce. Tu parles, rien du tout ! Il annonçait des trucs de fou, des albums et des albums… Mais après, il comptait le nombre de CD, et comme il sortait des coffrets de quatre ou cinq disques, on avait un seul album, en fait. Il s'est foutu de notre gueule *[rires]* ! C'était incroyable : c'est le seul artiste qui faisait payer 100 dollars à ses fans, ne respectait pas ses engagements, et on continuait de payer[1] ! »

La définition même d'une « addiction », pour reprendre le mot parfaitement assumé par l'autre fan exemplaire que nous avons rencontré précédemment, Raphaël Melki[2]. Pourquoi cette générosité, presque naïve ? Parce que Prince n'était pas un artiste tout à fait comme les autres. Avec lui, les déceptions étaient possibles. Des catastrophes pouvaient même se produire. Mais dans le même temps, on n'était jamais à l'abri d'un miracle.

C'est pour entretenir ce lien très fort avec son public que, toute sa vie, Prince a gardé un œil sur les nouvelles technologies, et plus particulièrement sur les nouveaux canaux de diffusion potentiels de son travail. Parmi ses dernières explorations, les plateformes de streaming, si populaires aujourd'hui, ne lui ont pas échappé. Les dernières années avant sa mort, en 2016, il était en pourparlers avec la chaîne Netflix, encore peu connue à l'époque – son explosion mondiale date de la pandémie de Covid, en 2019-2020. Le projet (un docu-série tourné à Paisley Park) est resté inachevé. Mais encore une fois, l'artiste avait quelques années d'avance sur nous…

1. Entretien avec l'auteur, 10 novembre 2023.
2. Melki, *op. cit.*

46. No logo

Dans ses grandes périodes d'inspiration, Prince n'a jamais hésité à innover, à aller à contre-courant, pourvu qu'il ait cru à ce qu'il faisait. La conviction est l'une de ses principales motivations – une caractéristique des grands expérimentateurs-précurseurs. Dans les années 1980, au sein de ses groupes successifs, il a fait voler en éclats les barrières de la race et du genre (musical ou sexuel). Il a ensuite embrassé les révolutions technologiques comme aucun autre artiste de son époque. Puis, au milieu des années 1990, il a pris, parmi les premiers, le virage d'Internet.

À présent, à l'aube des années 2000, fort de sa propre expérience, Prince est convaincu que les majors du disque vont disparaître. Il est persuadé que les jours de toutes ces grandes compagnies, qui ont certes promu mais surtout exploité, volé et asservi tant d'artistes, sont comptés. L'avenir, il le sait, est à l'indépendance.

Mais s'affranchir de la tyrannie des majors grâce à Internet ne lui suffit pas. Il veut aussi battre le *music business* à son propre jeu. En mettant les labels en concurrence, en utilisant leur puissance à son profit, le musicien va se comporter avec eux comme eux-mêmes se comportent avec « leurs » artistes. Pour cela, il va multiplier les contrats, toujours à son avantage, avec une multitude de labels. Diviser pour mieux régner : le b.a.-ba de l'assise du pouvoir.

Après *Emancipation*, sorti sur EMI en 1996, Prince signe avec Arista en 1999 pour *Rave Un2 the Joy Fantastic*, puis Redline Entertainment en 2001 *(The Rainbow Children)*, MP Medias en 2003 *(News)*, Columbia en 2004 *(Musicology)* et Universal en 2006 *(3121)*. 2007 est une année charnière : Prince revient chez Columbia pour l'album *Planet Earth*, qu'il conçoit comme le « produit d'appel » de sa magistrale résidence de vingt et une nuits à l'O2 Arena de Londres. Pour cette raison, sans prévenir son label, il « deale » également avec l'hebdomadaire britannique *Mail on Sunday*, qui offre le disque *Planet Earth* gratuitement à ses 2 millions de lecteurs. Un superbe coup marketing, mais un véritable affront pour les patrons de Sony, propriétaires du label Columbia : furieux, ils retirent immédiatement *Planet Earth* des bacs au Royaume-Uni[1]. L'artiste s'en contrefiche : sa résidence londonienne est un événement mondial, un triomphe supplémentaire.

En 2009 et 2010, Prince sort ses deux disques suivants, *Lotusflow3r* (2009) et *20Ten* (2010), sous sa propre marque, NPG Records. Après quoi, nouveau changement, en forme d'incroyable retour aux sources : dix-huit ans après leur séparation explosive, Prince rejoint son premier label, Warner, pour deux albums, *Art Official Age* et *Plectrum Electrum*, qui sortent simultanément le 26 septembre 2014. Mais ces belles retrouvailles, on s'en doute, n'ont rien de sentimental. Il y a un « truc » : Prince a négocié un contrat élargi qui lui accorde la propriété de tout son catalogue Warner, depuis son premier album, *For You*, en 1978, en échange d'un accord exclusif de « licence globale », dont on ne connaît ni la durée ni les modalités. En deux mots, en signant de

1. Eamonn Forde, « Record breaker: a brief history of Prince contractual controversies », *The Guardian*, Theguardian.com, 10 août 2015.

nouveau avec Warner en 2014, Prince récupère enfin ses fameuses « bandes *master* ». La boucle est bouclée.

Avant cela, dans les années 1990, Prince a parfois laissé un mauvais souvenir aux patrons des labels qui ont travaillé avec lui. C'est le cas de Clive Davis, un personnage mythique du *music business*, qui a « signé » Janis Joplin, Sly Stone, Bruce Springsteen, ou encore Whitney Houston. Lorsque Prince rejoint Arista, le label de Davis, c'est pour enregistrer avec lui son vingt-troisième album, *Rave Un2 the Joy Fantastic*. Cette fois, le musicien a vraiment l'espoir d'un come-back commercial. Et pour cause. Ce qui l'amène chez Clive Davis, c'est un méga-hit que le producteur a sorti quelques mois plus tôt, en juin 1999 : l'album *Supernatural* de Carlos Santana. Quasiment une résurrection du guitariste. En associant Santana (l'une des idoles de Prince) à des faiseurs de tubes *« mainstream »* du moment (Wyclef Jean et Lauryn Hill, des Fugees, le rappeur Cee-Lo ou Eagle-Eye Cherry), Davis a décroché la timbale : 30 millions d'albums vendus, neuf Grammy Awards et deux singles numéro 1 partout dans le monde pendant des mois (« Maria Maria » et « Smooth »).

Lorsqu'il signe avec Clive Davis, Prince veut tout simplement la même chose. Sur les conseils de son avocat L. Londell McMillan, dont l'influence dépasse maintenant les affaires juridiques pour déborder sur l'artistique, Prince, avec tout le soutien et le brio de Clive Davis, applique la même « formule » que Santana, espérant obtenir les mêmes résultats. Il enregistre donc des duos avec Sherryl Crow, Gwen Stefani, Chuck D, ou encore Ani DiFranco – accompagnée de son saxophoniste, un certain Maceo Parker, que Prince va rapidement débaucher. Il joue aussi la carte de la nostalgie en ressortant sa boîte à rythmes Linn LM-1, et en donnant à son album le titre de l'une de ses chansons des années 1980 (entendue notamment sur le pirate *Trojan Horse/Small Club*).

Mais ce qui surprend le plus l'entourage de Prince, à cette période, c'est la docilité avec laquelle le musicien se plie aux demandes de Clive Davis. Il joue le jeu de la promotion, donne même des interviews et, bien sûr, des concerts. Pour obtenir le hit tant désiré, cette fois, il veut vraiment mettre toutes les chances de son côté. Pourtant, malgré les efforts du musicien et de son « mentor » du moment, les ventes de l'album qui sort en novembre 1999 sont plus que décevantes. Elles ne dépassent pas 500 000 exemplaires aux États-Unis – moins de 850 000 copies dans le monde. À des années-lumière du *Supernatural* de Santana.

Déçu et amer, comme au temps de Warner, Prince s'en prend publiquement au seul responsable de cet échec, selon lui : Clive Davis. Le patron d'Arista, affaibli par cette « tache » sur son CV immaculé, attaqué par l'artiste dans la presse, menacé par la concurrence interne à son propre label, préfère éviter le combat. Il lâche Arista et part fonder une nouvelle société.

L'année suivante, Prince aurait dû publier l'un de ses très bons albums de la décennie à venir. Sur son site Internet, *High* est alors annoncé pour l'an 2000. Mais au dernier moment, le musicien change d'avis et préfère se concentrer sur *The Rainbow Children*, qui sortira en novembre 2001. Dommage, car *High* regorge de très bonnes chansons, dans différents registres. Notamment deux ballades profondes, au bord du gospel, que Prince reprendra sur scène jusqu'au bout de sa carrière : « When Eye Lay My Hands on U » et « When Will We Be Paid? ». La seconde, une reprise des Staples Singers, évoque les injustices faites aux Afro-Américains dans ce pays que des mains noires ont bâti sans aucune reconnaissance ni salaire – le parallèle avec les artistes exploités, selon Prince, semble évident. Le disque ne sort pas, mais le musicien publiera de façon disparate huit des dix morceaux de *High* sur des compilations digitales (*The Chocolate Invasion* et *The Slaughterhouse*). Allez comprendre…

Au final, c'est donc *The Rainbow Children* (sorti en novembre 2001) qui sera le premier album de Prince du XXIe siècle. Il s'agit d'une célébration, à mots couverts, de sa nouvelle foi religieuse – Prince s'est converti aux Témoins de Jéhovah quelques mois plus tôt. Le disque délivre des messages sur le bien et le mal, les hommes éclairés (les Témoins, alias les « *rainbow children* ») et les autres. Un « esprit » que certains critiques jugent étrangement étroit, conservateur, presque puritain, pour un artiste autrefois si provocateur et avide de liberté.

Mais le plus important, c'est que cet album va marquer le grand retour de Prince dans le domaine où il est de loin le meilleur : la scène. La « vraie musique, jouée par de vrais musiciens » sera son dernier credo. C'est la clé qui lui ouvrira grand, et pour toujours cette fois, les portes d'une ultime consécration internationale.

47. Performances

Les tournées de Prince, au fil de ses déboires contractuels et financiers, ont connu des hauts et des bas. Après les sommets des années 1980, le creux de la vague se situe sans aucun doute au milieu des années 1990.

En mars 1995, par exemple, entre la déconfiture de Paisley Park et le deuxième « grand ménage » dans sa société, Prince n'hésite pas à se lancer dans un projet de tournée très ambitieux. Alors que *The Gold Experience* n'est pas encore sorti, il prépare un show autour de cet album que le public ne connaît pas – ce qui est déjà risqué, pour remplir les salles. Mais c'est surtout le décor imaginé par l'artiste qui va poser un problème : une mise en scène farfelue, qui coûte les yeux de la tête. Outre quelques gadgets ruineux, comme un tapis roulant pour lui et un harnais suspendu dans les airs pour le pianiste Tommy Barbarella, il a fait construire un accessoire géant baptisé Endorphinmachine (c'est aussi le titre de l'une de ses chansons). Il s'agit d'un édifice aux formes biscornues, haut de plusieurs mètres, composé d'un dôme central censé représenter un utérus, de la taille d'une petite montagne, et de deux « tourelles » annexes qui symboliseraient les organes génitaux masculins et féminins[1]. Le volume est tel qu'il faut plusieurs camions rien que pour transporter la « machine ».

1. Hahn, *op. cit.*

Or, dès le début de la mini-tournée européenne, baptisée *The Ultimate Live Experience*, il apparaît que les spectateurs ne sont pas au rendez-vous. La surexposition discographique, les différents noms de scène adoptés par l'artiste et sa présence régulière sur le continent ont peut-être lassé une partie du public. La qualité sonore des shows est également en cause : Prince fait les réglages lui-même, depuis la scène, sur une table de mixage placée à l'intérieur de « l'utérus ».

Très vite, on constate que des portions entières des salles, stades et parcs loués pour l'occasion restent vides, masquées par des rideaux (comme au NEC de Birmingham). Face à des recettes en berne, dans un souci d'économie, Prince doit réduire drastiquement la voilure de sa tournée. Au fil des dix premières dates au Royaume-Uni, la fameuse « Endorphinmachine » est dépecée, puis abandonnée pièce par pièce – à commencer par ses tourelles « génitales ». À la fin de ce petit mois de tournée (Angleterre, Écosse, Pays-Bas, Belgique, Irlande), la scène de l'*Ultimate Live Experience* est quasiment vide de tout accessoire.

Malgré ces difficultés, ceux qui ont fait le déplacement constatent que Prince et son groupe sont toujours au top. Les grandes salles sont peut-être à moitié vides, mais les clubs qui accueillent ses *aftershows* sont pleins, et certains de ces concerts, absolument remarquables. Comme le 22 mars 1995, lorsque l'Artiste-sans-nom et son groupe montent sur la scène de l'Emporium, une salle select du quartier Soho, à Londres. Prince a un invité en la personne de son premier saxophoniste, Eric Leeds. Comme toujours, la présence de Leeds semble relever le niveau d'un cran, et le NPG donne ce soir-là un concert inoubliable, où le groove massif le dispute à la finesse des improvisations du chanteur et des musiciens. L'enregistrement, en circulation depuis bien longtemps, est un must absolu dans la discographie « parallèle » de l'artiste.

On pourrait en dire autant du concert au DNA Lounge de San Francisco en avril 1993, ou de celui du Rex Club à Paris en septembre de la même année. Ou encore de l'*aftershow* parisien au Bataclan, en 1999, avec une interprétation de « Kiss » à deux basses, avec Larry Graham, qui passe pour être la meilleure version *live* jamais enregistrée de ce morceau. Beaucoup d'autres exemples viennent en tête, qui ne démontrent qu'une seule chose : en tant qu'homme de scène et instrumentiste, Prince a sans cesse peaufiné son art, encore et encore, même lorsque le grand public détournait son regard.

C'est comme cela qu'au fil de ses turbulentes années 1990, « T.A.F.K.A.P. » *(The Artist Formerly Known as Prince)* a enchaîné les tournées. Et son exigence n'a jamais varié : qu'ils jouent pour un stade ou une poignée de spectateurs, il pousse toujours ses musiciens au maximum, et même au-delà, de leurs capacités. Le batteur du NPG, Michael « B » Bland, raconte les rigueurs et les merveilles de ses années de « formation » quasi militaire aux côtés de Prince, de 1990 à 1997 : « J'avais 20 ans quand on a commencé à tourner. Je ne peux même pas expliquer à quel point c'était fou. Le premier soir du *Nude Tour*, à Wembley (19 juin 1990), je suis en train de jouer le premier morceau, et je vois Paul McCartney. Il est là ! Je vois George Michael, une superstar, qui saute sur place et tape des mains comme une petite fille, au premier rang ! Kate Bush était là aussi. Mec, ça m'a fait halluciner. Peter Gabriel était là, en coulisses, il voulait rencontrer Prince. J'ai demandé à Prince s'il lui avait parlé. Il a éclaté de rire et m'a dit : “Lui parler de quoi ?”… Bon, OK. Il s'en fichait un peu *[rires]*. En revanche, Mick Jagger avait tapis rouge dans sa loge.

« Rapidement, après le *Nude Tour*, je me suis dit que j'allais peut-être m'arrêter là – Prince me parlait parfois sur un ton que je n'aimais pas, et on ne pouvait absolument pas avoir de vie personnelle… Alors je me suis dit qu'il fallait peut-être que je choisisse autre chose. Je m'étais prouvé que je pouvais le faire, mais je pouvais très bien choisir de ne pas le faire. J'en ai parlé à Bobby Z *[le batteur de The Revolution, NDA]*, qui m'a dit : "Prince est parfois difficile. Mais si tu étais un soldat, il serait le meilleur général qui puisse te commander."

« Prince sait comment gagner. Il est tellement obsédé par la victoire qu'avec lui, on ne peut pas perdre. Personne ne travaillera plus que lui, et personne n'accomplira ce qu'il parviendra à accomplir. Prince est... une anomalie. Presque. On parle d'un gars qui changeait d'avis si souvent qu'il modifiait la liste des morceaux d'un concert alors qu'on était en train de monter sur scène *[rires]* ! Le premier artiste avec qui j'ai joué après Prince, lorsqu'il s'est séparé de nous, c'est Maxwell. Autour de lui, il y avait beaucoup de gens de Minneapolis qui me connaissaient : des ingénieurs du son, le *tour manager*, Alan Leeds. Au deuxième jour de répétition, à la cantine, les gens me disaient : "Ça y est, tu t'ennuies déjà ?" Compte tenu de ce que j'avais fait avec Prince, ils trouvaient que j'avais l'air de m'embêter[1]... »

Fin 1996, Prince dissout le NPG « première époque » (très minimal, avec Michael Bland à la batterie, Sonny Thompson à la basse, Morris Hayes et Tommy Barbarella aux claviers, plus Mayte Garcia en danseuse-muse-épouse). Il publiera un troisième et dernier album sous le nom NPG en 1998, *New Power Soul* (après *Gold Nigga* en 1994 et *Exodus* en 1995), mais en réalité, il en a enregistré l'essentiel tout seul dans son studio.

Par la suite, beaucoup de musiciens vont se succéder dans le groupe de Prince, toujours sous la bannière New Power Generation. Certains marqueront les mémoires

1. Michael Dean, « In conversation with Michael Bland », *Prince Podcast*, YouTube, 27 décembre 2021.

plus longtemps que d'autres : la bassiste Rhonda Smith, le guitariste Mike Scott, le batteur John Blackwell, le pianiste Renato Neto, les chanteuses Shelby J et Liv Warfield, Mike Phillips et Candy Dulfer au saxophone, sans parler de Maceo Parker ou du tromboniste Greg Boyer. Il y a aussi le multi-instrumentiste Chance Howard, l'harmoniciste Frédéric Yonnet, et bien sûr « les filles » des années 2010 : Hannah Ford (batterie), Ida Nielsen (basse), Donna Grantis (guitare), Cassandra O'Neal (claviers) – également connues sous leur nom de groupe, 3rdeyegirl.

En réalité, c'est la logique du NPG qui change au début des années 2000 : il ne s'agit plus vraiment d'un groupe à part entière, dont Prince serait un simple membre. Le chanteur choisit désormais ses musiciens au coup par coup, en fonction de ses besoins précis du moment, à chacune de ses incessantes tournées aux États-Unis, ou plus loin.

Conformément à la nouvelle devise de l'artiste, qu'il répète inlassablement *(« Real music by real musicians »)*, la star, ce n'est plus le groupe, ni son leader, ni le show. C'est la musique. En s'effaçant derrière elle, Prince va enfin pouvoir (re)devenir lui-même : un maître incontesté, aux yeux de tous.

48. Son nom est Prince

Le XXIe siècle n'a que quelques mois lorsqu'en conférence de presse, en mai 2000, celui qui est encore « l'Artiste autrefois connu sous le nom de Prince » fait une annonce de taille. Elle tient en quelques phrases : « Le 31 décembre 1999, mon contrat d'édition avec la société Warner Chappell a expiré, libérant ainsi le nom qui m'a été donné à la naissance, Prince, de tout contrat restrictif à long terme. Je vais maintenant recommencer à utiliser mon nom, au lieu du symbole que j'ai choisi pour me libérer de relations indésirables[1]. »

Ainsi se terminent sept années de batailles légales, de contournements contractuels et de jeux de piste avec son label, mais aussi avec les fans. À présent, « Prince » est de retour, une bonne fois pour toutes.

Pour fêter sa « résurrection » à l'âge de 42 ans, le musicien inaugure une nouvelle forme d'événement, qu'il reproduira ensuite avec beaucoup de succès : il programme une série de concerts à Paisley Park, pendant une semaine entière. Et pour la première fois, dans un geste hautement symbolique, il décide d'ouvrir les portes de « son intérieur » aux fans : ils seront autorisés à visiter les lieux (à condition d'avoir acheté des places

1. « Prince. Yes. "Prince" », *CBS News,* Cbs.com, 17 mai 2000.

de concert). L'artiste baptise cette première « réunion de famille » *Prince: A Celebration*.

Rien de révolutionnaire dans le fait de jouer « en résidence » (les Beatles, pour ne citer qu'eux, ont joué trois semaines à l'Olympia de Paris en 1964), mais pour Prince, la stratégie est intéressante. Elle lui permet d'utiliser Paisley Park comme une source de revenus « complémentaires ». En de telles occasions, les produits dérivés (dont les stocks de feu les NPG Stores et clubs Glam Slam) sont vendus partout, à l'extérieur du bâtiment et dans une boutique dédiée à l'intérieur – tee-shirts, disques, mugs, cartes postales... Les prix semblent un peu élevés (30 dollars minimum), mais ils deviendront plus raisonnables les années suivantes[1].

Par ailleurs, les coûts sont quasi nuls, sans déplacements ni logistique, ni équipe de tournée à embaucher. Enfin, pour un artiste comme Prince, dont les fans *hardcore* sont prêts à le suivre au bout du monde, c'est une façon de rassembler un maximum de gens au même endroit, sur une durée très courte – plutôt que de courir les stades en jauge réduite. Le public, lui, peut profiter, pendant plusieurs jours d'affilée pour ceux qui le souhaitent, d'un véritable banquet musical qui ne laissera personne sur sa faim – le risque serait plutôt celui d'une overdose, mais les fans de Prince sont immunisés.

La première « célébration » à Paisley Park, en juin 2000, propose des concerts de Prince, Taja Sevelle, Mint Condition, Macy Gray... Et des apparitions d'Angie Stone, Q-Tip, Larry Graham, Maceo Parker, Bobby Z, Dr Fink et BrownMark. Fort de son succès, Prince renouvellera l'opération à Minneapolis l'année suivante, en juin 2001 (avec The Time, Nikka Costa, Alicia Keys, Common, Erykah Badu), puis en 2002. Cette année-là, le musicien donne notamment un concert entier tout

1. « Celebration 2001 », Schkopi.com, 11 juin 2001.

seul à la guitare sèche, pendant près d'une heure, avant d'être rejoint par son groupe. Un moment fabuleux, comme lui seul sait en créer.

Mais c'est vraiment en 2006 et 2007 que les « résidences Princières » vont faire l'événement. D'abord à Las Vegas, lorsqu'il investit l'hôtel Rio pour y jouer les vendredis et samedis soir, pendant six mois, entre novembre 2006 et avril 2007 (les places sont à 125 dollars, le cachet du musicien reste inconnu). L'artiste y donnera 77 concerts au total – la numérologie est toujours aussi importante pour lui. À cet effet, l'hôtel a fait construire un club de 1 000 places au nom du nouvel album de Prince, le Club 3121. Les *aftershows* ont lieu dans un restaurant attenant, rebaptisé par le masterchef Prince « 3121 Jazz Cuisine » (la carte comporte quelques desserts spécifiques, comme la « 3121 Mochaccino Tower » et un « Soufflé au chocolat 3121 »).

C'est aussi pendant cette résidence à Vegas que Prince fait une pause pour donner une performance aussi courte qu'exceptionnelle : un *live* télévisé de douze petites minutes, qui va rester gravé dans la légende. Ce 4 février 2007, Prince se produit à la mi-temps du Super Bowl, la finale du championnat national de football américain – une messe nationale, qui rassemble plus de 100 millions de téléspectateurs à travers les États-Unis. Au moment du final, pendant « Purple Rain », un orage éclate. Prince, parfaitement conscient de la magie de l'instant, poursuit son solo de guitare magistral sous une vraie pluie mauve (grâce aux lumières). Ce soir-là, ce n'est pas seulement un musicien de génie qui apparaît, mais un véritable sorcier. Et la planète entière en est témoin.

Cet intermède accompli, dès la fin de son contrat à l'hôtel Rio de Las Vegas, le musicien part s'installer à Londres. Cette fois, il place la barre encore plus haut, puisqu'il va jouer, entre le 1er août et le 21 septembre

2007, 21 soirées consécutives (encore une référence chiffrée à l'album *3121*, comme le prix des places, qui est fixé à 31,21 livres sterling). Sauf que ce n'est pas un club que Prince devra remplir tous les soirs, mais l'O2 Arena de Londres, un stade de 20 000 places qui a ouvert à peine deux mois plus tôt. Et après chaque concert, la fête musicale se prolongera au club maison, l'Indigo. Dans ces *aftershows* désormais officiels, on verra défiler sur scène des invités prestigieux comme le pianiste Dr John, la chanteuse Amy Winehouse ou les latinos *caliente* de Grupo Fantasma. À ce moment-là, aucun artiste n'a jamais relevé, avec autant de succès, un tel défi.

À l'issue de cette résidence, les concerts de Prince à l'O2 sont qualifiés de « légendaires ». Des performances qui contribuent grandement à la réputation de ce nouveau lieu à l'international.

Il faut dire que le retour de « Prince », dans les années 2000, a tout pour plaire. Car à cette époque, fidèle à son nom originel, il rejoue ses tubes, ses morceaux fétiches, et il y en a des tonnes. De *Dirty Mind* à *Batman*, en passant par *Controversy*, *1999*, *Purple Rain*, *Diamonds and Pearls*, *Parade*, *Sign o' the Times*… Le stock est impressionnant, on commence à le réaliser à ce moment-là. Ensuite, au gré des concerts, il dévoile ses influences, ses racines musicales, beaucoup plus qu'il ne le faisait en *aftershow* : il pioche dans les grands répertoires soul, funk, jazz, ou rock des années 1960-70. Son immense versatilité, sa polyvalence totale lui permettent de citer Miles Davis, Thelonious Monk, James Brown, mais aussi les Stylistics, Tower of Power, Roger Troutman, Donny Hathaway, George Clinton, les B-52s, Chuck Berry, les Beatles ou les Stones… Ce faisant, Prince affiche clairement sa volonté de creuser – et de s'inscrire – dans la grande histoire de la musique.

Voilà pourquoi, chaque soir, qu'ils se trouvent à Londres, Las Vegas ou Tokyo, l'artiste et son groupe donnent un concert différent – à quelques classiques près. C'est la raison pour laquelle les fans locaux tentent toujours de voir le maximum de shows, tandis que le grand public, lui, sait d'avance qu'il sera ébloui, et sans doute surpris, par sa « soirée avec Prince ». Enfin, dernier atout, et pas des moindres, dans la manche du musicien à cette époque : il est en pleine forme. Toujours ascétique, surentraîné, motivé comme jamais, il est infatigable. Ses prestations scéniques peuvent durer plusieurs heures. Et lorsque la folie s'empare de la salle, le public s'épuise avant lui.

Pour toutes ces raisons, à plus de 40 ans, Prince commence à reprendre la place qui lui revient de droit : celle du musicien le plus intéressant et, sur scène, le plus impressionnant de sa génération.

49. La vraie musique

La nouvelle consécration de Prince coïncide avec un moment important dans sa vie privée : une nouvelle perte familiale. En l'espace de quelques mois, ses deux parents meurent : son père, le 25 août 2001, puis sa mère, le 22 février 2002. Entre ces deux décès, Prince entame son entrée formelle, qui va durer deux ans, chez les Témoins de Jéhovah. Y a-t-il un lien entre ces événements et le « recentrage » de Prince sur sa personnalité musicale profonde, plutôt que sur son personnage de star des années 1980 et 1990 ? Possible.

Ce qui est sûr, c'est qu'à la disparition de John L. Nelson, ce père qui l'a tant influencé, Prince commence à lui ressembler. Musicalement, le fils intègre de plus en plus de classiques du jazz, ceux que jouait son père, dans ses concerts. Il explore davantage le genre, dans la lettre et dans l'esprit. C'est d'ailleurs en 2001 que Prince est réellement adoubé dans le « circuit jazz », lorsqu'il donne, pour la première fois, deux concerts impromptus au festival de Montréal. Aucun enregistrement de ces performances ne circule (sauf erreur ou omission), mais le commentaire du directeur artistique et co-fondateur André Ménard est éloquent : « C'est pour moi le meilleur concert de toute l'histoire du festival de jazz. Je suis désolé, car on attend sans doute que je cite Ella Fitzgerald ou Miles Davis… Mais ce qui s'est passé là, c'était de la magie pure. Prince était impérial. Il a d'abord joué tout seul pendant une heure avec Larry Graham, du clavier, de la guitare, tournant le dos au public, à la façon de Miles. Et ensuite, ils ont joué le gros show. Il a emmené les gens où ils ne l'attendaient pas. C'est un véritable artiste. Il est probablement le musicien le plus talentueux à la surface de la Terre actuellement. Je l'ai revu ensuite en quelques occasions, et je le pense toujours[1]. »

À la même époque, Prince tape aussi dans l'œil de Claude Nobs, le formidable et regretté fondateur du festival de jazz de Montreux, où l'artiste donnera des concerts mémorables en 2007, 2009 et 2013.

Dans son apparence, l'artiste prend également, à cette époque, des airs de John Nelson : en 2002, il arbore un nouveau look très *old school*, fait de costumes croisés à rayures sur des chemises blanches boutonnées jusqu'en haut, petits chapeaux, boots vernis, cheveux courts... La tenue du parfait jazzman des *fifties* – également compatible avec celle des Témoins de Jéhovah, que Prince a désormais officiellement rejoints. Le décor de son show est du même style : dépouillé, sans aucun accessoire – démonstration que Prince et ses « vrais musiciens » n'ont besoin de rien, si ce n'est de leurs instruments et de leur immense talent, pour transporter les foules.

La tournée 2002, qui suit l'album *The Rainbow Children*, baptisée *One Nite Alone... Tour*, est la première vraie tournée mondiale de Prince depuis bien longtemps. Tel un missionnaire de la musique, il passe neuf mois sur les routes aux États-Unis, au Canada, en Europe et au Japon. Tout autour de la planète, le message est reçu cinq sur cinq : les fans revoient « leur » Prince, enfin revenu à ce qu'il fait de mieux – partager son prodigieux don de

1. André Ménard, « Memories of 2001 », Festival international de Jazz de Montréal, YouTube, 9 mai 2014.

musicien, sans artifices ni arrière-pensées. Sur scène, son groupe et lui jouent les titres de *The Rainbow Children*, propices aux improvisations dans une veine soul et jazz, mais ils explorent aussi la longue liste des hits de l'artiste (sauf « Purple Rain », ce qui agacera certains spectateurs), réinterprétés sous différentes formes.

Autre signe d'un « retour aux sources » Princier : le musicien joue exclusivement de sa plus ancienne guitare, la fameuse Hohner Madcat à taches de léopard. Dans ce contexte, même cet instrument autrefois si obscène, dont il léchait le manche et qu'il frottait entre ses jambes, semble avoir atteint une nouvelle forme de sagesse...

Pour les fans européens, la tournée 2002 n'a qu'un seul inconvénient : son rythme effréné. Avec vingt dates en deux mois, elle est difficile à suivre de bout en bout. D'autant que pour les membres du fan-club (le NPG Music Club), chaque journée de concert est une performance physique, quasiment une épreuve athlétique. Leur « soirée » commence à 17 h avec les balances, un *soundcheck* transformé en concert privé d'une heure environ. S'ensuivent deux ou trois heures de concert « principal », puis des *aftershows* mémorables et tout aussi longs. Le public en ressort au petit jour, ébahi, lessivé, les jambes endolories, les yeux rougis de fatigue, la voix brisée. Prince, lui, remet ça le lendemain.

En décembre 2002, l'artiste publie un coffret issu de la tournée, *One Nite Alone... Live!* Incroyablement, c'est son premier album en concert – alors qu'il a passé sa vie sur scène et que sa discographie parallèle compte alors des dizaines de shows enregistrés, dont quelques-uns sont déjà des objets de culte parmi ses fans.

50. La fin du disque

Au début des années 2000, parallèlement à la nouvelle « émancipation » de Prince, et conformément à ses pressentiments, les grandes maisons de disques vivent leurs pires heures. Elles sont tout bonnement en train de s'effondrer sous la pression des échanges gratuits et illégaux de musique sur Internet. Les CD ne se vendent plus, les MP3 pas encore, et les vinyles n'ont pas fait leur grand retour. Pour Prince, qui flamboie de nouveau sur scène, le disque est désormais un support secondaire, un produit d'appel pour attirer les fans vers ses shows. Voilà pourquoi il offre certains albums avec ses places de concert (*Musicology*, en 2004), ou les fait distribuer avec certains journaux (*Planet Earth* en 2007, puis *2010* en… 2010, avec le *Daily Mirror* au Royaume-Uni, le magazine *Rolling Stone* en Allemagne, ou *Courrier international* en France).

Pour l'essentiel, après *The Rainbow Children*, en 2001, la production discographique de Prince devient un aspect mineur de sa carrière. C'est triste, peut-être, mais précurseur encore une fois : vingt ans plus tard, on ne peut nier que l'album, comme support et concept, a clairement disparu de la vie des moins de 30 ans – effacé par le streaming de « sons » agencés par des algorithmes plus ou moins pertinents.

Pourtant, en studio aussi, Prince revient parfois avec bonheur aux fondamentaux. Dans la dernière partie de sa discographie, l'année 2003 est particulièrement fertile en albums instrumentaux. En janvier le musicien sort *Xpectation*, un album de neuf titres, sur son site Internet. Le « disque » est très jazz, cool et soul, enregistré avec Vanessa-Mae au violon, Candy Dulfer au sax, John Blackwell à la batterie et Rhonda Smith à la basse. Prince est au piano électrique et à la guitare. Sur la page de téléchargement de *Xpectation* apparaît la mention *« New directions in music »* qui, pour les initiés, situe ce projet dans les pas de l'album révolutionnaire de Miles Davis, *Bitches Brew*, lui-même surtitré *« Directions in music by Miles Davis »* (au départ, *Xpectation* devait être construit autour du morceau *big band* – et déjà culte – « Xenophobia », que Prince a finalement gardé pour son coffret *One Nite Alone... Live!*).

En mars – toujours dans la boutique en ligne du NPG Music Club – arrive un autre album intitulé *C-Note*, cinq morceaux (largement improvisés) enregistrés pendant les *soundchecks* de la tournée 2002, ces *preshows* très relax et inspirés réservés au fan-club.

Enfin, en juin 2003, Prince sort un troisième album dans la même veine (le seul disponible en CD, sur NPG records), qui est peut-être le plus expérimental et le plus intéressant de ses quinze dernières années de carrière. Sur la pochette, le titre, *N.E.W.S.*, et à l'intérieur, de nouveau, l'indication *« New directions in music »*. *N.E.W.S.* est une rencontre musicale entre cinq instrumentistes de très haut niveau, capturée pour l'essentiel en une seule journée, le 6 février 2003. Prince est entouré de son trio « de base » – le batteur John Blackwell, la bassiste Rhonda Smith et le pianiste Renato Neto – et de l'ami Eric Leeds au saxophone et à la flûte, en invité toujours spécial (c'était déjà le cas sur une partie de la tournée *One Nite Alone...*).

Sur quatre plages de quatorze minutes chacune, les musiciens atteignent des hauteurs assez vertigineuses, parfois aériennes, planantes, avec des silences, de l'espace, et ailleurs des envolées funk, fusion ou *Minneapolis style* – certains passages sont du pur Madhouse – et même rock, où Prince, avec un son de guitare métal invraisemblable, fait preuve d'une dextérité et d'une musicalité extrêmes. Eric Leeds traverse l'ensemble avec l'aisance et la légèreté qui le caractérisent.

Typique de la discographie de Prince à ce moment-là, *N.E.W.S.* est, dans sa catégorie, un excellent album, qui ne se vend qu'à 60 000 exemplaires dans le monde entier. Bizarrement, le disque se retrouve nommé aux 46e Grammy Awards dans la catégorie « meilleur album pop instrumental ». Finalement, c'est le guitariste Ry Cooder qui l'emporte, mais Prince forme un duo mémorable avec « Queen B », la star Beyoncé, lors de la cérémonie d'ouverture, le 8 février 2004. Un moment important, qui le remet dans l'œil des téléspectateurs américains – ils le reverront bientôt pour des séquences encore plus inoubliables.

Le tout dernier succès discographique de Prince arrive la même année que son duo avec Beyoncé. Le titre, *Musicology*, dit à lui seul tout ce que le « Purple One » veut être à ce moment-là : à la fois un artiste et un passeur, l'héritier et le dernier ambassadeur d'une longue histoire musicale, dont il fait lui-même partie et qu'il explore en permanence. Ce nouveau rôle lui va bien : il assume son âge, son expérience, ses valeurs. L'homme possède désormais la sérénité qui lui manquait dans les années 1980, et s'est débarrassé des colifichets des années 1990. Il devient un sage du funk, un Maître Yoda de la musique.

C'est sans doute l'une des raisons de la réussite de *Musicology :* le message est plus important que l'album lui-même. C'est un disque qui parle de Prince, avec plusieurs clins d'œil à son répertoire (le titre phare, lui-même, est une sorte de « Sexy M.F. » 2). À la réécoute, *Musicology* tient la route, comme on dit. Rien de dangereux, pas de provocation, d'expérimentation ni de chansons réellement mémorables (sauf le leitmotiv du titre principal), mais comme toujours avec le Génie de Minneapolis, il y a de grands moments instrumentaux, un groove imparable, plus quelques passages baroques façon *Love Symbol* et du bon rock *Middle of the road*. Au final – c'est peut-être bon signe – on trouve le disque un peu court (quarante-sept minutes, dix de moins que *N.E.W.S.*).

Lorsqu'il publie *Musicology*, en 2004, Prince sait pertinemment qu'un CD seul (même le sien) n'a quasiment aucune chance de faire l'événement. Alors, soutenu par la promotion du label Sony, son distributeur pour ce disque, il annonce une tournée américaine. Et puis, malin, voire roublard, le performeur décide d'inclure son disque dans le prix des places de concert. Chaque spectateur en reçoit un exemplaire… qui entre en compte dans les chiffres de ventes. Autrement dit, il gonfle les ventes de son album en « utilisant » le public de ses concerts, contraint et forcé – dans le cas des spectateurs qui ne l'auraient jamais acheté. Le procédé est clairement manipulatoire, mais remarquable, car le musicien trompe au grand jour les organismes américains de certification des ventes. À la suite de cette affaire, l'institut Nielsen SoundScan et le magazine *Billboard* vont modifier leurs règles de comptage : les spectateurs devront désormais avoir le choix d'acheter un disque, ou pas, lorsqu'ils prennent une place de concert…

Malgré la polémique, le résultat est là : certifié double platine aux États-Unis, *Musicology* se vend à 3 millions d'exemplaires dans le monde – Prince n'a pas fait mieux depuis *Diamonds and Pearls*, en 1991. En février 2005, le chanteur remporte deux Grammy Awards en catégorie

R'n'B, pour ses performances vocales sur « Musicology » et « Call My Name ». L'étoile Princière brille de plus en plus fort. Une « étoile du berger », puisque le musicien dit clairement – avec la pointe d'arrogance qu'on lui connaît – vouloir faire « l'éducation musicale » de ses auditeurs.

51. Le solo

Quel que soit le bien que l'on pense de l'album *Musicology*, c'est encore sur scène, cette année-là, que Prince va laisser une nouvelle trace indélébile, enregistrée pour la postérité par les caméras du Rock'n'Roll Hall of Fame de Cleveland. Cette séquence, ressortie à la mort de l'artiste, est devenue l'emblème de son jeu, d'une rare virtuosité, à la guitare électrique. Pourquoi ces images-ci, pourquoi ce solo particulier ? Les fans de longue date, qui en connaissent mille autres, tout aussi impressionnants, peuvent être perplexes. Mais il est vrai que ce moment résume beaucoup de choses.

Prince entre au Hall of Fame le 15 mars 2004 – ce Panthéon américain du rock accepte quelques nouveaux membres chaque année depuis 1986. En même temps que lui, George Harrison, le guitariste des Beatles, mort trois ans plus tôt, est (enfin) intronisé en tant qu'artiste solo.

L'après-midi, le groupe de musiciens qui doit rendre hommage à Harrison répète une interprétation de sa chanson « While My Guitar Gently Weeps », le classique de l'*Album blanc* des Beatles. Il y a là Tom Petty (grand ami d'Harrison, mort tragiquement en 2017 d'une overdose d'opioïdes, comme Prince), Jeff Lynne, Dhani Harrison (le fils de George), Steve Winwood, Jim Capaldi, ainsi que Marc Mann, le guitariste de Petty.

Pendant la répétition, contrairement à ce qui est prévu, c'est Marc Mann qui improvise tous les chorus de guitare. Prince, lui, ne dit rien, et ne joue quasiment pas. Comprenant que le musicien reste volontairement en retrait, Dhani Harrison glisse alors à Tom Petty : « Il est très sympa pour le moment, mais ce soir il va nous pulvériser sur scène.[1] »

Le fils du Beatles a tout compris : au moment du concert, en effet, Prince « se lâche » et sidère l'assistance en quelques dizaines de secondes à peine. Celui qui n'a pas eu l'honneur, un an plus tôt, d'être classé par le magazine *Rolling Stone* parmi les « 100 meilleurs guitaristes de tous les temps » montre l'étendue de son talent, et à quel point on le sous-estime encore. Voici une bonne description de ce moment de grâce : « À trois minutes et vingt-huit secondes, Prince s'avance et déploie un arsenal étourdissant d'armes musicales. Il affiche une confiance arrogante, mais joyeuse. Les autres musiciens ne peuvent cacher leur étonnement et leur admiration. À la fin du solo, Prince lance sa guitare en l'air, et elle ne retombe pas – pas à nos yeux, en tout cas. Après cela, il sort de scène, coolissime, en sachant qu'il a impressionné toute la salle, et tous les téléspectateurs qui le regardent chez eux[2]. »

En revoyant ces images qui, vingt ans plus tard, tournent toujours en boucle sur les réseaux sociaux, on repense au Prince que décrit le batteur Michael Bland : l'homme « obsédé par la victoire », le musicien-stratège « qui sait comment gagner ». C'est même une définition de la réussite suprême, selon Sun Tzu, dans son célèbre *Art de la guerre* : « L'excellence ultime ne consiste pas à remporter chaque bataille, mais à vaincre l'ennemi sans

1. « Prince's Rock and Roll Hall of Fame induction: the full story », thisisdig.com, 15 mars 2023.
2. Erwin Barendregt, « Prince at the Rock & Roll Hall of Fame: the guitar solo », *A Pop Life*, en.apoplife.nl, 15 mars 2019.

jamais combattre[1]. » À ce moment de sa carrière, Prince en est là. Il n'a plus à lutter pour triompher. Il lui suffit d'être lui-même.

Pourtant, il ne peut s'empêcher de se lancer dans une nouvelle bagarre, pas forcément justifiée. Car cette fois, c'est à ses propres fans qu'il va s'attaquer.

1. Sun Tzu, *L'Art de la guerre*, Flammarion, 2017.

52. Piraté

Dans les années 2000, un torrent de disques de Prince inonde ses *followers* les plus passionnés. Mais il ne s'agit pas de ses productions officielles – qu'il distille au compte-gouttes sur Internet et dans les bacs des disquaires. Ce sont des disques « pirates » (*bootlegs* ou *boots*, selon la terminologie en vigueur) fabriqués sans le consentement de l'artiste, et sur lesquels il ne touche pas le moindre centime. Une pratique parfaitement illégale, et pourtant fascinante.

Car ces enregistrements qui déboulent sur le marché parallèle sont au départ le fruit de la passion immodérée de certains fans pour « leur » artiste. Et il faut bien reconnaître que depuis les années 1980, Prince, peut-être sans le vouloir, a tout fait pour les appâter. D'albums annulés en sorties reportées, de concerts impromptus en *jam-sessions* enflammées, l'artiste a excité au maximum la curiosité du public en même temps que la convoitise des *bootleggers*. C'est ainsi que les premières bandes « clandestines » des concerts de Prince ont commencé à circuler dès la fin des années 1980. Les *aftershows* au New Morning en 1987, au Trojan Horse de La Haye en 1988 apparaissent alors en format vinyle ou cassette audio, les supports les plus répandus à l'époque. Des productions qui restent relativement artisanales. Mais l'arrivée du CD va transformer ce marché en une véritable industrie. Et Prince va devenir une cible de choix. On comprend pourquoi : entre un artiste qui cultive le secret et des fans affamés, les « Voleurs du Temple » (« *Thieves in The Temple* ») sentent bien que le jackpot est à portée de main.

Cette véritable folie autour des enregistrements clandestins de Prince a évidemment commencé avec le célébrissime *Black Album*, en 1987, dont nous avons raconté l'histoire en détail. La fuite est alors « officielle », puisque ce sont des exemplaires pressés par Warner et disséminés dans la nature qui ont été dupliqués et revendus sous le manteau. Mais par la suite, une incroyable quantité d'enregistrements de Prince en studio (des chansons et des albums entiers jamais gravés, des sessions de travail, des répétitions) sont mystérieusement arrivés entre les mains des *bootleggers* – en plus des enregistrements de ses concerts.

Qui a fait « fuiter » ces bandes ? Une première piste, la plus évidente, est celle d'enregistrements de travail circulant entre musiciens, techniciens, et parfois au sein des labels. Il peut s'agir de répétitions, de sessions de travail ou d'albums finis mais jamais publiés. Des années plus tard, ces bandes peuvent être vendues anonymement aux enchères – on peut aisément imaginer que d'anciens collaborateurs, sans doute en manque d'argent, puissent vouloir rentabiliser des trésors qui dorment dans leurs armoires. On sait aussi que certains pourvoyeurs s'adressent directement aux pirates, ou sont contactés par eux. Peut-être d'autres donnent-ils gratuitement des documents, pour la postérité ? C'est probable.

Autre hypothèse pour expliquer ce piratage massif : une « taupe » à Paisley Park. Une personne, ou plusieurs, qui aurai(en)t alimenté régulièrement, de l'intérieur, le marché clandestin du disque Princier. Le musicien a dû le penser, puisqu'il a notamment soupçonné son *tour manager*, Alan Leeds. Ce dernier, au courant de ces accusations, y répond : « Je sais que Prince a dit au chanteur D'Angelo : "Alan est ton manager ? Surveille tes bandes !"... Une remarque narquoise. C'était tout Prince. Il a juste oublié de préciser qu'à une époque, on a envoyé la police chez des disquaires new-yorkais qui vendaient ses *bootlegs*. Et c'est grâce à moi que ça a pu se faire. J'étais absolument contre les pirates de bandes inédites enregistrées en studio : elles appartenaient à la maison de disques, et personne n'avait le droit de les sortir. Mais on voyait des pirates partout ! En Europe, ou à New York dans le Village, vous alliez chez un disquaire, et ils étaient là. Au marché aux puces, ils étaient là. J'essayais de prendre des notes, de relever les adresses, et ensuite je les donnais aux fédéraux[1]. »

Dernière possibilité : Prince serait-il lui-même à l'origine de certains piratages de ses propres enregistrements ? Quand on connaît son rythme de production, son impatience à sortir ses disques, sa frustration face aux multiples refus et à la « lenteur » de Warner, l'idée n'est pas saugrenue. « S'il l'a fait, je ne l'ai jamais su. Mais si je le découvrais, ça ne me surprendrait pas », dit Alan Leeds.

L'autre grande catégorie de disques pirates de Prince en circulation, la plus imposante, est celle de ses enregistrements *live*. Le son est parfois pris dans le public (en qualité *« audience »*, dans le jargon) ou directement à la sortie d'une table de mixage ou d'une sono (en qualité *« soundboard »*, la meilleure, en théorie). Un ancien membre des équipes de Prince rapporte que « à peu près toutes les bandes *soundboards* sont faites par l'ingénieur du son ou son assistant, pour l'artiste ou pour leur propre plaisir. En fait, lorsque je travaillais avec Prince, la table de mixage était équipée d'une sorte

1. Michael Dean, interview d'Alan Leeds, *Prince Podcast*, YouTube, 1er novembre 2020.

de housse, et avant le spectacle, une fois que toutes les connexions étaient faites, les sonorisateurs couvraient la console pour qu'il n'y ait plus d'entrée ni de sortie apparente[1]. »

Dans ce domaine, depuis les années 1980, les bonds technologiques successifs ont permis aux pirates de faire des progrès fulgurants. Progrès techniques – discrétion et qualité sonore des enregistrements – mais aussi juridiques. Ainsi, au milieu des années 1990, profitant des failles du droit européen et international sur le copyright, les *bootleggers* ont produit des dizaines d'enregistrements de concerts de Prince, sur autant de CD que les fans découvraient, les yeux écarquillés, dans les bacs des commerçants ambulants qui se regroupaient au cours de rendez-vous géants (comme les *VIP Fairs* au Royaume-Uni). Il y circulait alors des milliers d'enregistrements illégaux, au nez et à la barbe des autorités.

C'est comme cela, par exemple, qu'en 1995, un coffret de Prince baptisé *City Lights* arrive sur le marché parallèle. Sur onze CD, les *bootleggers* du label Superhero Records ont compilé onze performances, de 1980 à 1986, en son *soundboard*. Un must pour les fans, à cette époque. Les mêmes concerts ressortiront plusieurs fois, sur tous les supports, au fil du temps – trente ans plus tard, le Prince Estate est encore très loin derrière…

Pour enrayer ce véritable tsunami de CD pirates européens des *nineties*, les États modifieront leurs lois, et la police lancera des raids sur les conventions de disques, qui finiront par avoir raison de ce marché illégal un peu trop visible à l'époque. Qu'à cela ne tienne, les *bootleggers* vont donc redevenir *underground*. Et ils sont loin d'avoir dit leur dernier mot. Car quelques années plus tard, en 2001 et 2002, lorsque Prince fera son

1. Heylin, *op. cit.*

grand retour sur le devant de la scène internationale, les pirates, comme les fans de l'artiste, l'attendront à nouveau de pied ferme.

À ce moment-là, des labels spécialisés s'intéressant exclusivement à Prince sont apparus. Ils se nomment Thunderball, Sabotage ou Eye Records, et proposent des sorties fréquentes et ultra-professionnelles d'enregistrements de ses concerts. Les fans se procurent ainsi des disques somptueux, agrémentés de superbes *artworks*, à des prix abordables. Surtout, ils suivent « l'actu » de leur artiste, car les filières des nouveaux pirates sont très bien organisées. Sur la tournée *One Nite Alone...*, en 2002, les *bootleggers* sont particulièrement réactifs et efficaces. Chaque performance, ou presque, fait l'objet d'un enregistrement en règle (probablement par plusieurs sources), tout comme les *aftershows* Princiers. Les concerts sélectionnés pour être gravés passent rapidement les étapes de correction, mixage et *mastering* avant d'arriver aux mains des *« dealers »* quelques semaines plus tard. Au final, des coffrets de trois ou quatre CD, parfois plus, sont régulièrement vendus à plusieurs milliers d'exemplaires. Grâce aux nouveaux outils audio numériques, la qualité sonore est quasi professionnelle – et lorsqu'elle ne l'est pas, c'est que la bande constitue un document « historique » qui justifie sa publication.

De fait, à partir de 2002, comme nous l'avons vu, la carrière de Prince évolue beaucoup plus sur scène que sur ses disques. Or cette merveilleuse carrière-là, faute de sorties officielles, n'existe matériellement que sur les enregistrements clandestins qui circulent parmi les « collectionneurs ». Au final, quasiment toute la vie scénique de Prince est là, immortalisée pour ses fans. De leur point de vue, chaque sortie de *bootleg* est un bonheur sans cesse renouvelé.

Le musicien, lui, en est fort contrarié. Mais ce combat-là est difficile à mener, contre une filière clandestine par définition impossible à attaquer frontalement. Les avis sont d'ailleurs partagés, y compris parmi les grands artistes, sur la pertinence d'un tel combat. Les acheteurs de disques pirates sont-ils réellement les ennemis des artistes ? Ce n'est pas l'avis d'Alan Leeds : « Pour ce qui est des bandes de concerts, ça embêtait Prince, mais moi je m'en fichais. Je me dis qu'une fois qu'un artiste a donné un concert, il appartient un peu aux fans. J'ai poursuivi les pirates parce que c'était mon travail, je devais le faire. Mais ce que je pense, c'est que tous ceux qui achètent un *bootleg* ont déjà acheté les albums officiels. Si vous êtes un fan de Prince et que vous voulez acheter des pirates, si vous trouvez le moyen de vous en procurer, alors c'est que vous avez déjà acheté ses albums. Donc, nous ne perdions pas de ventes[1]. »

Mais Prince ne l'entend pas de cette oreille. Puisqu'il ne peut s'en prendre directement aux « producteurs » de disques pirates, il s'attaque aux intermédiaires : les disquaires, comme on l'a vu, mais aussi ceux qui, selon lui, font la « promotion » des *bootlegs*. C'est pour cette raison qu'en 1999, il assigne en justice le fanzine de Minneapolis *Uptown*, un magazine ultra-confidentiel consacré à Prince qui n'est diffusé qu'à 2 000 exemplaires dans le monde entier. Est-il sensible aux critiques occasionnelles de certains articles ? Pense-t-il sincèrement que des gens au sein de cette publication gagnent de l'argent sur son dos ? C'est en tout cas pour ce motif – l'exploitation de son image – qu'il demande à la justice de prononcer la fermeture d'*Uptown*. Il conteste notamment l'utilisation du « Love Symbol » – il l'avait pourtant transmis lui-même à la presse sur disquettes. Finalement, l'affaire n'ira pas jusqu'au procès : les griefs

1. Dean, *op. cit*.

de Prince sont fragiles et le magazine se défend bien[1]. Un accord est trouvé et *Uptown* continue ses publications en s'engageant à ne plus commenter d'albums pirates, ni utiliser le « symbole » pour nommer Prince – ce que ce dernier avait pourtant exigé en d'autres temps… Comprenne qui peut.

Pour lutter contre les *bootleggers*, d'autres artistes ont utilisé les armes de l'ennemi. C'est comme cela que Frank Zappa a « piraté les pirates » en publiant deux coffrets intitulés *Beat the Boots*, pour lesquels il a simplement copié, audio et pochettes, les *bootlegs* de lui en circulation. Prince, de son côté, a choisi les voies légales. Mais l'un comme l'autre, dans les années 1980 et 1990, pouvaient espérer faire fermer des magasins, saisir des stocks, voir disparaître des réseaux, des filières. C'était encore, en quelque sorte, la belle époque : celle du disque, du CD, du « support ». Un piratage « gentil ». Jusqu'à l'arrivée d'Internet.

1. Hahn, *op. cit.*

53. *Webus horribilis*

En même temps qu'il attaque en justice le fanzine *Uptown*, début 1999, Prince poursuit plusieurs sites Internet pour les mêmes raisons (l'utilisation de son image et de son symbole, la promotion d'albums pirates, une équivoque sur l'aspect « officiel » des contenus). Moins armés juridiquement que le magazine, les sites mis en cause disparaissent un à un, à la grande colère des fans. À leurs yeux, Prince, autrefois un précurseur et même un idéaliste du partage sur Internet, retombe dans son éternel travers, ce besoin quasi maladif : le contrôle. Quitte à se mettre sa propre communauté web à dos. Signe de ce retournement de situation (sinon de veste), en 2006, il ferme le NPG Music Club, sa plateforme de vente et de diffusion sur la Toile.

Le timing des raids Princiers sur Internet, à partir de 1999, n'est évidemment pas un hasard. L'artiste s'appuie sur un texte qui vient d'entrer en vigueur dans la loi américaine, fin 1998. Le Digital Millennium Copyright Act (DMCA) fixe des règles qui protègent les plateformes de diffusion et sont censées décourager le piratage des œuvres en instaurant des procédures express de retrait immédiat des contenus mis en cause. Le problème, selon ses détracteurs, est que le DMCA ouvre la voie à des « procédures bâillons » : des actions injustifiées qui n'ont pour but que d'empêcher la critique ou la liberté d'expression. Grâce à ce texte, Prince va lancer de nouvelles offensives contre plusieurs sites web, mais aussi contre de simples utilisateurs des plateformes grand public.

Une « lubie » incompréhensible, selon la plupart des observateurs. D'autant qu'elle semble vouée à l'échec (Prince veut contrôler l'Internet ?) et qu'elle confine parfois au ridicule. Pour preuve, l'exemple emblématique de cette nouvelle folie princière : l'affaire dite du *Dancing Baby*, le « bébé qui danse », en 2007 – l'*annus horribilis* de Prince sur Internet. La polémique commence lorsque la plateforme YouTube reçoit une salve d'injonctions, au nom du DMCA, exigeant le blocage de plusieurs vidéos qui utilisent la musique de Prince. L'une de ces séquences dure 29 secondes, pendant lesquelles une maman filme son bébé en train de danser sur le morceau « Let's Go Crazy ». L'affaire fait grand bruit lorsque, de recours en recours, la maman finit par avoir gain de cause devant les tribunaux. Tout est mauvais pour Prince dans cette affaire : il passe pour le méchant de service, qui s'en prend à une maman et à son bébé (doublement désastreux) pour des histoires de gros sous. Quelle que soit la légitimité de son combat, lorsqu'il perd, tout le monde est content.

La même année, le groupe Radiohead, en fin de contrat avec le label EMI, publie son nouvel album, *In Rainbows,* exclusivement sur le Web. Le paiement est libre, sans somme minimale. Malgré les téléchargements gratuits, l'opération, dit-on, rapporte instantanément 3 millions de dollars au groupe britannique. Questionné sur son initiative originale, Radiohead reconnaît avoir été fortement influencé par la stratégie Internet de Prince. Hasard du calendrier, quelques mois plus tard, Prince interprète le morceau « Creep », un classique de Radiohead, au festival Coachella, en Californie. Sa version, toute guitare dehors, est époustouflante. Filmée par quelques fans, elle fait un tabac sur le Web. Mais l'artiste n'est pas d'accord. Utilisant encore le fameux acte DMCA, il envoie une nouvelle rafale de courriers pour exiger le retrait des images. En quelques minutes, c'est chose faite. Sauf qu'il y a un problème : Prince ne détient pas le copyright du morceau « Creep », qui appartient à ses compositeurs. Thom Yorke, le chanteur de Radiohead, dit avoir « beaucoup ri » à la lecture d'un SMS de son guitariste, Ed O'Brien, lui expliquant qu'il n'avait pas pu visionner la reprise de leur propre composition, parce que Prince l'avait bloquée. « Eh bien, qu'il la débloque, réplique Yorke. C'est notre chanson[1]. » Sans vergogne, « l'Artiste » finira par reposter lui-même la vidéo de « Creep » à Coachella, quelques temps plus tard, sur son compte Twitter.

Toujours en 2007, au mois de septembre, Prince annonce qu'il va poursuivre ceux qui font la promotion, partagent ou vendent sur Internet des albums pirates de ses concerts. Cette fois, le chanteur voit grand : il promet d'attaquer encore YouTube, mais aussi le site de vente eBay, ainsi que l'insaisissable plateforme de fichiers torrent The Pirate Bay et des sites de fans comme Prince.org, Housequake.com et Princefams.com. Pour cela, il embauche une société britannique spécialisée nommée, avec un certain humour, « Web Sheriff ». Le musicien recrute aussi une batterie d'avocats suédois, spécifiquement chargés du dossier Pirate Bay[2].

Très vite, jusqu'à 2 000 vidéos incriminées sont retirées de YouTube, et 300 ventes eBay annulées. Les pirates, en revanche, ne sont absolument pas impressionnés. Ils savent bien que les menaces, si véhémentes soient-elles, sont inefficaces contre eux. L'un des administrateurs

1. « Radiohead to Prince: Unblock "Creep" YouTube vids », *Billboard*, Billboard.com, 30 mai 2008.

2. Guillaume Champeau, « Prince poursuit The Pirate Bay, eBay et YouTube ! », Numerama.com, 14 septembre 2007.

de The Pirate Bay, un certain Brokep, prend même la peine de répondre publiquement à l'artiste vindicatif : « S'il veut continuer à perdre tous ses fans… C'est bien parti. Je respecte le travail du "fils du roi" en tant que musicien, mais apparemment il ne sait pas comment s'y prendre avec ses fans. Et il recherche désespérément l'attention des médias. Il peut tout à fait essayer de nous poursuivre en Suède, ce n'est pas fondé. Ce qui est vraiment drôle, c'est qu'il s'associe avec les plus grands plaisantins de la lutte antipiratage – Web Sheriff. Eux aussi ont vraiment besoin d'attention médiatique, j'imagine que c'est pour cette raison qu'ils se sont associés[1]. »

De fait, cette nouvelle *blitzkrieg* de Prince n'a aucun effet sur la circulation de fichiers illégaux sur Internet (en témoigne leur profusion, aujourd'hui encore), ni sur l'activité du site The Pirate Bay, qui a fêté ses 20 ans en 2023 après avoir survécu à des procédures judiciaires, des descentes de police et plusieurs fermetures temporaires. En revanche, ses attaques sur le Web dégradent encore son image auprès des fans internautes. Cela ne l'empêchera pas de récidiver, une dernière fois, quelques années plus tard.

Frustré par l'échec de ses tentatives de contrôler l'activité de ses fans, des plateformes et des pirates du Web, Prince exprime d'abord sa déception en interview. En 2010, dans un entretien au quotidien britannique *The Mirror* (qui distribue son album *2010* au Royaume-Uni), il juge qu'Internet est « fini ». Pas question, dit-il, de « donner [ses] morceaux à iTunes ou à n'importe qui d'autre. Ils refusent de me verser une avance pour ma musique, et ensuite ils se plaignent de ne pas l'obtenir ». Le musicien ajoute, dans un étrange rétropédalage – pour celui qui a tant utilisé la techno-

1. Andy Maxwell, « Prince hires The Web Sheriff to take on The Pirate Bay », Torrentfreak.com, 14 septembre 2007.

logie en studio, comme musicien, puis sur Internet : « Tous ces ordinateurs et ces gadgets digitaux, ce n'est pas bon. Ça vous remplit la tête de chiffres, ça ne peut pas vous faire du bien. »

Les chiffres, Prince les utilise pourtant, lui aussi, pour assommer encore quelques internautes, dont le tort est de partager sa musique en ligne. En janvier 2014, il réclame la bagatelle de 22 millions de dollars à 22 utilisateurs du Web (1 million à chacun) pour l'avoir piraté en postant des vidéos de ses concerts sur Internet. Les sites Purple House, Purple Kiss ou Funky Experience 4.0 sont notamment visés, ainsi que des utilisateurs du réseau Facebook. Selon ses avocats, il s'agit en fait d'un « réseau interconnecté de distribution pirate, qui dissémine largement des copies non autorisées des compositions et des concerts de Prince ».

Dans sa folie vengeresse, il exige même – c'est une première – le retrait de huit vidéos de la plateforme Vine – des séquences d'à peine six secondes, postées par un même utilisateur pendant un concert. Un fan en colère, membre du forum Prince.org (qui a bien survécu aux assauts de son principal objet de discussion), poste ce commentaire : « D'accord, le piratage c'est mal, mais... Qui sera le prochain ? Le gars poursuit même des fans de base. C'est triste. On se souviendra que Prince a créé l'une des plus belles musiques qui soient, et qu'il a détesté ses fans[1]. » Le chanteur serait-il sensible, cette fois, aux récriminations de ses admirateurs ? On ne le sait pas mais, sans explication, il fait annuler l'ensemble des procédures qu'il a lancées quelques semaines plus tôt. L'affaire à 22 millions de dollars s'arrête là, aussi vite qu'elle a commencé.

Il n'empêche, Internet n'oublie pas : alors qu'en 2006, aux Webby Awards, les « Oscars d'Internet », Prince

1. Tim Jonze, « Prince drops $22m in lawsuits against fans and Facebook users », *The Guardian*, Theguardian.com, 29 janvier 2014.

a reçu le prestigieux Lifetime Achievement Award (un prix pour l'ensemble de son œuvre), l'Electronic Frontier Foundation lui décerne en 2013 un Lifetime Aggrievement Award (un prix pour l'ensemble de ses méfaits), en vertu « d'abus extraordinaires des procédures de retrait, afin de réduire les internautes au silence[1] ».

Heureusement pour Prince, cette utilisation excessive des « procédures DMCA » n'a pas pris le pas, dans le cœur des admirateurs, sur la qualité de son œuvre artistique – qui, depuis son décès, est de nouveau disponible sous toutes ses formes, légales ou pas, partout sur le Web. Au bout du compte, l'amour des fans est plus tenace que les colères de l'idole.

1. Parker Higgins, « Prince inducted into takedown Hall of Shame With New Lifetime Aggrievement Award », Electronic Frontier Foundation, Eff.org, 7 mai 2013.

54. La vie sur scène

À la fin des années 2000, après sa résidence triomphale de 2007 à Londres, Prince a atteint un degré inédit de liberté musicale : il est sans doute le seul artiste international qui puisse jouer à peu près où il le souhaite, comme il le souhaite et quand il le souhaite. Aucun patron de salle au monde ne saurait lui refuser un concert. Une situation exceptionnelle dont il va profiter au maximum, jusqu'à la fin de sa vie.

C'est ainsi qu'il crée encore l'événement en 2009, lorsqu'il se lance à lui-même un nouveau défi de *performer* : celui d'une « trilogie de concerts ». Ce nouveau concept consiste à donner, dans la même soirée, trois shows différents (rock, funk et jazz), avec trois groupes différents, dans trois salles différentes – regroupées dans un même complexe. C'est au Live Nokia Theater de Los Angeles que l'artiste décide de s'installer. Le soir du 29 mars 2009, de 19 h 30 à 3 h du matin, il monte sur la scène du Nokia Theater, puis du Conga Room et enfin du Club Nokia.

Malgré des problèmes techniques qui l'agacent, cette triple performance est remarquable. Le chanteur interprète par exemple en *live*, pour la seule et unique fois de sa carrière, le morceau « I'm Yours », ce rock *heavy* et pyrotechnique tiré de son premier album, *For You*. Plus loin, une version incroyable de « Under the Cherry

Moon » sert de support aux improvisations brillantes du pianiste Renato Neto. Dans le public, les fans anonymes se délectent à côté de célébrités comme le basketteur Earvin « Magic » Johnson ou le guitariste des Stones, Ronnie Wood – vieille connaissance que Prince a invitée sur scène à Londres, en 1986.

Parmi les morceaux de son répertoire de scène, désormais immense, Prince reprend, en plus de ses classiques réarrangés, ceux des Beatles (« Come Together », « With a Little Help from My Friends »), Jimi Hendrix (« Spanish Castle Magic », « Little Wing ») et Elvis (« All Shook Up »). Il choisit aussi certaines de ses chansons moins connues, mais propices aux improvisations, dans une ambiance proche de ses *aftershows*.

Continuant sur la lancée du Nokia Theater, il donne deux concerts au festival de jazz de Montreux en juillet, puis trois à Monaco en août (il y fait salle comble malgré le prix des places, de 200 à 500 euros). En octobre 2009, il débarque à Paris pour deux shows sous la verrière du Grand Palais (baignée de pluie au moment de « Purple Rain » – encore – puis d'un sublime soleil couchant). Il y ajoute un concert inopiné à la Cigale, une rarissime conférence de presse à l'hôtel Costes et deux mini-performances dans les studios de RTL et de Canal+. Cette année-là, les fans parisiens de Prince sont en transe – tout cela, encore une fois, dûment consigné sur disques par les infaillibles pirates qui suivent l'artiste à la trace.

Pendant quatre ans, de 2010 à 2014, une période inhabituellement longue pour lui, Prince ne sort aucun album. Le dernier paru à ce moment-là, *2010*, est offert avec plusieurs journaux – signe supplémentaire du peu d'intérêt que le musicien porte désormais au marché du disque.

De mai à décembre 2010, il est de retour sur la route. À l'été, il passe de nouveau par la France : le 1er juillet, il surprend le public de Bercy en apparaissant sur scène pendant un concert de Stevie Wonder. Le 9 juillet, il joue devant plus de 30 000 spectateurs à la citadelle d'Arras, dans le Pas-de-Calais, avant de revenir au New Morning, le 22 juillet, pour le bonheur de quelques centaines de chanceux. Enfin, le 25 juillet, il se produit à l'espace Nikaia de Nice, où il joue pendant deux heures dix pour 15 000 fans en furie. Mais la soirée ne s'arrête pas là : dès le début du concert niçois est annoncé ce qui sera le dernier véritable *aftershow* de Prince en France – accessible au public. En pleine nuit, la salle du Palais Club de Cannes (3 000 places à 50 euros) se remplit en quelques minutes. L'horloge a déjà passé le cap du 26 juillet 2010 lorsqu'à 3 h 45 du matin, Prince *and the band* prennent la scène pour une heure dix de funk supplémentaire, qui met un terme à leur tournée d'été.

Onze mois plus tard, le 30 juin 2011, Prince démarre une nouvelle tournée européenne au Stade de France, devant 40 000 spectateurs environ (la moitié du stade de 80 000 places, en capacité réduite). Trois jours plus tôt, il est passé à la télé, au *Grand Journal* de Canal+. Malgré cela – indice, à nouveau, d'une certaine surexposition de Prince en France – tous les billets du Stade de France ne trouvent pas preneur. Ils finissent par être vendus au rabais, quasiment bradés dans des opérations promotionnelles ou les comités d'entreprise[1]. Ce soir-là, Prince donne pourtant un concert énorme, d'abord par sa durée (deux heures et quarante minutes) mais aussi grâce à quelques moments d'anthologie – comme ce medley à la basse où l'artiste s'envole sur les riffs (inventés par lui) des albums de The Time.

Le show du « SDF » se termine à peine, que la rumeur d'un *after* court en tous sens. En réalité, Prince doit jouer ce soir-là dans une soirée privée, avec Sharon & The Dap-Kings – sa première partie au Stade de France. À 2 h du matin, les fans se massent devant

1. Calhounsquare.fandom.com.

le restaurant chic La Société, dans le quartier de Saint-Germain-des-Prés. Dans la pagaille, quelques anonymes parviennent à se glisser parmi les VIP attablés (Christian Louboutin, Dita Von Teese, Gilles Lellouche, Cécile Cassel, Jérémie Rénier)[1]. Certains (par réflexe ?) paient leur place (100 euros), d'autres entrent gratuitement. Prince et son groupe commencent à jouer un peu avant 4 h du matin. Quarante minutes plus tard – cinq morceaux –, le jour commence à se lever sur Paris. Selon la tradition établie au New Morning vingt-cinq ans plus tôt, Prince sort de la salle sous les applaudissements du public, monte à l'arrière de sa limousine et disparaît.

Les deux derniers concerts de Prince en France ont lieu en 2014, le 1er juin (à 18 h et 21 h 30), au Zénith de Paris. Cette année-là, le musicien (qui apparaît avec la coupe afro de ses jeunes années) parcourt le monde de janvier à décembre, guitare à la main, avec son nouveau groupe presque exclusivement féminin, 3rdeyegirl (Hannah Welton-Ford à la batterie, Ida Nielsen à la basse, Donna Grantis à la guitare et Cassandra O'Neal aux claviers – de même que Joshua Welton, qui est accessoirement l'époux de Hannah). Ce nouveau *line-up* n'emballe pas forcément tous les fans, mais comme toujours avec Prince, sur scène, « il se passe quelque chose ». L'énergie, l'inspiration qui se renouvelle sans cesse (sa version revisitée de « Let's Go Crazy » est géniale), les solos de guitare toujours plus impressionnants, la voix intacte comme au premier jour : le public est bluffé, conquis, une fois de plus.

Ces deux shows sont les dernières rencontres de Prince avec ses fans parisiens, si fidèles, qui ont grandement contribué à sa réputation internationale. Mais l'artiste fera encore une dernière apparition en territoire français.

---

1. « Live Report : Prince, Saint-Denis, 30/06/2011 + Aftershow à La Société », *Funk-U Magazine*, Funku.fr, 1er juillet 2011.

Car trois mois et demi avant sa disparition brutale, Prince passe la soirée du Nouvel An 2016 comme à son habitude : sur scène. Un concert dont on ne sait pas grand-chose, sinon qu'il a eu lieu à Gouverneur Bay, dans la partie française de l'île de Saint-Barthélemy, sur le terrain très privé de l'oligarque russe Roman Abramovitch. Barricadé dans son domaine de trente hectares, Gouverneur Bay Estate, l'ex-propriétaire du club de football de Chelsea, tombé en disgrâce depuis, s'offrait alors chaque année les services de stars de la pop (Beyoncé, Gwen Stefani, Red Hot Chili Peppers) pour animer ses fêtes hautement confidentielles à plusieurs millions de dollars – *dress code* recommandé : *Island chic*, le chic des îles[1]...

Prince a déjà joué chez Abramovitch en 2009[2], de façon tout aussi confidentielle qu'en 2016. Pour cette dernière soirée à Saint-Barth, les fans tricolores anonymes n'ont pas réussi à passer les barrières de sécurité du milliardaire russe. Seuls quelques invités ont osé sortir leur téléphone portable pour immortaliser des bribes de l'événement. On y voit le chanteur interpréter quelques secondes de « Little Red Corvette », « Nothing Compares 2 U », « 1999 » et « When Doves Cry ». C'est l'unique témoignage à ce jour du dernier concert du Nouvel An de Prince.

En visionnant attentivement ces images pour y chercher des indices de ce qui va suivre, on peut remarquer que le musicien est particulièrement mince. Mais il est totalement impossible d'imaginer qu'il succombera à une overdose quelques semaines plus tard.

1. Tom Peck, « I want to be on that guest list », *The Independent*, 31 décembre 2011.
2. Princevault.com.

55. Le solitaire

Prince sort ses derniers albums en 2014 et 2015. Une période extrêmement importante pour lui sur le plan discographique – mais sans rapport avec ses nouvelles productions. Nous l'avons déjà évoqué dans ces pages : les deux albums qu'il publie simultanément en 2014 sous l'étiquette de son label historique, Warner (*Plectrum-electrum* et *Art Official Age*), ne sont que la contrepartie d'un accord que Prince réclamait depuis vingt ans, et qu'il vient alors d'obtenir. Avec ce nouveau contrat, deux ans avant sa mort, l'artiste récupère enfin la propriété de ses célèbres « bandes *master* ». En échange, Prince s'engage – selon des modalités que l'on ne connaît pas – à ressortir ses anciens albums chez Warner.

Prince ne publie donc pas de chef-d'œuvre en 2014, mais il récupère tous ceux qu'il a enregistrés dans sa carrière. En parallèle, l'artiste-désormais-businessman crée sa propre société d'édition, NPGMusicPublishing.com. C'est cette seule entité qui va maintenant encaisser les revenus des multiples utilisations commerciales de l'ensemble de son catalogue. Avec ça, le business est en ordre.

Après ses nouvelles sorties Warner, Prince publie en septembre et en décembre 2015 deux autres albums, cette fois sur son propre label, NPG Records. *Hitnrun Phase One* et *Hitnrun Phase Two* sont d'abord diffusés en streaming sur Tidal, puis en CD. Ce sont les derniers disques que Prince sort sous son nom de son vivant – conclusion assez moyenne, il faut bien l'admettre, d'une discographie exceptionnelle. Mais à ce moment-là, encore une fois, cela ne compte plus vraiment dans sa carrière.

Ce qui semble lui importer, musicalement, c'est plutôt de se rapprocher toujours plus du cœur de sa musique, dans le sens d'une épure de ses arrangements et orchestrations. Là où d'autres ajoutent (hélas) des orchestres symphoniques à leurs créations pour les revivifier, Prince au contraire, même en grande formation, travaille toujours « à l'os », au plus simple, au plus efficace. Tous ceux qui l'ont vu à l'œuvre peuvent en témoigner.

Pour cette raison peut-être, l'un des derniers défis qu'il peut encore se lancer à ce moment-là est de se retrouver seul face au public. *Mano a mano* – l'occasion aussi de cultiver la complicité exceptionnelle qui l'unit à ses fans. Le musicien, absolument tout-terrain, l'a déjà fait, bien entendu : il a joué des sets entiers seul à la guitare sèche (lors des célébrations de Paisley Park notamment, ou dans un set introductif à Copenhague en 2002). Mais jamais pendant toute une tournée. Et jamais au piano. C'est donc le format inédit qu'il choisit pour ses prochains shows : un piano et un micro. La tournée s'intitule sobrement *Piano & a Microphone 2016.*

Cette idée reflète sans doute les sentiments profonds de Prince à ce moment-là, puisque sa musique est toujours profondément liée à ce qu'il est en train de vivre. En l'occurrence, l'homme est aux prises avec une grave addiction aux opioïdes – on l'ignore à l'époque, mais c'est désormais avéré. Alors c'est un artiste en solo, et un homme sans doute très seul, qui se présentera sur scène. Mais en réalité, n'est-ce pas ce que Prince a toujours été ?

Le travail solitaire est, depuis le premier jour, la marque de fabrique de Prince. *« A one man band »*, un groupe à lui tout seul, disait le premier *« branding »* créé par son ancien manager Owen Husney. Ce talent originel, il l'a sans doute développé par nécessité – pour canaliser son flot incessant d'idées – mais surtout par inclination personnelle. Pour lui, l'enfant abandonné, la solitude est un refuge, sa zone de confort créatif.

Sa musique l'illustre parfaitement : bien qu'il ait travaillé avec une multitude d'artistes, il n'a jamais réellement collaboré, au sens fort, avec qui que ce soit. Même au temps de son groupe The Revolution, au contact de musiciennes aussi imaginatives que Wendy et Lisa, il accepte certaines suggestions mais c'est lui, *in fine*, qui fait l'essentiel du travail. Seul.

Le producteur David « Z » Rivkin, que nous avons déjà croisé dans ces pages, le frère du batteur de The Revolution, Bobby Z – deux vieux compagnons de route de Prince –, le confirme : « Beaucoup de gens, depuis sa mort, ont dit qu'ils avaient écrit des chansons avec lui. Il ne collaborait avec personne. Il faisait tout, tout seul. J'ai moi-même travaillé sur une ou deux chansons avec lui, et Levi Seacer Jr aussi, mais c'était minimal. Aucune contribution majeure de notre part[1]. »

Cet état de fait est parfois un problème pour l'artiste, presque une malédiction. Car pour cette raison, des collaborations prometteuses sont passées à la trappe, virant systématiquement au projet solo. Même lorsqu'il travaille sur une seule chanson avec un autre artiste, Prince, si compétitif, a du mal à ne pas s'imposer. Ou alors il s'efface totalement en tant que musicien pour endosser un rôle de producteur – ce qui revient au même, puisqu'il est alors aux manettes, littéralement.

C'est bien ce qui s'est produit lorsqu'il a voulu travailler avec Madonna, Kate Bush ou George Clinton, immense innovateur du funk, que Prince a recruté sur son label

---

1. « Prince engineer David "Z" Rivkin and Peggy "Mac" discuss working with the artist », *Sunset Sound Recorders*, YouTube, 19 octobre 2021.

Paisley Park en 1988 – en même temps que la vénérable chanteuse soul Mavis Staples. Alan Leeds affirme que c'est lui qui a mis Prince et le pape du P-Funk en relation : « Je connais George depuis le premier single de son groupe Parliament, "Testify", en 1967. C'est vous dire ! Il m'avait envoyé des choses qu'il venait d'enregistrer, et m'a demandé ça comme un service. Il avait des problèmes avec les impôts, ses groupes Parliament et Funkadelic ne tournaient pas, il n'avait plus de label... Il était dans une mauvaise passe. Prince a entendu la cassette de George et m'a dit : "Signons-le." Pour le coup, Warner nous soutenait. Tout le monde attendait une collaboration Prince-Clinton. Le problème, c'est qu'ils n'ont jamais vraiment travaillé ensemble. Prince ne voulait pas faire ça. Il disait : "Qui suis-je pour dire à George ce qu'il faut faire en studio ? C'est lui le maître." Prince voulait bien écrire une chanson pour quelqu'un, ou vous donner une piste toute faite, mais pas collaborer dans l'écriture. Ça n'était pas comme si George et lui avaient créé quelque chose de neuf, de frais, ensemble. Ils ne se sont pas assis en studio pour vraiment associer leurs forces, comme l'ont fait par exemple George et Bootsy Collins en leur temps. S'ils l'avaient fait, Dieu sait ce qui aurait pu en sortir ! Mais Prince ne fonctionnait pas comme cela. Résultat, les disques de George sur Paisley Park ne sont pas vraiment satisfaisants. Il y a de bonnes choses, mais bien cachées. C'était décevant, pas du tout ce que l'on imaginait[1]. »

On peut dire la même chose de la collaboration rêvée entre Prince et le géant du jazz Miles Davis, l'un des musiciens les plus influents du XXe siècle. Malgré des déclarations enflammées des deux côtés, la véritable rencontre musicale entre eux, dont on pouvait tant attendre, n'a jamais eu lieu.

---

1. Dean, *op. cit.*

Fin 1985, Miles Davis et Prince auraient pu (dû ?) se retrouver en studio, le terrain de jeu de leurs expérimentations révolutionnaires. Car à ce moment-là, Miles vient de rejoindre le label Warner, dont Prince est la nouvelle star. Le jazzman fait savoir, honneur suprême, qu'il souhaite travailler avec le Kid de *Purple Rain*. Alan Leeds se souvient d'avoir trouvé sur son répondeur téléphonique des messages comme : « Dis à ce petit enfoiré mauve de me contacter ! »

Mais Prince, quelle qu'en soit la raison et bien que ravi de la demande de Miles, ne change pas ses habitudes. Il enregistre, seul, deux morceaux pour le maître, « A Couple of Miles » et « Can I Play With U? », et se contente de lui envoyer le second (pas forcément le meilleur des deux) pour qu'il y ajoute des parties de trompette, joignant à la cassette une lettre dithyrambique (et un brin prétentieuse) : « Nous sommes si exactement identiques, toi et moi, je sais que tout ce que tu joueras sera ce que j'aurais joué. » Miles Davis enregistre de son côté, avec son bras droit du moment, le bassiste Marcus Miller. Toujours aventureux, il lie le morceau de Prince à sa propre composition-hommage au jeune homme, « Full Nelson », et renvoie la bande magnétique à Minneapolis. À l'écoute, Prince n'est pas convaincu. Dans un mouvement réflexe, il enregistre encore de nouvelles pistes – face à une création insatisfaisante, le cerveau incite naturellement, souvent à tort, à ajouter de nouveaux éléments plutôt qu'à en retrancher. Puis il expédie de nouveau la bande multipiste à Los Angeles.

Mais cette fois, c'est le jazzman qui juge, finalement, que la composition de Prince, à la limite de la surproduction, ne colle pas avec le reste de son album. Au moment de trancher, la main de Miles ne tremble jamais : « Can I Play With U? » ne figurera pas sur son nouvel album, *Tutu*, disque événement de l'année 1986.

Par la suite, Miles Davis reprendra en concert des morceaux de Prince (des inédits écrits pour Madhouse), et Prince jouera aussi certains classiques de Miles, « So What » et « Tutu » justement. Mais le rapprochement n'ira pas plus loin que la célèbre apparition de Miles sur scène avec Prince, pendant quelques minutes, le 31 décembre 1987 à Paisley Park. À la mort de Miles, le 28 septembre 1991, son imposante discographie ne contient, hélas, aucune collaboration avec Prince, malgré cinq années d'intense admiration mutuelle.

56. Le professeur

Dans les années 2000, Prince est devenu un maître, pour toute une génération de jeunes musiciens. Et comme Miles Davis en son temps, le *Minneapolis Genius* repère toujours les jeunes talents qui passent à sa portée. Il va les voir sur scène, sait se montrer admiratif, encourageant. Souvent, il invite les musiciens à des *jam-sessions* chez lui, à Paisley Park ou à Los Angeles. Mais là encore, sa compétitivité se met parfois en travers de potentielles collaborations.

C'est ce qui se produit, par exemple, lorsque Prince, un soir, rencontre deux « jeunes qui montent », dans le mouvement hip-hop soul du début du XXIe siècle : le chanteur D'Angelo et le batteur Questlove, du groupe The Roots. Après quelques heures à parler musique, il invite dans son studio ces deux musiciens qui sont des fans et connaissent son œuvre sur le bout des doigts. Dans leur excitation, ils appellent le manager de « D », qui n'est autre qu'Alan Leeds, pour le prévenir de l'événement[1]. On peut imaginer la nervosité des deux jeunes gens, et ce que représente ce moment pour eux. Mais une fois sur son terrain, Prince passe en « mode démo ». Il exhibe insolemment ses nouveaux claviers, synthés, ordinateurs, et teste, avec un petit sourire en coin, les

1. Dean, *op. cit.*

connaissances de ses invités désarçonnés. D'Angelo, puriste, demande un simple piano Fender Rhodes. Prince éclate d'un rire moqueur, comme s'il s'agissait d'un instrument préhistorique. Le jeune musicien est un peu blessé, mais ne dit rien.

Même chose lorsque Prince propose à Questlove de se mettre à la batterie. Au bout de quelques minutes, il prend la place du batteur de The Roots « pour lui montrer comment on fait ». La condescendance Princière est à son comble. Le malaise aussi.

Sur le chemin du retour, depuis leur voiture, D'Angelo et Questlove rappellent Alan Leeds pour lui raconter cette étrange soirée : « Ahmir [Khalib Thompson, *aka* Questlove] m'appelle, raconte-t-il. Au début, il ne dit rien. Je lui demande : "Alors ? Alors ? Qu'est-ce qu'il s'est passé ??" Et il me répond : "Je ne sais pas trop, mais on a l'impression d'avoir besoin de prendre une douche[1]". »

D'autres rencontres musicales, dans les dernières années de la vie de l'artiste, sont nettement plus heureuses – à ce que l'on en sait, en tout cas. Sur scène, par exemple, en 2013, lorsque Prince s'installe pour trois soirées (deux concerts chaque soir) au Dakota Jazz Club and Restaurant (400 places), à Minneapolis. Pour chaque soirée, il a choisi une formation différente, dans un style distinct – jazz, funk et rock. Intitulée « Three Nights with Paisley Park » (« Trois nuits avec Paisley Park »), cette mini-résidence montre Prince aux côtés de nouveaux acolytes extrêmement talentueux, comme le batteur Ronald Bruner Jr, né en 1982 (l'année de *1999*), lui-même fils d'un batteur célèbre et grand frère du bassiste Thundercat, figure de la scène jazz hip-hop de Los Angeles depuis les années 2000.

1. Dean, *op. cit.*

À l'occasion des « Dakota Jams », Prince a aussi rajeuni sa section de cuivres, avec les saxophonistes Bernard « BK » Jackson (né en 1991, l'année de *Diamonds and Pearls*), Marcus Anderson (né en 1985, l'année d'*Around the World in a Day*), Adrian Crutchfield ou le trompettiste Lynn Grissett, à peu près du même âge. Il y a également, dans cette ultime version de l'éternel NPG de Prince, les chanteuses Liv Warfield, Elisa Dease et Shelby J – qui tourne avec l'artiste depuis 2006. Enfin, les soirées du Dakota constituent la première apparition de Prince avec les musiciennes qui forment le groupe 3rdeyegirl, et l'accompagneront bientôt en tournée, en 2014 et 2015.

Pour ce qui est de son travail en studio avec de nouveaux talents, Prince recrute en 2010 la jeune et impressionnante bassiste Tal Wilkenfeld. Le Génie de Minneapolis l'a repérée (comme tout le monde) dans le groupe du dieu de la guitare rock Jeff Beck, quelques années plus tôt. Prince enregistre avec elle les bases de l'album *Welcome 2 America*, qui doit sortir l'année suivante. Mais après avoir configuré plusieurs versions du disque, il remise ce qui aurait dû être son trente-cinquième ou trente-sixième album studio (le comptage devient difficile) dans les coffres de Paisley Park – un de plus. Ce sera finalement, onze ans plus tard, son premier album original inédit et posthume.

Jusqu'au bout de sa carrière, Prince continue aussi de produire des disques pour ses « amies » – depuis 2009, NPG Records n'a produit que des femmes. Ses dernières « protégées » se nomment Bria Valente (un album en 2009), Andy Allo (deux albums en 2012 et 2015), Liv Warfield (un album en 2014) et la dernière *grilfriend* de Prince, Judith Hill (un album en 2015).

Dans les derniers mois de sa vie, Prince a également côtoyé la chanteuse (si Princière) Janelle Monáe. Elle affirme qu'il travaillait sur son album *Dirty Computer*, sorti en 2018, avant, dit-elle, de « passer sur une autre fréquence… et là, il m'a aidée à trouver des sons. Il me manque vraiment, et son esprit ne me quittera jamais[1] » (Prince n'est pas crédité sur le disque, mais le single « Make Me Feel » porte clairement son empreinte).

En réalité, le dernier « jeune » musicien que Prince semble avoir réellement repéré sur ses radars est le bassiste Dwayne Thomas Jr, alias MonoNeon – qui a l'âge de *Graffiti Bridge*, puisqu'il est né en 1990. Son funk très original, comme son étrange look « total fluo » et l'approche dadaïste qu'il revendique dans sa carrière, hors des conventions établies, font de « Mono » un personnage particulièrement intéressant.

Tout cela n'échappe pas à Prince, qui enrôle le bassiste fin 2015 pour quelques concerts à domicile baptisés *Paisley Park After Dark*. « C'était fantastique, raconte MonoNeon. Prince à la guitare, aux claviers et au chant, moi à la basse, Kirk Johnson à la batterie, Donna Grantis à la guitare et Adrian Crutchfield aux instruments à vent : ces *jam-sessions* dans la NPG Music Club Room sont pour moi un souvenir très précieux[2]. » Prince, visiblement satisfait, emmène aussi MonoNeon en studio. Accompagnés de Kirk Johnson et Adrian Crutchfield, ils enregistrent une série d'excellentes pistes instrumentales – où le bassiste est clairement mis en avant – dans une veine qui rappelle les grands albums instrumentaux de Prince. « Nous avons enregistré des choses similaires aux albums de Madhouse (1987), ou à l'album *N.E.W.S.* (2003). Prince nous a dit qu'il voulait intituler le projet *Black Is the New Black*. Je ne sais pas ce qu'il avait en tête, s'il comptait enregistrer des voix,

1. Interviewée sur la BBC et citée par Amanda Wicks, « Janelle Monáe says Prince worked on her new album », *Pitchfork*, Pitchfork.com, 26 février 2018.

2. Enrico Cicchetti, « Entre Prince et Marcel Duchamp. Voici MonoNeon, dadaïste du nouveau millénaire », *Il Foglio*, Ilfoglio.it, 4 novembre 2023.

ajouter d'autres choses ou pas. L'un des morceaux est sorti quand il était encore là, "Ruff Enuff". Il l'a publié sous mon nom, MonoNeon. Jouer avec Prince a changé ma vie. »

À l'écoute de ces sessions, manifestement, l'inspiration est là. Peut-être même un nouveau son Princier. Il se trouve que le batteur Michael Bland, clé de voûte du premier NPG, a été témoin de cette ultime évolution : « C'est la dernière session que j'ai faite avec Prince à Paisley, environ un mois avant sa mort. Il n'y avait personne, pas d'équipe, pas de personnel, juste Prince, MonoNeon, Adrian Crutchfield au sax, et moi, c'est tout. MonoNeon était en cabine, alors on a joué ensemble mais on n'a pas pu se parler. J'ai entendu sa basse dans le casque, et j'ai pensé : "Oh ! OK, je sais qui c'est, celui-là !" Prince était en train d'expérimenter... Il faisait un album de fusion, ou quelque chose comme ça. Finalement, c'est Kirk [Johnson] qui a joué de la batterie, Prince n'a pas gardé ce que j'avais fait. Il n'arrêtait pas de me dire : "Essaie ceci, essaie cela... Non, je n'aime pas ça non plus", etc. Quoi que je fasse, ça n'était pas ce qu'il voulait *[rires]* ! À la fin, il est venu m'expliquer que c'était sûrement Kirk qui allait faire les batteries, que tout était installé pour lui, etc. J'ai répondu que c'était cool, j'étais content d'avoir tenté le coup[1]. »

Black Is the New Black restera le dernier projet inachevé, plein de promesses, du Génie de Minneapolis. Le seul extrait, « Ruff Enuff », est sorti quelques jours après avoir été enregistré, le 11 janvier 2016. On peut donc penser que cette fois, Prince aurait sans doute eu à cœur de publier cet album. Hélas, il n'en a pas eu le temps.

1. Interview par Michael Dean, *Prince Podcast*, *op. cit.*, repris sur la chaîne de MonoNeon, YouTube, 30 décembre 2021.

Après sa dernière soirée du Nouvel An à Saint-Barth, chez Roman Abramovitch, et quelques concerts de gala à Paisley Park, Prince démarre sa tournée *Piano & a Microphone 2016* le 16 février. Début avril, il reporte ses shows prévus à Atlanta, pris d'une « mauvaise grippe ». Le 14 avril, il est hospitalisé en urgence. Et le 21 avril, l'inimaginable se produit.

57. Dernier vol pour Minneapolis

Avec une semaine de retard, le deuxième show de Prince à Atlanta commence vers 22 h, le 14 avril 2016 – le premier était à 19 h. Spectacle incroyable, encore une fois, que de voir l'artiste seul au piano décliner sous cette forme inédite (sa première tournée seul en scène) des dizaines de tubes ou des pépites moins connues. De « Dirty Mind » à « Black Sweat », ses chansons, ainsi dépouillées, se montrent d'une richesse folle. Dans le même temps, le groove de Prince-pianiste est magistral, et sa voix sonne réellement comme en 1984 – falsetto compris. Toujours ce côté surnaturel chez lui…

À présent, ses concerts sont un véritable duo avec le public, qui connaît tous les textes par cœur. Et Prince, maître de l'improvisation, (se) joue de son audience avec une facilité déconcertante. Les moments de funk, d'émotion, mais aussi d'humour (une qualité sous-estimée chez Prince) se succèdent. Les spectateurs, après de longues minutes d'applaudissements à tout rompre, en ressortent exaltés et ébahis.

Ce soir-là, vers minuit, Prince monte dans un jet privé, un Falcon 900 du français Dassault, pour rentrer à Minneapolis. En dehors de l'équipe de la société Jet Speed, qui loue l'avion, les seuls passagers à bord sont Prince, son ami et musicien Kirk Johnson et sa petite amie, la chanteuse Judith Hill. Vingt minutes après le décollage, vers 1 h 10 du matin, c'est elle qui se rend compte que Prince est inconscient. Faute de personnel médical à bord, le pilote appelle l'aéroport de Chicago tandis que Judith et Kirk Johnson tentent de réveiller l'artiste, en vain. Un atterrissage d'urgence est décidé. Le jet se pose à Moline, dans l'Illinois, à deux heures de route de Chicago.

Deux médecins urgentistes les attendent sur le tarmac de l'aérogare. D'après leur témoignage, c'est Kirk Johnson qui porte Prince hors de l'avion, jusqu'à l'ambulance. Selon le *New York Times*, une injection d'antidote aux opioïdes (du Narcan) est immédiatement administrée au musicien. Dix-huit minutes après l'atterrissage du Falcon 900, l'ambulance file vers l'hôpital de Moline. En arrivant sur place, Prince peut de nouveau parler, explique Judith Hill[1], plus que soulagée. Elle s'interroge aussi, car elle ne savait rien, dit-elle, de l'addiction du chanteur.

À peine remis, mais toujours « très mal en point », selon Hill, Prince décide de quitter l'hôpital, mais ses amis parviennent à le convaincre d'y rester jusqu'au matin. Le Falcon 900 du chanteur ne repart de Moline qu'à 11 h 57 le 15 avril, pour atterrir à Minneapolis, dans le Minnesota, à 12 h 45 heure locale.

Maître de la communication, Prince façonne immédiatement les événements à sa façon : il organise une soirée pour le lendemain et sort faire un tour à vélo, comme si de rien n'était. L'après-midi même, il poste un message énigmatique sur le réseau Twitter : *« I am #transformed »* (« Je suis #transformé »). Un mot sans doute positif pour lui (accompagné de comptes rendus de ses shows d'Atlanta) mais dans lequel certains liront une prémonition, voire une annonce de sa disparition – transformation ?

1. Melena Ryzik, « I was on that fateful flight with Prince », *The New York Times*, 21 juin 2016.

Le 18 avril 2016, Prince fait passer le message qu'il est prêt à reprendre sa série « d'événements » (c'est ainsi qu'il qualifie ses tournées désormais). À ce moment-là, il a effectivement de quoi être optimiste, sur la suite de sa tournée, en tout cas. Il enchaîne les salles combles, va de triomphe en triomphe, et le format très léger de ses concerts (juste lui et son piano *purple* – agrémenté de quelques effets qu'il utilise avec la parcimonie nécessaire) rend l'opération extrêmement lucrative. Après Atlanta, plusieurs autres dates américaines sont planifiées jusqu'au mois d'août 2016, et il envisage d'aller ensuite en Europe pour rejouer les concerts annulés fin 2015 suite aux attentats du 13 novembre à Paris et Saint-Denis (notamment une représentation très attendue à l'opéra Garnier).

Rentrée à Los Angeles, Judith Hill décide de son côté d'alerter les proches du musicien, à Minneapolis. Prince lui a promis d'entreprendre « des démarches pour se soigner », mais quoi qu'il en dise (ou qu'il n'en dise pas), le musicien est dans un état de santé très préoccupant. Le 19 avril, il passe au Dakota Jazz Club, où il a joué maintes fois. Mais ce soir-là, il ne touche pas aux instruments. Le 20 avril, son entourage contacte le docteur Howard Kornfeld, à Los Angeles. Le lendemain, le médecin envoie son propre fils à Minneapolis pour stabiliser l'état de Prince, avant de démarrer un traitement au long cours. Hélas, Howard Kornfeld n'aura pas le temps d'arriver à Paisley Park avant la matinée fatale du 21 avril 2016.

58. *Prince, what happened?*

À la fin de sa carrière, Prince est un survivant. Un artiste qui a triomphé de tout, au prix d'années de travail et d'obstination. Il le dit lui-même, en 2014, à l'agence Associated Press : « La position dans laquelle je me trouve aujourd'hui, c'est ce que j'ai toujours voulu. Tout ce que j'ai fait avant, c'était pour essayer d'y parvenir[1]. » Prince n'est plus, comme dans les années 1990, un artiste en souffrance.

Mais la souffrance, à présent, est ailleurs. Ce qui trahit l'artiste, désormais, ce n'est plus le *music business*, mais son propre corps. Après des années à repousser l'échéance d'une opération des hanches (notamment parce que les Témoins de Jéhovah refusent les transfusions sanguines), le chanteur a finalement subi une intervention en 2010.

À première vue, on peut imaginer que son recours aux antidouleurs date de cette époque (à l'instar d'une Édith Piaf accrochée à la morphine après un accident de voiture). Mais ce n'est pas une évidence. Avec Prince, même après sa mort, on va de surprise en surprise. Alors tout est possible. Lui qui a été considéré pendant quarante ans comme « l'artiste le plus clean du

1. « Church Marquee honors Prince with "Let's Go Crazy" lyrics », Cbsnews.com, 21 avril 2016.

show-business », a-t-il pu mentir de bout en bout ? Prince a-t-il pu tout bonnement dissimuler, du début à la fin de sa carrière, qu'il prenait de la drogue « comme les autres » ? Dans l'histoire du rock et de la pop, cela s'est déjà vu. Prenons le temps de revisiter deux cas emblématiques.

Le premier exemple qui vient à l'esprit est celui d'Elvis Presley, dont les frasques, les addictions et le « suivi médical » permanent ont été soigneusement dissimulés pendant des décennies. Malgré la dégradation physique du King, visible à l'œil nu, l'omerta a fonctionné. Jusqu'à ce qu'un livre de témoignages, signé par des gardes du corps et amis d'enfance d'Elvis, déballe tout sur la place publique. Cet ouvrage explosif, intitulé *Elvis, What Happened?*, sorti en juillet 1977, raconte en détail ses excès : les filles, les armes, et surtout les prescriptions de pilules (opiacés, barbituriques, amphétamines) à la pelle. Des drogues dures légales obtenues grâce à plusieurs médecins complices, le plus célèbre étant « Dr Nick », George C. Nichopoulos (radié en 1993, après plusieurs procédures). La publication de cet ouvrage, avec ses révélations catastrophiques pour Presley, aurait plongé le « roi du rock » dans une profonde dépression et précipité son décès, un mois plus tard, à l'âge de 42 ans.

Autre cas célèbre, trente ans après la mort du King : dans une sorte de filiation morbide, l'autoproclamé « roi de la pop » – et gendre d'Elvis, puisqu'époux de Lisa Marie Presley de 1994 à 1996 –, Michael Jackson, meurt à son tour d'une overdose médicamenteuse. On découvre alors que « Bambi » s'est lancé dans la même consommation gargantuesque de drogues légales que feu son ex-beau-père. Il a d'ailleurs « amélioré » le système : plutôt que de recruter un réseau de médecins-dealers aux quatre coins des États-Unis, « MJ » n'en a qu'un seul, Conrad Murray, qu'il loge directement chez lui, à Los Angeles. Entièrement disponible pour son unique patient, le docteur Murray devait accompagner Michael Jackson sur la tournée *This Is It* lorsque la mort soudaine du chanteur stoppa net ses projets, et lui valut une inculpation puis une condamnation pour homicide involontaire en 2011. L'enquête sur la mort de Michael Jackson révélera un tableau plus effrayant que le clip de « Thriller » : durant les deux derniers mois et demi de la star, le docteur Murray lui a procuré pas moins de quinze litres et demi (!) de propofol, un anesthésiant chirurgical qu'il utilisait chaque soir comme somnifère. Son « lait », disait-il, à cause de la couleur blanche du produit, faisant inconsciemment (ou pas ?) une terrible référence aux graves carences affectives de son enfance – violence paternelle et absence de protection maternelle[1].

Dernier point commun, et pas des moindres, entre les toxicomanies d'Elvis Presley et de Michael Jackson : les deux hommes ne se considéraient absolument pas comme des « drogués ». L'image du junkie affalé sur un trottoir avec une seringue dans le bras leur faisait horreur – Elvis, dans ses dernières années, se prenait même pour un agent de la lutte antidrogue aux États-Unis. Dans un déni de réalité typique, les deux « *kings* » s'étaient convaincus que les ordonnances de leurs médecins, si délirantes soient-elles, servaient réellement à traiter des « insomnies », de « l'anxiété » ou des « coups de fatigue ».

De la même façon que ses deux prédécesseurs, Prince, lui aussi, a répété toute sa vie (à ses proches, dans la presse, en chansons) qu'il « ne prenait pas de drogues ». Pourtant, après son décès par overdose, lorsque la police vient perquisitionner le domicile du solitaire de Paisley Park, elle fait de surprenantes découvertes.

1. Andrew Gumbel, « Conrad Murray, the man who supplied Michael Jackson's lethal dose of propofol », *The Guardian*, Theguardian.com, 7 novembre 2011.

Dans la forteresse de Prince – comme dans celle d'Elvis (Graceland) et de Michael Jackson (Neverland), encore une similitude entre eux –, la « drogue » est partout. Les enquêteurs trouvent des cachets d'opioïdes dans la chambre du musicien, mais aussi dans tout le reste de sa résidence, jusque dans la buanderie. Des dizaines de pilules, dont la plupart sont stockées dans des tubes de vitamines et d'aspirine – serait-ce l'explication de l'hospitalisation de Prince en 1996, lorsqu'il disait justement avoir pris « trop d'aspirine », comme nous l'avons relaté au début de ce livre ?

L'inventaire est effrayant : dans un flacon anodin, les policiers comptent 20 pilules dénommées « Watson 853 », qui contiennent en réalité du fentanyl, le produit qui a tué Prince. Dans une autre pièce, un deuxième tube contient 64 comprimés de « Watson 853 ». Dans le vestiaire, au deuxième étage de Paisley Park, encore 15 pilules[1].

Et puis il y a une mallette, étiquetée au nom de « Peter Bravestrong » – l'un des alias de Prince. À l'intérieur, encore plusieurs flacons d'opioïdes accompagnés d'une ordonnance, non pas au nom du chanteur, mais de son musicien et ami Kirk Johnson. Logiquement, ce dernier est alors soupçonné d'être le « fournisseur » de Prince, mais il est rapidement mis hors de cause. En réalité, c'est Prince et son médecin de l'époque, le docteur Schulenberg, qui ont imaginé ce stratagème par souci de discrétion (Kirk Johnson dit ne s'être prêté au jeu qu'une seule fois).

Face à ces incroyables révélations, les questions suivantes coulent de source : depuis quand Prince consommait-il ces « médicaments » stupéfiants ? A-t-il dissimulé d'autres addictions, en dehors des expériences connues, au fil de sa vie ? Le surhomme qui prônait la sobriété totale

1. Joe Coscarelli et Serge F. Kovalesky, « How Prince concealed his addiction: aspirin bottles of opiates », *The New York Times*, Nytimes.com, 21 avril 2017.

a-t-il trompé la terre entière ? À quoi peut donc ressembler le « parcours » de Prince sur cette « *highway to hell* » empruntée par tant de rock stars avant lui ?

La rencontre entre Prince et la drogue semble remonter au milieu des années 1980. Jusqu'à *Purple Rain*, le jeune homme fait exactement ce qu'il proclame dans ses chansons : malgré son rythme de travail déjà intense, il vit d'amour, d'eau fraîche et de « *purple music* ». Il se moque des fumeurs de joints, évite les gens alcoolisés, fuit les cocaïnomanes, méprise les accros à la cigarette. Une fois, à l'adolescence, l'ami Morris Day, plus déluré que lui, raconte avoir partagé des champignons hallucinogènes avec son copain, qui a détesté l'expérience en jurant qu'on ne l'y reprendrait plus.

Dans son groupe, évidemment, Prince ne tolère aucun écart. On le comprend aisément : pour ce *control freak*, le moindre manque de fiabilité est insupportable. Il exige toujours le maximum de ses musiciens, mais aussi de lui-même, jusque dans son propre corps. Et c'est là que les problèmes surviennent. Car il ne se ménage pas sur scène, comme chacun sait, particulièrement à partir des shows *Purple Rain* où il commence à multiplier les sauts acrobatiques et les grands écarts, toujours en talons hauts. Un jour, en répétition, il tombe de la baignoire qui est installée sur scène, à trois mètres du sol. Une autre fois, il glisse et se tord la jambe… Le dos, les hanches, les genoux : à ce moment-là apparaissent des blessures qui vont poursuivre Prince toute sa vie. Et c'est là, pour pouvoir continuer ses shows sans coup férir, que le musicien commence à prendre des médicaments de la catégorie « antidouleurs ». Le début de ce qui deviendra, trente ans plus tard, une addiction fatale.

Au chapitre des essais « récréatifs », en 1987, on le sait, Prince a expérimenté la drogue hallucinogène de l'époque, l'ecstasy (MDMA), avec la danseuse Cat – et possiblement avec sa muse du moment, Ingrid Chavez[1]. « L'affaire » du *Black Album* en est l'illustration. Mais l'aventure « taz » s'est sans doute arrêtée là.

Un peu plus tard, dans les années 1990, le rythme de travail de Prince, sa productivité en studio, la fréquence de ses tournées, l'énergie de chacun de ses concerts poussent les observateurs à se poser des questions. Le chanteur est-il vraiment au régime sec ? Sachant qu'à ce moment-là, la mode est à la cocaïne – une véritable épidémie dans le showbiz –, les rumeurs vont bon train. Des témoignages de seconde main affirment même que le « boss » aurait pris de la coke avec un membre de son groupe à plusieurs reprises. Mais les proches « historiques » de la star à l'époque, comme Alan Leeds, n'y croient pas : « L'un d'entre nous l'aurait forcément su, dit-il. Prince n'emballait même pas sa trousse de toilette lui-même, et dans les hôtels, nous avions un accès illimité à sa suite. Donc nous aurions sûrement trouvé des restes, ou des indices[2]. »

A priori, pas de cocaïne pour Prince. En revanche, sa consommation d'antidouleurs semble s'être réellement emballée à ce moment-là, au milieu des années 1990. Ce qui veut dire que « l'aspirine » du 21 avril 1996 était peut-être, en réalité, une pilule d'opioïde – pourquoi pas piochée par erreur dans un tube d'aspirine, précisément : ce genre de bévue est une cause fréquente d'overdose.

Deux ans avant cette hospitalisation en urgence, Prince aurait même fait une cure de désintoxication. C'est un pilier du NPG pendant plus de vingt ans, le pianiste Morris Hayes, qui le dit[3]. En 1994, alerté par les rumeurs concernant son patron, dont on dit qu'il prend des « produits » – certains musiciens se plaignent aussi de son

1. Larry Getlen, « Prince's pill addiction began with bathtub accident, friends recall », *New York Post*, Nypost.com, 23 août 2021.
2. Hahn, *op. cit.*
3. Getlen, *op. cit.*

caractère encore plus difficile que d'habitude –, Hayes décide d'aller lui parler. Prince le rassure. Mais le lendemain, il ne vient pas en répétition. Ses musiciens ne le revoient qu'une semaine plus tard. « Qu'il ne vienne pas en répétition ni en studio pendant une semaine, c'était vraiment énorme, explique Morris Hayes. Je n'ai jamais vu Prince passer une journée sans une activité musicale, encore moins une semaine. Qu'a-t-il fait ? Où était-il ? Je pense qu'il était en désintoxication. J'espère qu'il était en désintoxication. »

À cette période, 1994-96, la jeune Mayte Garcia partage la vie de Prince à Paisley Park. Témoin direct de la première « alerte du 21 avril » (la seconde étant la mort de Prince pile vingt ans plus tard, en 2016), elle se rappelle, dans ses mémoires[1], avoir foncé à l'hôpital au chevet de son mari. Elle cite leur dialogue : « "J'avais une migraine, a-t-il dit. J'ai pris trop de comprimés. – Trop d'*aspirine*. – Oui. – Comment une telle chose est-elle possible ? – Je ne sais pas. J'avais mal au crâne." Il s'est tourné et a dit à une personne de la sécurité : "Retournes-y et récupère ces données. C'est privé." »

Avec le recul, Mayte Garcia regrette d'avoir « accepté cette version ». « C'est nul », dit-elle, avant de se justifier : « Si cela s'était reproduit tous les jours, tous les mois, ou même tous les ans, j'aurais évidemment pris le problème à bras-le-corps. J'aurais insisté pour qu'il se fasse aider mais au quotidien, durant les années où j'ai vécu avec lui, c'était un incident isolé. Aussi, je ne lui ai plus posé de questions. »

Pourtant, plus tard, après une grossesse extrêmement compliquée et le décès de leur enfant, Mayte dit avoir remarqué que sa Vicodin (un autre analgésique opioïde puissant) « continuait de disparaître. L'ordonnance était remplie, et quelques jours après, la plupart des pilules

1. Garcia, *op. cit.*

disparaissaient. J'ai supposé qu'il les cachait pour m'empêcher de me faire du mal à moi-même. Rétrospectivement, je ne sais que penser ».

Nombreux sont les proches de Prince qui se reprochent de ne pas « avoir vu ». Comme la chanteuse Chaka Khan, l'une des premières à avoir repris une chanson de Prince (« I Feel For You »), proche de lui depuis les années 1980 : « Je ne savais pas. J'étais au courant de ses problèmes aux hanches, aux chevilles, et tout ça. Mais vous savez, à un moment de ma vie, j'étais gravement droguée moi-même. On pourrait penser que je l'aurais repéré, mais non. C'était quelqu'un de très affectueux, ouvert, généreux, mais aussi secret. Je ne me doutais absolument pas de ça[1]. »

À quel moment la consommation de Prince s'est-elle envolée ? Peut-être à la suite d'une opération, comme ce double remplacement des hanches qui a eu lieu en 2010. En tout cas, ce sont sans doute des souffrances physiques multiples et croissantes qui ont poussé le chanteur à se tourner vers les opioïdes. Des produits dont certains médecins disent qu'ils équivalent à une « suppression du corps ». Leur effet sur Prince est d'ailleurs un amaigrissement visible (comme sur les images du Jour de l'an 2016 à Saint-Barth). D'après Wendy Melvoin, son ancienne guitariste, Prince pesait environ 60 kilos en temps normal (pour 1,57 mètre), mais moins de 50 kilos à la fin de sa vie. BrownMark, ex-bassiste de The Revolution, pense qu'il « avait besoin de quelque chose pour supprimer la douleur, puis l'addiction s'installe. Mais il l'a cachée, parce que sa façon de vivre c'était de ne jamais montrer ses efforts : "Personne ne doit te voir transpirer[2]." »

1. Interview par Kelefa Sanneh, *CBS News*, Cbsnews.com, 26 novembre 2023.

2. Getlen, *op. cit.*

On peut être d'accord avec l'auteur spécialiste de Prince, Touré : « Il ne prenait pas de drogue à la façon d'une rock star hédoniste. Il prenait de la drogue comme tant de travailleurs américains qui ont besoin de pilules pour aider leur corps abîmé à accomplir une journée de boulot, afin d'être là pour ceux qui attendent après eux[1]. » Et c'est ainsi, comme des dizaines de milliers d'Américains, que Prince a succombé à une overdose accidentelle d'opioïdes.

Reste une question : la provenance des pilules de fentanyl que Prince possédait pour partie sans ordonnance. C'est encore un mystère au moment de l'écriture de ces lignes. Une piste a conduit les enquêteurs à s'intéresser à une autre victime d'overdose accidentelle – une vieille connaissance de Prince. Deux mois après le décès du chanteur, Paul Pudlitzke, l'ancien manager des clubs Glam Slam (de 1990 à fin 1994), est retrouvé sans vie à son domicile de Minneapolis. Dans le sang de cet homme de 48 ans, les médecins identifient le même opioïde que celui qui a tué son ancien boss, à quelques kilomètres de là. Les deux hommes se voyaient-ils encore ? L'un aurait-il pu fournir l'autre ? De nouveau, la rumeur a couru, mais l'enquête de police n'a établi aucune connexion entre les deux affaires.

1. Getlen, *op. cit.*

59. L'after-Prince

L'annonce de la mort de l'artiste, au printemps 2016, déclenche une pluie d'hommages de ses pairs. Dans les jours qui suivent, d'Elton John à Herbie Hancock, tous parlent de lui dans les médias. Springsteen, Madonna, Stevie Wonder, Lianne La Havas interprètent sur scène sa chanson « Purple Rain ». Le guitariste de Pink Floyd, David Gilmour – un autre dieu de la six-cordes –, joue un extrait du morceau de Prince au milieu du mythique solo de « Comfortably Numb » (la chanson de l'album *The Wall* qui décrit justement une rock star droguée aux médicaments). Le monde de la pop est unanime pour saluer son génial représentant disparu : Prince, le « musicien des musiciens ».

Les pirates non plus ne perdent pas de temps : à peine joués, les premiers concerts de la tournée 2016 sont déjà disponibles sur le marché parallèle. Et très vite, c'est l'ultime performance de Prince – les deux shows au Fox Theater d'Atlanta – qui arrive sur les étagères des fans. Un dernier *bootleg* qui boucle leurs collections de dizaines, voire de centaines de disques pirates de l'artiste, accumulés au fil des décennies.

Au même moment, pendant que les fans du « Purple One » remettent ses disques sur la platine, les yeux humides, d'autres, à Minneapolis, passent également son œuvre en revue, mais pas pour les mêmes raisons.

Dans leurs yeux à eux, des petits dollars se dessinent entre deux larmes de chagrin. Car les héritiers de Prince se retrouvent du jour au lendemain face à une fortune colossale : 156 millions de dollars à se partager, à gérer, et surtout à faire fructifier. Dans une telle situation, le meilleur moyen d'éviter les conflits et les procédures est de suivre à la lettre les volontés du défunt. Mais Prince, contrairement à ses habitudes, n'a pas fait connaître ses volontés. Il laisse derrière lui plusieurs héritiers, des millions de dollars, et pas de testament : la recette d'une succession à problèmes.

Dès le départ, la justice doit être saisie pour déterminer deux éléments fondamentaux[1] : identifier les héritiers légitimes de la star, puis établir un plan de partage entre eux. La première étape est relativement simple – bien qu'au décès de Prince, de nombreux « enfants cachés » se signalent aux quatre coins du pays, sans obtenir quoi que ce soit.

Au final, six héritiers sont désignés : Tyka, sa sœur ; Sharon, Norrine et John R., ses trois demi-frères et sœurs du côté de son père ; Alfred Jackson et Omarr Baker, ses deux demi-frères du côté de sa mère. La deuxième phase de cette procédure – le partage des biens entre les ayants droit – va s'avérer plus compliquée.

Mais avant même d'en arriver là, les héritiers doivent faire rentrer de l'argent dans les caisses. Les frais de fonctionnement des sociétés de Prince, le coût des procédures judiciaires, sans oublier la gestion de Paisley Park et les impôts afférents, représentent d'énormes dépenses. La première décision que prend la famille est donc de rentabiliser la résidence, désormais mythique, du musicien. Dans un nouveau parallèle assez sinistre

1. Matthew Erskine, « The battle for Prince's estate: Unending conflict, legal drama, and lessons for family business », *Forbes*, Forbes.com, 17 janvier 2024.

entre Prince et le King (Elvis Presley), la société qui se voit confier la gestion de Paisley Park n'est autre que Graceland Holdings, administratrice, comme son nom l'indique, de la demeure du défunt roi du rock à Memphis – ce « palais » qui, lui aussi, était truffé de pilules à la mort de son illustre propriétaire. C'est ainsi que le sanctuaire de Prince devient un musée qui ouvre ses portes au public le 28 octobre 2016, six mois à peine après la mort du musicien.

Pour les mêmes raisons financières, dès sa disparition, les héritiers de l'artiste commencent à piocher dans son immense catalogue discographique. La première sortie posthume, en novembre 2016, est une compilation opportunément intitulée *Prince 4Ever*. Pour appâter le public, le Prince Estate a « libéré » un premier morceau inédit de 1982, la ballade « Moonbeam Levels ». L'année suivante arrive une première édition « Deluxe » de *Purple Rain* (parions qu'il y en aura d'autres). Une nouvelle compilation digitale paraît en 2018, en même temps que le disque *Piano & a Microphone 1983* – une bande qui circule sous le manteau depuis bien longtemps. En 2019, les héritiers de Prince sortent quatre disques : *His Majesty's Pop Life*, *The Versace Experience* (encore deux compilations), *Originals* (des démos de chansons de Prince enregistrées par d'autres artistes) et un coffret *1999* (très réussi). L'année 2020 voit reparaître un show *Purple Rain* enregistré à l'université de Syracuse, à New York (déjà inclus en DVD dans le coffret de 2017… et qui ressortira une troisième fois, remastérisé, en 2022). C'est aussi l'année de la réédition augmentée, remarquable, du chef-d'œuvre *Sign o' the Times*. En 2021, NPG Records et Sony Music publient *Welcome 2 America*, le premier album original-inédit posthume de Prince. Enfin, en 2023, c'est le luxueux coffret *Diamonds and Pearls* qui arrive dans les bacs, à grand renfort de publicité.

Au total, tous formats confondus (singles, albums, coffrets CD et vinyles, inédits ou rééditions), une bonne centaine de nouveaux « produits Prince » sont apparus sur le marché entre 2016 et 2023.

Mais ce n'est qu'un modeste apéritif comparé au contenu gargantuesque du *« vault »* Princier. Les « connaisseurs » le savent, puisqu'ils possèdent eux-mêmes quantités de coffrets inédits – que le Prince Estate pourrait parfaitement sortir tels quels, comme Frank Zappa en son temps : la matière semble inépuisable. Entre les enregistrements *live* (concerts et *aftershows*), les répétitions, les groupes satellites, les chutes de studio, les démos, les innombrables albums inédits comme *Crystal Ball* (le vrai), *Dream Factory*, *Camille*, *The Flesh*, *High*, *The Dawn*, jusqu'à *Black Is the New Black* avec MonoNeon... Des centaines d'heures de musique sont disponibles, prêtes à voir la lumière du jour.

D'après l'archiviste de l'Estate, Duane Tudahl (également auteur d'ouvrages de référence que nous avons abondamment cités), le coffre à musique de Prince contient de quoi constituer cinquante à soixante coffrets « Super Deluxe ». Mazette !

Avec cela, l'avenir des héritiers Nelson est assuré pour plusieurs générations. À condition, toutefois, qu'ils arrivent à s'entendre.

Après la mort de Prince, la justice a mis six longues années à établir un accord de partage entre ses ayants droit. Le temps d'y parvenir, deux héritiers désignés, John R. Nelson et Alfred Jackson, sont morts (le premier en 2021, le second en 2019). En conséquence, deux des trois enfants de John R. sont entrés dans le jeu : Allen D. Nelson et Breanna M. Nelson (attention, quasi-homonyme de Brianna, la fille de Duane Nelson, le « faux » demi-frère de Prince, né la même année que lui et non reconnu dans la succession[1]). La procédure a été ralentie par les recours des uns et des autres au fil des mois. Entre-temps, trois des six héritiers légaux (Omarr Baker, Tyka Nelson et Alfred Jackson) ont vendu leurs parts à une société baptisée Primary Wave, spécialisée dans la gestion de catalogues d'artistes (de Kurt Cobain à Sun Records, John Lennon et Smokey Robinson).

Le bout du tunnel semble apparaître en août 2022 : la justice valide un compromis. Le patrimoine de Prince est d'abord fixé à 156 millions de dollars (l'évaluation du fisc américain était de 163 millions, alors que la banque Comerica, premier gestionnaire de l'Estate, l'estimait à 82 petits millions de dollars…). Ensuite, ce pactole est divisé en deux sociétés. La première, Prince Legacy LLC, regroupe les héritiers de Prince (Sharon Nelson, Norrine Nelson, Breanna Nelson, Allen Nelson) et leurs administrateurs (l'avocat de Prince, L. Londell McMillan, et le conseiller Charles Spicer). La seconde, baptisée OAT Holding (pour Omarr, Alfred, Tyka), appartient désormais à Primary Wave. L'accord est censé garantir que ce nouveau géant du *music business* ne détiendra pas plus de la moitié du Prince Estate, qui reste à sa famille. Mais l'équilibre s'avère précaire.

Car en 2024, à l'heure où ces lignes sont écrites, le plan de partage gravé dans le marbre par les héritiers Nelson a encore volé en éclats. Cette fois, c'est au sein de Prince Legacy LLC que rien ne va plus. Un nouveau procès vient d'éclater, intenté en urgence par les administrateurs aux administrés. L'avocat McMillan et le conseiller Spicer accusent Sharon, Norrine, Breanna et Allen Nelson de vouloir les évincer de la société de gestion successorale. Ils affirment également que Sharon et Breanna Nelson ont voulu vendre leurs actions, elles

1. District Court, State of Minnesota, memorandum_17.pdf, Mncourts.gov, 30 décembre 2021.

aussi, à Primary Wave, ce qui déséquilibrerait l'accord de 2022. En outre, les deux professionnels font valoir que la famille de Prince n'a aucune expérience dans l'industrie du spectacle ni dans le management et les affaires juridiques. En janvier 2024, McMillan et Spicer réclamaient une injonction juridique rapide pour empêcher tout changement à l'intérieur de la société, mais aucune décision n'a été rendue pour l'instant. Affaire à suivre – une parmi beaucoup d'autres[1].

Tout cela n'aide évidemment pas à mettre en ordre la jungle de contrats, de licences, de sous-marques et de « produits » divers qui peuplent le monde de Prince. Un travail de longue haleine, qui tourne autour d'un mot cher à l'artiste : le contrôle.

C'est comme cela que dès 2017, quelques mois seulement après la mort du chanteur, ses ayants droit ont dû faire face à un projet parallèle annoncé par un ingénieur du son, Ian Boxhill, détenteur des bandes d'un mini-album (cinq chansons, seize minutes) enregistré en 2006, baptisé *Deliverance*. Une sortie digitale est alors annoncée pour le 21 avril 2017 – premier anniversaire de la mort de Prince – puis un CD sur le label Rogue Music. Mais deux jours avant la date butoir, le 19 avril, les héritiers Nelson portent plainte et les morceaux de *Deliverance* disparaissent des plateformes[2].

Plus proche de nous, en mars 2022, c'est un message du vieil ami de Prince, Morris Day, qui arrive sur les réseaux sociaux. Le *frontman* de The Time ne mâche pas ses mots : « À partir de maintenant, par la volonté du Prince Estate, je ne peux plus utiliser le nom Morris Day and The Time, de quelque façon que ce soit. J'ai

1. Erskine, *op. cit.*
2. « Deliverance, un mini-album inédit de Prince sort le 21 avril 2017 (Annulé) », Schkopi.com, 19 avril 2017.

donné quarante ans de ma vie pour développer l'héritage de ce que Prince et moi avons créé. Un nom qu'il m'a toujours laissé utiliser lorsqu'il était en vie. J'ai littéralement mis tout mon sang, ma sueur et mes larmes pour apporter de la valeur à ce nom. Cependant, maintenant que Prince n'est plus des nôtres, soudain, les gens qui contrôlent son patrimoine veulent récrire l'histoire en m'enlevant mon propre nom, m'empêchant en conséquence de nourrir ma famille[1]. »

Le Prince Estate se dit alors « surpris et déçu » du post de Morris Day, et « prêt à discuter avec lui » d'une « licence ». Mais le magazine *Variety* se procure une lettre qui confirme que les gestionnaires du Prince Estate ont effectivement interdit à Morris Day d'utiliser le nom de son propre groupe, en vertu d'un accord que Prince a fait signer à son ami en 1982. Ce contrat attribue l'ensemble des droits sur la « marque » The Time à la société PNR Music Corp – à l'époque, Prince en était le seul propriétaire.

À la faveur de l'accord d'août 2022 sur la succession de Prince, la dispute entre Morris Day et le Prince Estate semble avoir été résolue à l'amiable – restent tout de même des « questions clés » sur les copyrights de quelques tubes de The Time[2].

Ceux qui décident aujourd'hui du destin de l'empire Princier doivent ainsi garder la main sur une myriade de sous-marques à l'intérieur de la société Paisley Park Enterprises – « Purple Rain », « Mazarati », « The Family », « NPG Records », « Paisley Park », « NPG Music Club » sont des marques déposées, tout comme les parfums « 3121 », les bijoux « NPG », les médiators « Prince », les représentations du « Love Symbol », les dénominations

1. Michael Dean, « Morris Day vs the Prince estate », *Prince Podcast*, YouTube, 9 mars 2022.
2. Bill Donahue, *Billboard*, Billboard.com, 14 mars 2023.

« *Real music by real musicians* », « Purple One », etc[1]. Dans ce secteur, les ayants droit traquent à longueur de temps les contrefaçons ou produits dérivés illicites.

Et puis il faut aussi lancer (ou relancer) de nouveaux projets, pour entretenir la curiosité, sans faire de faux pas. Les dernières annonces en date concernent une série documentaire Netflix, initiée du vivant de Prince mais qui, après montage, ne conviendrait finalement pas à ses héritiers.

Une comédie musicale, en revanche, est dans les tuyaux, présentée comme l'adaptation scénique de *Purple Rain*. En attendant de savoir si elle ira à Broadway, les premières représentations sont prévues au printemps 2025 au State Theater de Minneapolis. Une initiative qui semble réunir les « deux camps » des ayants droit de Prince, si l'on en croit un communiqué conjoint de l'avocat L. Londell McMillan (représentant de Prince Legaly LLC) et Larry Mestel, le patron de la société Primary Wave (propriétaire de Prince OAT Holding) : « Prince a envisagé pendant des années d'adapter *Purple Rain* à la scène. Il est logique que nous en présentions la première version musicale au monde dans la ville où tout a commencé. Nous sommes très heureux que les créateurs soient inspirés par le son de Minneapolis et l'esprit unique que Prince a insuflé à la ville[2]. » À l'heure de l'impression de ce livre, le planning de la production et le casting ne sont pas encore connus. Nous verrons bien.

Dans tous les cas, il est évident que la gestion des affaires de Prince, dans le contexte que nous avons décrit, est une tâche qui s'annonce difficile – on peut comprendre que certains héritiers envisagent de la laisser

1. « Paisley Park Enterprises Inc. Trademarks », *Justia,* Trademarks. justia.com.
2. « Stage musical of Prince's *Purple Rain* finds a fitting place to make its 2025 debut – Minneapolis », *The Associated Press,* Mprnews. com, 7 février 2024.

à des professionnels, comme la société Primary Wave. Alors, à terme, le *corporate business* remettra-t-il la main sur la musique de Prince ? Et qu'adviendra-t-il de son œuvre inconnue – la partie immergée de l'iceberg Princier ? Connaîtrons-nous un jour tous les trésors que l'artiste a laissés derrière lui ? Compte tenu de l'instabilité de la situation et des imbroglios du moment, autant chercher la réponse dans une *crystal ball*...

En attendant, les pirates du disque, eux, s'en donnent toujours à cœur joie. De ce côté-là, les coffrets « Super Deluxe » de Prince ne manquent pas. Et puis, il y a le champ, si vaste, d'Internet. C'est peut-être là, finalement, que Prince est le plus « vivant » aujourd'hui. Profitant de l'inévitable pagaille de la succession Nelson, les fans y propagent de nouveau, tant qu'ils le peuvent, et gratuitement, l'œuvre fascinante de Prince. Ses anciens musiciens, amis, collaborateurs, *girlfriends* témoignent ; ses exégètes compilent, retranscrivent, podcastent, étudient... Peu à peu se dévoilent ainsi les multiples facettes du génie – hors du contrôle de ses héritiers.

Et si le dernier *trick*, la dernière botte secrète de Prince, était justement d'avoir refusé d'organiser « l'après-lui » ? De l'avis général, le fait de n'avoir rédigé aucune directive écrite, aucun testament, alors qu'il connaissait son état de santé – certains proches laissent même entendre qu'il pressentait sa fin – est considéré comme une négligence tragique de l'artiste. Difficile de nier, en effet, qu'il n'a rien fait pour simplifier le travail de ses héritiers. Mais on oublie peut-être un élément important que rappelle Alan Leeds, l'un des proches de Prince qui a sans doute le mieux analysé son ancien boss : « Prince avait prédit qu'à sa mort, son *estate* serait pris dans des batailles légales, que tout le monde deviendrait dingue, à se disputer pour ci ou ça... Ce n'était pas très difficile à imaginer : c'est une fratrie décomposée, et chacun a des objectifs différents. Mais Prince connaissait sa famille.

Il savait tout cela : qui voulait quoi, qui s'entendait bien avec qui, ceux qui étaient cupides et ceux qui ne l'étaient pas. Tout cela était prévisible. Je suis sûr que ça lui déplairait[1]. »

Pourquoi, dans ce cas, Prince n'a-t-il jamais laissé de consignes concernant son héritage ? L'a-t-il fait exprès ? L'obsédé du contrôle a-t-il décidé qu'il ne laisserait à personne les clés de l'ensemble de son œuvre ? En ne planifiant rien après lui, l'artiste avait-il, en réalité, tout prévu ?

Ces questions resteront sans réponse. Comme tant d'autres, elles font désormais partie du mystère Prince.

1. Michael Dean, interview d'Alan Leeds, *Prince Podcast*, YouTube, 1er novembre 2020.

Table des matières

Pour plus d'information :

www.lisez.com

Imprimé sur du papier issu de forêts gérées durablement.

Achevé d'imprimer en France, en mai 2024
par Normandie Roto Impression s.a.s.
N° d'impression : 2402256